中国社会科学院世界经济预测与政策模拟实验室项目
（编号：2024SYZH003）资助

利率市场化下的国债收益率与基准利率选择

栾 稀 著

中国财经出版传媒集团
中国财政经济出版社
·北京·

图书在版编目（CIP）数据
利率市场化下的国债收益率与基准利率选择 / 栾稀著. -- 北京 : 中国财政经济出版社, 2025. 5. -- ISBN 978-7-5223-3969-6
Ⅰ. F812.5; F822.0
中国国家版本馆CIP数据核字第2025TD4168号

责任编辑：苏小珺　　责任校对：徐艳丽
封面设计：兰卡绘世　　责任印制：党　辉

利率市场化下的国债收益率与基准利率选择
LILÜ SHICHANGHUA XIADE GUOZHAI SHOUYILÜ YU JIZHUN LILÜ XUANZE

中国财政经济出版社 出版
URL: http://www.cfeph.cn
E-mail: tianmh@cfemg.cn

社址：北京市海淀区阜成路甲28号　邮政编码：100142
营销中心电话：010-88191522
天猫网店：中国财政经济出版社旗舰店
网址：https://zgczjjcbs.tmall.com
涿州汇美亿浓印刷有限公司印刷　各地新华书店经销
成品尺寸：170mm×240mm　16开　12.75印张　215 000字
2025年5月第1版　2025年5月河北第1次印刷
定价：98.00元
ISBN 978-7-5223-3969-6
（图书出现印装问题，本社负责调换，电话：010-88190548）
本社质量投诉电话：010-88190744
打击盗版举报热线：010-88191661　QQ：2242791300

自 序

经过30多年的改革，中国利率市场化改革取得了显著进展。目前中国基本形成了比较完整的利率体系。随着存贷款利率的放开，利率市场化改革已经基本完成了从“放得开”向“形得成”“调得了”的转变。货币市场利率、债券市场利率、贷款市场利率基本实现了可以传导，但传导效率还有待提升，改革的重点从“调得了”变成了“调得好”，即“优化利率传导机制”。利率市场化改革和畅通利率传导机制是一个涉及领域较大的概念，传统意义上的利率传导机制是指中央银行通过调节利率，进而调节宏观经济变量的全过程，这一概念涉及货币政策操作工具、操作目标、中介目标以及最终目标。作者自博士以来长期从事利率市场化和利率传导机制的研究，研究过程经历了人民银行放开贷款利率浮动、放开存款利率浮动、利率走廊机制的形成、LPR形成机制改革等重要改革节点。本书是作者2015年博士论文的再修和再版，更新了利率市场化改革和利率传导效果的新进展，对发生了明显变化和改善的数据进行了修正，并在最后提出了作者对利率市场化和基准利率选择的进一步思考。

作者在修订本书的过程中发现，党的十八大以来，利率市场化改革取得了明显进展，存贷款基准利率已经停止调整，人民银行建立并逐步完善了政策利率体系，推动并优化LPR形成机制改革，公开市场操作常态化，利率走廊机制不断优化，央行逆回购利率对市场利率的引导作用在加强，国债收益率曲线期限逐渐完备，国债收益率作为债券市场基准利率的重要性也在提升。我国的政策利率体系、基准利率体系和市场利率体系已经较为完善，基本实现了市场化的利率形成和传导机制。在利率走廊的辅助下，人民银行引导市场基准利率以政策利率为中枢运行，带动各主要金融市场利率跟随变动，并通过银行体系和LPR形成机制传导至贷款利率。

同时，作者也发现，我国利率市场化改革中一些关键性的问题和研究结论并没有发生改变，不过这些没有发生根本改变的问题也出现了有建设性的改善。比如，我国尚未形成适用于全市场的基准利率，货币市场、债券市场、信贷市场有各自的基准利率。然而，各个市场基准之间的联动加强，2024 年贷款市场的基准利率 LPR 已经逐步转为央行 7 天逆回购利率加点。比如，作对于债券市场的基准利率，国债收益率的效果依然略逊于国开债（即国家开发银行金融债券），但国债的发行规模、发行期限、市场流动性，以及国债收益率在人民币国际化、资产定价领域的应用都有了明显的提升。

本书的主要结构如下：

第一章介绍了利率市场化改革取得的进展，并对利率决定、利率期限结构、基准利率选择的重要文献进行梳理，发现现有的对基准利率进行筛选和考察的文章多集中在对该利率与其他市场利率的关系以及其对宏观经济的传导作用进行计量方面的检验。本书认为计量检验有一定的合理性，但是仅依靠计量而不对内在的利率传导逻辑进行分析略有舍本求末之嫌。我国的金融体系虽然有众多缺陷，但并非混乱无序。利率传导虽然缓慢，但并非无效。对大部分市场形成的短期货币市场利率进行上述计量检验，均能得到较好的检验结果。这也就是这种基准利率的选择方法会得出不同的结论的原因。本书认为基准利率的选择问题的核心并不在于哪个利率是市场基准或央行基准，而在于形成这样的基准利率需要什么样的条件。

第二章根据投资者偏好的利率期限结构理论，通过建立回归模型，从市场供求角度对国债收益率的决定因素进行了考察。结果发现：首先，我国的国债市场是个买方市场，国债供给对收益率的影响极小，收益率受需求因素影响较大；其次，我国国债收益率受商业银行资产配置状况的影响较大；最后，回购利率对长期国债的影响程度有限。这部分的结论为之后的论述提供了相应的论述支持。

第三章对基准利率的形成条件进行分析。首先，对中美利率体系进行对比，发现两者差别不大，主要的不同集中在短期利率上。在我国，短期利率体系中，国债收益率并非是处在市场最底部的利率，活期存款和短期定期存款利率均比短期国债收益率更低。但在长期收益率上，两国基本是相同的，即国债收益率是市场利率的底部。然后，本书从社会融资结构、银行资产负债结构、债券市场的投资者结构等方面分析了为何美联储可以通过调整单一的基准利率影响到所有金融市场的价格，最终对实体经济产生影响。最后，本书指出间接融资为主的金融体系、商业银行议价能力较强，不利于形成全市场通用的单一基准利率，我国的金融市场中尚不存在一种利率可以成为可供央行操控和全市场参考的基准利率，并对其原因进行分析。同样的，国债收益率也不满足这样的条件，若仅讨论市场基准，也取决于市场的范围有多大。

第四章对国债收益率作为债券市场基准的条件进行分析。通过对美国国债收益率成为市场基准的历史进行分析，提出极好的流动性是长期国债能够成为市场基准的关键，而与流动性相关的因素有国债的发行规模、庞大的回购市场和期货市场以及与市场中其他产品价格相关性。

第五章对利率传导效果进行检验，结合长时间的实证检验数据，本书认为国债收益率可以作为债券市场的基准利率，但其对贷款利率的传导效果并不稳定；央行短期政策利率（7天逆回购利率）对货币市场利率的传导效果较好，但对中长期融资品种的传导效果均较弱；LPR正在发挥贷款市场基准利率的作用。我国尚没有形成一个能够迅速向各市场传导的基准利率，这一点从各融资市场（货币市场、债券市场、贷款市场）各自的定价基准不同中也可以看出。然而，如果从央行利率调控的角度看，人民银行是可以通过其丰富的政策利率体系对货币市场、债券市场、信贷市场利率实现有效传导的。

第六章对银行间债券市场中主要券种的流动性进行分析。我国债券市场的流动性较2014年作者研究该主题时已经有了明显的提升，但与美国依然存在差距。最后，本书结合当前市场上关于市场基准选择的一些变化，提出了当前是否国开债可以称为更好的市场基准的疑问。随后本书从流动性、发行规模与频率、回购市场的规模、与企业债收益率的相关性等方面进行了检验，发现在这几个方面，国债在近十年有了很大的提升，但从目前数据上看国开债还是略优于国债。在当前的情况下，国开债收益率也可以作为市场基准的选择，国债收益率的基准利率属性还需要进一步提升。

第七章对利率市场化改革和基准利率选择问题的进一步思考。经过近十年的观察、思考和研究，作者对利率市场化改革的目的以及基准利率的作用有了更深入的认知。利率市场化改革实际上包含两层含义，一是利率由市场供求决定，二是央行能够实现对利率的市场化管理和科学调控。我国目前已经实现货币市场、债券市场的利率由市场供求决定，贷款利率也是商业银行在LPR定价机制基础上参考市场供求自行与企业、居民进行议价。利率市场化改革的难点在于央行如何对利率实现科学调控上，也就是优化利率传导机制问题。科学调控并不等于央行利率需要跟随市场收益率曲线调整，政策利率的调整应该服务于政策目标。对于基准利率的选择问题，作者认为未必要照搬西方的单一基准利率模式，优化利率传导机制才是改革目的。只要各市场基准利率之间存在有效联动，并且央行利率能够向各市场基准传导并进一步传导至各市场主体的融资利率，不同市场存在不同的市场基准也是可以的。应根据我国金融体系的结构性特征，因地制宜地优化利率传导机制和基准利率体系。

时光荏苒，岁月如梭。本书的修订和再版既反映了利率市场化改革的进展和效果，也是作者在利率市场化和基准利率选择领域研究的一个总结。最后，非常感谢一路以来遇到的所有师友，感谢我的家人！

栾　稀

2025 年 3 月

目 录

第一章

利率市场化改革进程[①]

第一节　研究背景与研究意义

利率市场化是中国金融领域最核心的改革之一，其要点是体现金融机构在竞争性市场中的自主定价权，通过差异化定价优化资源配置。20 世纪 90 年代以来，中国的利率市场化改革稳步有序推进。随着利率市场化改革发展的基础不断巩固，特别是党的十八届三中全会更加鲜明地提出“使市场在资源配置中起决定性作用”，作为资金主要价格的利率市场化改革得以再次提速。中国人民银行分别于 2013 年 7 月 20 日、2015 年 10 月 24 日放开了贷款利率和存款利率上下限管制，标志着中国持续 20 多年放开利率管制的任务取得了关键进展。

党的十九大明确提出，“深化利率和汇率市场化改革”。随着利率管制的基本放开，利率市场化改革的重点正在从“放得开”向“形得成”尤其是“调得了”转变。其中，市场化的利率形成以及中央银行利率调控效果与畅通有效的利率传导密切相关。

在研究开始之前，本书首先明确对“利率传导机制”“利率传导”等相关概念以及本书所要讨论的内容进行明确。中央银行的利率传导机制是一个涉及领域较大的概念，指中央银行通过调节利率，进而调节宏观经济变量的全过

① 本章为作者博士后出站报告的序言，初稿成文于 2019 年 5 月，于 2024 年 12 月补充修订。

程，这一概念涉及货币政策操作工具（政策利率）、操作目标（市场利率、存贷款利率）、中介目标（社会融资总量）以及最终目标（宏观经济变量）。而本书所要研究的利率传导机制是更为狭义的概念，指的是中央银行通过调节政策利率进而影响货币市场利率、债券收益率、存贷款利率等货币政策目标利率的过程，其中也包括了主要金融市场利率、存贷款利率之间的相互传导。

在存贷款利率浮动限制放开之前，商业银行存贷款利率由存贷款基准利率决定。由于贷款利率是最主要的融资利率，因此，贷款基准利率的调整直接影响贷款利率及贷款需求，进而对其他宏观经济变量产生影响。同时，贷款基准利率变动也会带动其他利率变动。一是由于贷款利率作为当前国内最主要的融资工具的利率，其利率的变动必然会影响债券等其他融资工具的利率；二是因为央行逆回购利率基本与存贷款基准利率同步调整，货币市场利率波动虽大、但整体也跟随央行逆回购利率变动。因此，在存贷款利率放开之前，利率传导问题并不会对货币政策的实施产生阻碍。

在存贷款利率放开后，目前来看，央行不再调整存贷款基准利率，只调整央行 7 天逆回购利率和 MLF 利率等央行短期和中期政策利率。那么在这种背景下，能够实现与利率市场化相适应的利率传导成为利率市场化改革的关键。也需要认识到，利率传导并非中国在利率市场化改革阶段特有的问题，在已经完成利率市场化改革的西方发达经济体也仍然存在“格林斯潘之谜”等利率传导问题。2008 年国际金融危机爆发后，以短期利率为单一工具的“常态”货币政策框架受到挑战，各国普遍启动了新一轮的探索实践，并相继推出了一系列非常规货币政策操作，在调节流动性总量的同时，尝试直接调控中长期利率。利率市场化、利率传导机制、利率期限结构等问题也一直是学术界研究的热点。因此，本书研究利率市场化改革和基准利率选择具有很强的现实意义和理论意义。

第二节　中国利率市场化改革进程简要回顾

一、利率管制已基本放开

1992 年 10 月，党的十四大拉开了建立社会主义市场经济体制的帷幕，利率市场化也因此提上改革日程。根据党中央、国务院的战略部署，中国的利率市场化改革从20世纪90年代中期起步。1996年6月1日，中国放开了银行间同业拆借市场利率，标志着利率市场胡改革迈出了具有开创意义的一步。随后，中国按照“先放开货币市场利率和债券市场利率，再逐步推进存、贷款利率的市场化”的大体顺序，逐步放开利率管制。截至2002年，银行间债券回购和现券交易利率、银行间市场国债和政策性金融债发行利率、境内外币贷款和大额外币存款利率等已先后放开，对人民币存贷款利率市场化作出了有益尝试。

2003年，党的十六届三中全会《关于完善社会主义市场经济体制若干问题的决定》进一步明确了利率市场化改革的总体方向，即“建立健全由市场供求决定的利率形成机制，人民银行通过运用货币政策工具引导市场利率”。按照这一方向，自2002年以来，人民银行以“放得开、形得成、调得了”为基本原则，在继续推进银行间市场利率市场化的同时，大体按照“先外币后本币、先贷款后存款、先大额后小额”的顺序，积极、稳妥、有序地放开存贷款利率管制。2004年10月实现了“存款利率管上限、贷款利率管下限”的阶段性目标。

党的十八大以来，随着各项基础条件的不断成熟，放开利率管制的步伐有所加快。一是外部存贷款利率全面放开。2015年5月，在全国范围内放开金融机构小额外币存款利率上限，实现了我国境内外币存贷款利率的市场化。二是贷款利率下限放开。在前期贷款利率上限放开、下限扩大至基准利率0.7倍的基础上，2013年7月，人民银行决定全面放开金融机构贷款利率下限。三是存款利率实现市场化。存款利率关系到全社会的资金成本，从国际经验来看，放开存款利率管制是利率市场化进程中最为关键、风险最大的阶段，一般置于相对靠后的阶段推进。2014年至2015年，结合存款基准利率的调整，人民银行先后5次放开存款利率浮动区间上限。2015年10月24日，对商业银行和农村合作金融机构等不再设置存款利率浮动上限。至此，我国对存贷款利率的上下限管制全面放开。

二、市场利率形成机制不断健全

从利率市场化改革开展以来，市场利率的形成机制也在不断完善。

一是努力培育金融机构自主能力。利率市场化的实质是将更多的定价权转移给市场主体，由金融机构和客户通过市场化的方式确定资金的价格。人民银行高度重视培育金融机构的自主定价能力，通过制定利率定价管理办法的一般性模板，促进金融机构“建章立制”，加快建立健全内外部定价机制。同时，通过举办利率定价培训班等方式，强化对金融机构利率管理人员进行的教育培训，提高金融机构利率管理人员的专业素质和管理能力。

二是积极推动金融市场发展完善。市场利率需要在金融市场交易中形成和传导，金融市场的深度和广度对于市场利率形成机制建设至关重要。在不断放开利率管制的同时，人民银行构建了全国统一的同业拆借和债券回购市场，并积极促进债券市场规范有序发展。2013 年 12 月和 2015 年 6 月，先后发布《同业存单管理暂行办法》和《大额存单管理暂行办法》，正式推出了同业存单和大额存单，并通过不断扩大存单发行主体范围、将同业存单纳入宏观审慎评估（MPA）同业负债占比考核等方式，促进同业存单和大额存单有序发展。

三是建立健全市场利率定价自律机制。为避免因软约束等导致部分金融机构出现非理性定价行为，2013 年 9 月市场利率定价自律机制正式成立，对金融机构自主确定的货币市场、信贷市场等金融市场利率进行自律约束。2015 年 3 月各地区又先后成立了省级自律机制。并通过提高信息透明度、强化财务硬约束，有效促进金融机构强化利率定价机制建设、提高自主定价能力和维护市场定价秩序。

三、中央银行利率调控体系持续完善

人民银行一直积极探索中国货币政策操作的有效形式。在充分发挥数量调控作用的同时，也非常重视价格调控的作用。随着利率市场化改革的不断推进，人民银行积极探索市场化的利率调控机制，推动货币政策向价格调控方式转型。

（一）建立短期利率走廊

利率走廊是中央银行为了控制短期利率波动而设置的操作系统，通过向商业银行提供一个贷款便利工具和存款便利工具，形成一条以中央银行政策利率为中心、在两个短期融资工具利率之间的“走廊”，可在一定区间内保持利率弹性，与经济运行和金融市场变化相匹配。

中国人民银行于 2013 年初创设了常备借贷便利工具（SLF），从 2014 年 1 月起，人民银行在 10 个省（市）开展分支行常备借贷便利操作试点，为中小金融机构提供流动性支持。常备借贷便利作为央行旨在为金融机构提供短期（1 ~ 3 个月）流动性的常规工具，采取“按需供给”的原则，与国际常见的利率上限类似。2015年1月，人民银行将分支行常备借贷便利扩展到全国，从而初步建立了货币市场利率的利率走廊上限。而理论上，超额准备金利率已具备利率走廊下限的一些特征，可使短期市场利率维持在其之上，从而发挥利率走廊下限的功能。

（二）发挥央行回购利率的短期政策利率作用

存贷款利率放开后便不再调整，市场利率和存贷款利率缺乏了惯性的利率定价“锚”。存贷款利率不必要每日变动、并且按照基准利率定价仍然可以维持固定的利差。但是，市场利率每日均要由交易形成．在存贷款利率放开后，市场利率需要另寻利率“锚”进行定价，央行也需要通过货币政策工具有效引导市场利率变动以实现货币政策目标。

自2012年下半年以来，由于外汇占款增速放缓导致流动性供给格局发生变化，央行回购操作逐渐成为人民银行调节流动性的主要工具。从我国的操作实践来看，以央行7天回购利率为代表的短期利率对货币市场利率及国债利率都具有较强的引导作用，正逐渐成为货币市场的基准利率。因此，货币市场利率及其他短期市场利率基本以央行回购利率为利率中枢上下波动。央行回购利率在某种程度上成为了货币市场利率的定价“锚”。

同时，为了抑制短期货币市场利率的过大幅度波动，充分发挥央行回购利率对短期利率的引导作用，央行完善公开市场操作机制，实现公开市场每日常态化操作，合理搭配公开市场操作期限结构，“削峰填谷”熨平银行体系流动性波动。对存款准备金实施平均法考核，平滑货币市场波动，促进金融市场稳健运行。

综上所述，当前中国利率走廊机制的基本框架是：以常备借贷便利和短期流动性调节工具利率为上限，以超额准备金存款利率为下限，通过公开市场操作调控短期基准利率（如央行7天回购利率）。

（三）探索建立中期政策利率，引导中长期市场利率

为应对利率市场化改革推进期和货币政策转型期利率传导机制不够健全的问题，同时考虑到中国以间接融资为主的金融市场结构与欧元区较为类似，人民银行借鉴欧央行定向长期再融资操作（TLTRO）、日本央行刺激银行信贷工具（SBLF）和英国央行的融资换贷款计划（FLS）等危机以来的货币政策工具创新，人民银行于2015年9月创设中期借贷便利（MLF），对符合宏观审慎

要求的金融机构提供中期基础货币。中期政策利率的期限从3个月到3年。

此外，央行还通过定向降准政策和创设定向中期借贷便利（Targeted Medium－term Lending Facility，TMLF）建立促进信贷结构优化的正向激励机制，引导商业银行把增量中的更高比例和收回再贷中的更高比例投向“三农”和小微企业领域。中央银行多次实施“定向降准”，在不大幅增加贷款总量的同时，使“三农”和小微企业获得了更多信贷资源。2019年1月23日，人民银行开展了首次定向中期借贷便利（TMLF）操作，操作金额共2575亿元。TMLF利率比MLF利率优惠15个基点、期限续作可达3年，具有精准投放、低成本的特点，并且为信贷结构优化提供了一种激励相容的机制，只有给小微企业或民营企业放贷的银行才能获得期限长、成本低的TMLF资金。人民银行通过上述与商业银行信贷行为相联系的中期基础货币提供工具，不仅仅从补充流动性的角度间接影响贷款，而且建立从货币政策操作到贷款利率的直接传导机制，明显提升了传导效率。

四、着力建立市场基准利率体系

金融市场基准利率是市场主体确定金融产品定价时参照的指标性利率，在金融产品利率行程中发挥重要作用，同时也在市场利率传导机制中处于承上启下的关键环节。人民银行将构建金融市场基准利率体系作为一项重要的改革内容。2006年组织构建了上海银行间同业拆借利率（Shibor），并于2007年1月正式运行，为各类金融产品交易定价发挥基准作用。2013年10月，又正式推出了贷款基础利率（LPR）集中报价和发布机制，将市场基准利率从货币市场向信贷市场拓展。同时，积极配合有关部门，建设和培育国债收益率，自2015年10月起按周滚动发行3个月期国债，形成较为完整的国债收益率曲线。

2007年，人民银行借鉴LIBOR形成机制，推出上海银行间拆借利率（SHIBOR），致力于将其打造为货币市场基准利率，成为收益率曲线短端的基准。但是SHIBOR在运行中仍然存在三方面的问题，使其难以确立市场基准利率的地位：一是同业拆借业务规模远小于债券回购规模且差距有扩大趋势，削弱了SHIBOR的基准性。2018年，银行间市场信用拆借、回购交易总成交量862万亿元，其中，同业拆借累计成交139.3万亿元、质押式回购累计成交708.7万亿元、买断式回购累计成交14万亿元。同业拆借与回购成交量的比值由2012年的33：100进一步降至19：100。二是SHIBOR形成机制给予了商业银行价格操纵的空间。SHIBOR是在报价行自主报价的基础上通过简单的计算得到，报价行没有真实成交义务，不能保证报价的真实性；并且参与报价的商业银行数量较少，存在合谋进行价格操纵的可能。三是报价行同质性较强缺乏足够的代表性。报价机构全部为商业银行，但同业拆借市场成员超过25000家，除了商业银行外，还包括大量农村信用社、财务公司、证券公司、保险公司、资产管理公司等其他类型机构。

从实际的利率定价情况来看，SHIBOR主要运用于大中型商业银行的内部资金转移定价、部分同业存单定价以及与SHIBOR挂钩的利率衍生品定价中，实际市场交易形成的利率（如银行间质押式回购利率、拆借利率、短期国债收益率等）并不均参照SHIBOR定价。在实际交易中，货币市场更倾向于以DR007和R007等成交量更大的交易利率作为市场基准利率参照，SHIBOR的报价属性以及其主要为大银行的报价利率使得其对市场利率普遍参考价值下降。

五、LPR形成机制改革①

2013年10月，全国银行间同业拆借中心开始发布贷款基础利率（Loan Prime Rate，LPR）。贷款基础利率是商业银行对其最优质客户执行的贷款利率，其他贷款利率可在此基础上加减点生成。贷款基础利率的集中报价和发布机制是在报价行自主报出本行贷款基础利率的基础上，指定发布人对报价进行加权平均计算，形成报价行的贷款基础利率报价平均利率并对外予以公布。市场利率定价自律机制依据《贷款基础利率集中报价和发布规则》确定和调整报价行成员，监督和管理贷款基础利率运行，规范报价行与指定发布人行为。

为了改善利率传导过程的“双轨制”问题，2019年8月17日，央行改革完善LPR形成机制、要求新发贷款参照LPR定价。LPR的报价方式改为按照公开市场操作利率加点形成。同时，央行在原有的1年期期限品种基础上，增加了5年期以上的期限品种；报价行扩大至18家；报价频率改为每月报价一次。8月20日，LPR形成机制改革后的首次报价公布，1年期LPR为4.25%，5年期以上LPR为4.85%。

这意味着央行政策利率能够直接影响贷款利率，打通了央行政策利率向贷款利率的传导。原先央行利率传导的路径是直接由贷款基准利率影响贷款利率，这一传导机制在LPR形成机制改革之前一直发挥着很大的作用。在贷款

---

① 该段落于2024年补充。

基准利率不再调整后，贷款利率也不受央行公开市场操作利率和市场利率调整的影响、依然参照基准利定价，利率传导机制不畅通，此次 LPR 改革增加了央行政策利率直接影响贷款利率的渠道，缩短了央行政策利率向贷款利率传导的路径，有助于进一步疏通货币政策的传导路径。

目前，LPR 已经成为银行贷款利率的定价基准，商业银行绝大部分贷款都参照 LPR 定价。

六、利率体系逐渐完善

随着金融机构和金融市场的发展和中央银行利率工具的完善，中国的利率体系也逐渐完善。本书将我国当前的利率体系分为三大类，如表 1－1 所示。第一类是中央银行的操作利率，主要包括各类流动性便利利率（包括 OMO，SLF，MLF，PSL 的利率等）、再贴现利率、准备金利率以及央票利率。第二类是市场利率，主要包括货币市场和债券市场利率；具体而言，包括银行间拆借利率、银行间质押回购利率、SHIBOR（银行间报价利率）、利率债收益率（国债收益率、政策性银行债收益率、地方政府债收益率）、信用债收益率（企业债收益率、公司债收益率、中期票据收益率等）。第三类为存贷款利率，包括银行存款利率和银行贷款利率。

表 1－1　中国的利率体系

类型	介绍	央行能否直接控制
中央银行操作利率		
给金融机构提供流动性的利率（政策利率）	包括 OMO、SLF、MLF、PSL 的利率等	是
再贴现利率	银行将持有的银行承兑汇票在人民银行再贴现	是
准备金利率	法定存款准备金利率、超额存款准备金利率	否
央票利率	人民银行发行央行票据对冲央行购汇	否
货币市场和债券市场利率		
CHIBOR	银行间拆借利率（无抵押品）	否
SHIBOR	银行间报价利率	否
银行间回购利率	银行间质押回购利率	否

续表

类型	介绍	央行能否直接控制
债券收益率	国债收益率、政策性银行债收益率、地方政府债收益率、同业存单收益率等	否
银行产品利率		
银行贷款利率	人民银行公布 LPR，浮动上下限已被取消，受利率自律机制管理	部分
银行存款利率	浮动上下限已被取消，受利率自律机制管理	部分
存单收益率	同业存单收益率基本有市场定价，面向非金融投资者的大额存单收益率仍参照基准利率、但浮动区间较大	否
理财产品收益率	银行发行的理财产品的收益率，多数基本参照货币市场利率和存单利率定价。	否

资料来源：自行整理。

目前来看，在中央银行的操作利率中，除了央票利率完全由市场招标和交易产生外，其他货币政策工具的操作利率均可被央行控制。在货币市场和债券市场利率中，目前所有的利率都实现了市场化定价。在银行产品利率中，存贷款利率目前已经基本放开，但依然受到利率自律机制限制；存单利率中，同业存单收益率完全由市场决定；而理财产品收益率主要受货币市场利率和同业存单利率影响，基本由市场决定。

第三节　文献综述①

一、利率决定理论概述

从利率决定理论的发展来看，一般以古典利率理论、凯恩斯的流动性偏好理论、可贷资金理论、IS－LM 理论为演变的主线。这些理论的观点大致如下：利率决定于储蓄与投资、利率决定于货币供求、利率决定于商品市场和货币市

① 本节成文于 2015 年 4 月。

场的均衡等。本书首先对这些经典的利率决定理论进行简单梳理，再对近几年来的理论前沿进行介绍。

（一）古典利率理论

古典利率理论流行于19世纪末至20世纪30年代，其基本观点认为利率是由储蓄和投资决定的，储蓄由时间偏好、人性等因素决定，投资则由资本边际生产力等因素决定，利率与货币因素无关，不受货币政策影响。代表人物有庞巴维克、费雪和马歇尔。该理论认为利率具有自动调节经济，使其达到均衡的作用：储蓄大于投资时，利率下降，人们自动减少储蓄，增加投资；储蓄少于投资时，利率上升，人们自动减少投资，增加储蓄。

古典的利率决定理论的缺陷在于其仅强调了储蓄和投资等实物因素对利率的作用，而忽略了货币因素。1936年，凯恩斯在其著作《就业、利息与货币通论》中否定了古典利率决定理论的基础，提出了新的利率决定理论。

（二）流动性偏好理论

随着凯恩斯经济学的盛行，“流动性偏好”利率理论逐渐占了上风。凯恩斯认为，利率不是在商品市场上由储蓄和投资所决定的，而是在货币市场上由货币供应和需求决定的。货币供给由货币当局所掌控，是一个外生变量，而货币需求取决于人们对“货币流动性”的偏好。这种偏好取决于人们的三大心理动机：交易动机、预防动机和投机动机。

据此，凯恩斯提出了相应的货币需求函数，即 $L=L_1(Y)+L_2(r)$。利率决定于货币需求和货币供给的均衡点，设货币供应量为M，货币需求量为L，则利率的决定由下式表示：$M=L=L_1(Y)+L_2(r)$。当货币供应固定不变时，利率高低就取决于货币需求。如果货币需求增加，则利率上升，反之则下降。而当货币需求不变时，利率高低就取决于货币供应量，如果货币供应量增加，利率会下降，货币供应量减少，利率则上升。因此，利率高低就由货币需求和货币供应所决定。

如果说古典利率决定理论忽略了货币的作用，那么凯恩斯的利率决定理论则过分强调了货币的作用，因此，凯恩斯的利率决定理论受到了很大争论。

（三）可贷资金理论

20世纪30年代和40年代后期瑞典学派的俄林和罗伯逊（1937）吸收了

凯恩斯在分析中注重货币因素的思想，提出了“可贷资金理论”。可贷资金理论认为，利率不是由储蓄和投资所决定的，而是由借贷资金的供给与需求的均衡点所决定的。利率是使用借贷资金的代价，影响借贷资金供求水平的因素就是影响利率变动的因素。借贷资金的供求均衡决定利率水平。

与古典利率决定理论相比，可贷资金利率承认了货币的非中性，是利率决定理论的一大进展。但该理论的缺陷在于，可贷资金的供求均衡并不意味着货币市场和商品市场的同时均衡。

（四）IS－LM 模型

古典利率理论和凯恩斯“流动性偏好”利率理论分别从商品市场和货币市场的均衡来讲明利率的决定，可贷资金利率理论则试图把两者结合起来。但是，英国著名经济学家希克斯（1937）和汉森（1949）提出了 IS－LM 模型，该模型尝试从一般均衡的角度进行分析，在兼顾商品市场和货币市场的同时，考虑了它们的各自均衡，并在分析中引入了国民收入这一因素，进一步发展了利率决定理论。

IS－LM 模型认为，利率由商品市场和货币市场的共同作用决定。当商品市场和货币市场同时实现均衡时，决定了唯一的一组收入水平和利率，此时经济处于均衡状态，利率和收入为一般均衡利率和一般均衡收入。IS 曲线表示商品市场的均衡，即储蓄和投资相等时所有收入和利率的组合。LM 曲线表示货币市场的均衡，即货币供给等于货币需求时所有利率和收入的组合。两条曲线的交点为一般均衡利率和一般均衡收入。利率的决定取决于储蓄、投资、货币供给和货币需求 4 个因素，其中任何一个因素产生变动都将使一般均衡利率发生变动。

随后，众多学者从工资和价格的可变性、资本存量的可调性、开放经济情况等多个方面，对 IS－LM 模型进行了修正①。

（五）引入微观视角的利率决定分析

关于利率决定理论的理论前沿和应用已经取得了很多进步，但仍存在一定

① Metzler（1951）和 Patinkin（1956）等经济学家指出，IS－LM 模型理论假设的价格粘性与现实不符，因而他们将价格作为内生变量引入到 IS－LM 模型中，分析了物价变动对利率的影响。Tobin（1980）在传统的 IS－LM 模型中引入资本市场均衡问题，在 IS－LM 模型中加入了资本市场均衡曲线 KE 曲线，即均衡利率由货币市场、商品市场和资本市场的同时均衡所决定。Mundell（1963）和 Fleming（1962）将国际贸易和资本跨境流动引入到了 IS－LM 模型中，建立了著名的蒙代尔—弗莱明模型。

的缺陷，除了和所有经济学理论一样，各类利率决定理论的假设前提很难在现实中全部满足外，当前主流的利率决定理论还面临缺乏微观理论基础等问题。微观层面上，利率的决定基于货币的时间价值①，而以上所述的主流利率决定理论多采用边际分析法，从各个市场的一般均衡角度考虑利率的决定，宏观理论和微观理论无法衔接。但任何宏观经济活动均是人与人在经济活动中的相互作用，如果排除微观决策，直接从宏观层面上进行解释，很可能是空中楼阁，未触及问题的本质。

于是有学者试图将利率决定理论回归到微观层面，Mishkin（1995），Holmstrom 和 Tirole（1997），Freixas 和 Rochet（2008）将议价能力引入到分析框架中，认为议价能力是影响利率水平的重要因素甚至是首要因素（后两篇文章特别考虑了银行寡头垄断的情形）。Funke（2013）讨论了中国利率决定过程中银行作为市场主体存在垄断定价的优势。市场参与者的交易行为和议价能力被纳入到了利率决定理论的分析框架中。

而在更微观的层面，市场微观结构的研究者将交易费用、交易机制、交易策略等微观因素引入到资产定价中②，但这一系列理论并不仅限于利率的形成，并且市场微观结构因素并不是利率或其他资产价格的决定因素，只是重要影响因素。

二、利率期限结构理论综述

利率期限结构是指在金融市场上同一种类金融资产不同期限的收益率之间的关联。但实际上，利率期限结构理论只是利率结构理论的一部分，利率结构理论可以分为利率风险结构和利率期限结构两个部分。

（一）利率风险结构理论

利率风险结构主要阐述的是金融市场上相同的到期期限、不同种类或不同违约风险、流动性、税收条件的金融资产的收益率之间的关联。在有效市场上关于金融资产风险和收益率的机构关系，可以用资产定价模型进行分析，传统的 CAPM 模型就可以进行分析。该类理论认为，风险资产的收益率一般都由两个因素构成：无风险利率和违约风险溢价。风险溢价相当于是对投资者承担某种风险的补偿。一般情况下，金融市场上一般将国债收益率视为无风险利率。

① 参见 Zvi Bodie 和 Robert C. Merton 著：《金融学》，中国人民大学出版社 2013 年版。

② 参见 Maureen O'Hara：《Market Microstructure Theory》，Wiley，1998。

市场上的每一种金融资产的收益率都是无风险利率和相应的风险溢价之和。

（二）利率期限结构

利率的期限结构理论是指同种金融产品在不同期限的利率之间的关系，在图表上可以画出一条不同形状的收益率曲线。主要的利率期限结构理论包含以下几种：

1. 传统的期限结构理论

传统的利率结构理论主要集中于研究收益率曲线形状及其形成原因，包括纯粹预期理论、流动性偏好理论、市场分割理论、优先偏好理论等。

（1）纯粹预期理论。该理论首先由 Fisher（1896）提出，该理论的主要发展是由 Hicks（1946）和 Luz（1940）做出的，此后，Malkiel（1966），Meiselman（1962）和 Roll（1970，1971）进一步发展了该理论。

该理论的假设前提是不同期限的债券之间是可以完全替代的。在这一前提下，它认为，长期债券的现期利率是短期债券的预期利率的函数，长期债券的预期平均年收益是预期短期债券理论的几何平均。当短期利率上升时，提高了人们对未来短期利率的预期，未来短期利率上升，因此，长期利率也会上升，这就解释了长期利率和短期利率一起变动的事实，但是它无法解释为什么收益率曲线向上倾斜的现象。

该理论中对于长期和短期的具体期限并没有明确的区分，因为由于期限的限制，多数学者在验证预期理论时能够验证的期限其实并不长，集中在国库券的期限结构上的研究较多。此外，如果检验结果支持预期理论，它表明了期限利差可以用来引导货币政策。于是，许多实证研究集中在对预期理论的检验上。早期的实证研究多能够通过预期理论，但后来的实证研究大多数都不支持预期理论。

Fama（1990）采用远期利率和即期利率差进行实证检验，发现利差对未来短期利率（1个月）的变化具有一定的正面预测功能。Campbell 和 Shiller（1984），Fama 和 Bliss（1987）在拒绝了预期理论的同时，发现中长期利率的利差能够在一定程度上预测未来短期利率的变化。Mankiw 和 Miron（1986）研究了美国 1890～1979 年的国库券利率和贷款利率，认为 1890～1914 年美联储成立以前，预期理论可以很好地解释收益率曲线的变动，而自 1915 年美联储成立以后的数据则无法支持预期理论。McCallum（1983）指出“预期理论与现实经验完全相反”，Mankiw 和 Summers（1994）对美国战后的数据进行了检验，同样也拒绝了预期理论。

根据预期理论，预期是决定未来利率水平的唯一因素，只要能够获得未来利率预期的足够信息和证据，就可以判断收益曲线的形状。为此，许多经济学家为了证实预期理论着手研究了各种类型的形成机制，以期为预期理论找到更多的现实支撑，也得出了一些有意思的结论。这些研究成果包括 Modigliani 和 Sutch（1966）的过去利率分布滞后，Modigliani 和 Shiller（1973），Fama（1990）的通货膨胀分布滞后等。他们的共同结论是：预期是期限结构中的一个重要因素，但是其他因素也是很重要的。他们主张放弃预期理论的纯粹形式，而采用预期和流动性升水来共同解释收益率曲线向上倾斜的普遍形式。而 McCallum（1994）提出利率期限结构的预期理论的失效可以通过识别外生的随机期限升水加上货币政策包括利率工具（短期利率）对现行利率水平的反应这一假设，使得预期理论更加合理。

预期理论的主要缺陷在于其假设条件在现实中很难实现：一是假设人们对未来短期债券的利率具有确定的预期，不存在市场风险；二是假定资金在短期市场与长期市场之间是可以自由流动的；三是投资者为风险中性，或者可以通过投资组合来分散风险。如果这些条件不能满足的话，预期理论就不能实现，因此预期理论在影响深远的同时也受到了很多批评。

（2）流动性溢价理论。J. R. Hicks 和 J. M. Cuberston（1957）提出了流动性偏好理论。与预期理论不同的是，流动性溢价理论指出，不同期限的债券之间有一定的替代关系，但并非完全替代，这就意味着，一种债券的预期收益影响着其他债券的预期收益。Van Horne（1965）认为，远期利率除了包括了预期信息之外，还包括了风险因素，它可能是对流动性的补偿。影响短期债券的因素包括：不同期限债券可以获得不同程度的变化以及投资者对流动性的态度。而流动性偏好导致了价格的差别，短期债券的流动性比长期债券要高，这是因为：第一，短期债券到期并获得清偿的期限较短；第二，市场变化导致的价格波动比长期债券要少得多，因而更易于定价。如果投资者是风险规避者，对高流动性债券的偏好将使得短期债券的利率水平低于长期债券。因此，该理论认为投资者和投机者都是风险厌恶的，必须支付流动性溢价才能使得他们愿意持有长期债券。

流动性溢价理论对远期利率的预测能力得到了大多数学者的认同，但是对流动性溢价的性质始终没有形成一致意见。争论主要表现在两个方面：第一，流动性溢价是否始终大于零，Cox 等（1985）认为流动性溢价是随着时间而变化的，并不是时间的递增函数，从而隐含了流动性溢价为负的可能性。Fama和Bliss（1987）通过研究发现，流动性溢价与经济周期有关，当经济处于繁荣时期时，预期的流动性溢价将大于零，而当经济陷入萧条时，流动性溢价可能为负。第二，流动性溢价的大小到底是多少，一些学者认为流动性溢价在0.54%～1.56%之间变动，另一些学者认为即使对于较长的期限，流动性溢价也不会超过0.5%，甚至有部分学者的研究表明流动性溢价不仅不会随着时间而增加，相反会随着期限的延长而降低①。

（3）市场分割理论。市场分割理论的产生源于市场的非有效性和投资者的有限理性，该理论为市场上不同期限债券收益率的不同提供了一种解释。该理论最早的倡导者是Culbertson（1957），它指出，市场上有不同期限的债券，各种债券之间是不能完全替代的，分别属于不同的市场。这是因为，出于一些法规、规章制度以及市场参与者目标等因素，借款人和贷款人会把他们的交易局限于一个特定的期限，这些因素归结起来主要表现在以下3个方面：第一，由于政府的某些规章制度，借款人和贷款人被要求只能交易特定期限的金融产品；第二，市场参与者为了规避风险而将投资者局限于某一期限的金融产品；第三，按照西蒙的观点和行为金融理论，投资者并不追求最优解，而是追求满意解。

因此，长期借贷市场决定了长期利率，短期借贷市场决定了独立于长期债券的短期利率。市场也是由具有不同投资要求的各种投资者所组成的，有的投资者偏好于短期债券，有的投资者偏好于长期债券。债券的发行人根据自身的实际情况，决定债券的发行利率，对不同期限的债券给予不同的收益率，借方和贷方的互相作用产生了不同到期期限债券的供给和需求曲线。按照这种理论，收益率曲线向上倾斜是由于对于短期债券的需求相对于高于对长期债券的需求，人们更愿意持有短期债券而不是长期债券，造成了短期债券的价格高而利率低。

市场分割理论具有一定的现实意义。一些研究表明，市场分割对利率期限结构有一定程度的影响。Kidwell和Koch（1983）通过对美国市政债券和联邦政府国债的比较研究发现，市政债券市场以到期日为口径存在明显的市场分割现象，换句话来说，地方政府发行的短期债券和长期债券很难替代。并且21世纪以来，多次出现美联储调整短期利率但长期利率并不同向变化的情况。

---

① 转引自谢云山和林妙莹："利率期限结构理论综述"，《云南财贸学院学报》，2005年第1期。

D'Amico 和 King（2013）在研究 2009 年美联储的国债购买计划时，也提出了国债市场存在市场分割的结论。

市场分割理论也受到了很多的批评，毕竟很少有投资者会固守于某一个期限的债券，而不进行期限的转换，因此，即便市场分割确实存在，但其作用仍是有限的。

（4）投资者优先偏好理论。投资者优先偏好理论最初由 Modigliani 和 Sutch（1966）提出，该理论认为不同类别的投资者具有优先偏好的习惯，这使投资者一般会处于自身偏好的期限市场进行交易，但是由于不同期限的债券具有替代性，因此，一种债券的预期收益率能够影响期限不同的另一种债券的预期收益率，这样如果出现重大收益率诱导因素，他们将放弃原有投资习惯，转而进入其他市场；如果收益率诱导因素没有足够大，投资者也不会转换投资。

优先偏好理论实质上是市场分割理论与流动性溢价理论的结合。一方面，它承认市场分割现象，投资者受各种因素的影响而偏好于不同期限的市场，因此，市场上既有短期也有长期的借贷者。这一点使得该理论不同于流动性溢价理论，后者主张所有市场参与者都倾向于短期投资者。另一方面，它又认为市场分割并不完全，在足够的利益诱导下，例如，支付收益升水，短期市场投资者和长期市场投资者会在不同期限的证券之间发生相互转换。这一点又使得该理论与市场分割理论有所差别。在后者看来，无论何种诱导因素，不同期限市场的投资者都不会相互融合。正因为如此，优先偏好理论也被称为局部市场分割理论。

该理论解释了期限不同的债券的收益率为什么会在一段时间内一起波动。这是由于短期利率上升导致未来短期利率的平均数上升，作为未来短期利率平均值的长期利率随之上升。同时，该理论也解释了收益率曲线为什么通常向上倾斜。这是因为人们通常偏好于短期证券，持有长期证券的风险补贴为正，即使未来短期利率不变，那么长期利率也会高于短期利率。当短期利率较低时，人们一般预测它们在未来会上升，因而未来的预期短期利率较高，加上正数风险补贴的附加额，长期利率将大大高于即期短期利率，因此，收益率曲线向上倾斜。反之，则会向下倾斜。

Vayanos 和 Vila（2009）在此基础上，将投资者分为两类：具有期限偏好的和不具有期限偏好的，并提出了相应的期限结构模型。他们认为，债券市场上存在两类投资者：一类投资者是有期限偏好的，期限偏好的投资者倾向于持有至到期，不会因为货币市场的利率变动进行套利交易。他们偏好投资某一期限的国债以及类似期限的其他金融产品。而这种类似期限的金融产品的收益率影响了期限偏好型的投资者对国债的需求。在没有套利型和投机型的交易者的情况下，债券市场是严重分割的，每个期限的价格都由各自的供给和需求决定，并与其他债券收益率相独立。另一类投资者是套利型和投机型的投资者，正是套利型和投机型的交易者的存在缓解了市场分割现象。本书将这类投资者简称为交易型投资者。这类投资者对各类期限没有特定偏好，他们在风险调整后的期望财富最大化目标函数下构建包含不同期限债券的投资组合，其交易行为使得均衡状态下的不同期限利率之间满足无套利条件。因此，交易型投资者的交易行为连接了货币市场和债券市场、短期债券市场和长期债券市场，将现在和未来的货币市场利率信息融入债券市场中。假设货币市场利率上升，投资者持有债券的成本就会上升，但对期限有偏好的交易者不会离开其期限偏好，因此，不会从中获利。但是交易型的市场参与者就能通过减持债券增持货币市场产品从中获利，从而债券价格下跌，收益率上升。反过来，如果货币市场利率降低，交易型的投资者的交易成本降低，将倾向于加杠杆长久期，债券的交易型需求上升，从而债券价格上升，收益率下降。

Vayanos 和 Vila（2009）认为，交易型市场参与者的交易行为给债券收益率对现在和未来预期短期利率的变化的反映提供了一种机制。其传导程度取决于交易型投资者的风险偏好和其资金规模。当交易型投资者的风险规避程度较高或资金规模较小时，这种传导是有限的，债券价格仍有期限偏好的投资者的需求决定。

利用该理论，Kaminska 和 Vayanos（2011）在无套利的利率期限结构模型中引入需求变量，他们认为利率期限结构是通过期限偏好的投资者和套利型的投资者互相作用形成的。利用该模型，他们对 2000 年以来美国的实际利率进行了实证，并且引入两个因素：一个和短期利率相关，另一个和期限偏好投资者的需求相关，并通过该模型解释了 2004 年的格林斯潘之谜。Greenwood 和 Vayanos（2010）研究发现债券的相对供给会影响其收益率，并且随着期限的增加，这种影响在扩大，他们认为这一发现为期限偏好理论提供了新的依据。Hamilton 和 Wu（2010）通过含有期限偏好因子的仿射利率期限结构模型对美国大规模的购债计划进行了评估，认为这种直接的债券购买计划有助于降低长期利率。Greenwood、Hanson 和 Stein（2010）通过研究发现，公司在发行公司债的时候，会吸收部分国债供给对收益率的冲击，而这种冲击是和期限相关的。该文章将投资者分为4类，其中一类就是期限偏好型的投资者。

2. 利率期限结构的现代模型

传统的利率期限结构理论侧重于解释长短期利率差异的原因和利差对未来短期利率的预测作用，但不能够准确地模拟利率的动态变化。现代的利率期限结构理论把利率的运动假设为随机变动过程，以短期利率或者短期利率的波动率为变量，建立随机模型来模拟描述现实世界的利率变化。在现代利率期限机构中，通常有两部分构成：一是漂移项；二是波动项。通常在大部分的利率结构模型中认为利率变动的漂移项部分有均值回归现象，即短期利率受长期平均利率的吸引；当短期利率上涨时，会有力量自然使其下降，向长期平均利率靠拢；当短期利率下降时，会有力量使其上升，从而不偏离长期利率水平。而在波动项的设定上，较早的模型通常假定利率的波动性是固定的，但由于与实际不符，便开始有模型将利率的波动性假定为利率水平的函数。

（1）无套利模型。Vasicek 假定利率围绕均值波动，并且存在着噪声项。dW_t 表示对短期利率的冲击，该冲击服从于正太分布 $dr = k(v - r)dt + \sigma_t * dW_t$。式中，常数 k 是回归平均值的速度，r 是短期利率的长期期限值，σ_t 是无风险即时利率的波动，W_t 是纳什过程。这就是所谓的无套利模型。该过程的漂移率 $k\ (v-r)$ 能很好地描述均值回归现象，但利用该模型描述利率运动有一不足之处，就是瞬时利率 r 在未来可能为负值，这显然与现实不符。

（2）一般均衡模型（CIR 模型）。Cox、Ingersoll 和 Rose 运用资产定价模型和随机过程研究利率期限结构，提出了 CIR 模型（取3位学者的姓名首字母）。在对未来事件的预期、风险偏好、市场参与者个人偏好、消费时间的选择进行了考虑之后，并建立了一个基本的瞬时利率模型：单因素模型（1981，CIR）。它是利率的一般均衡模型，其基本形式如下：$d_r = k(\theta - r)dt + \frac{\sigma_t}{r} * dW_t$，漂移率 $k\ (\theta - r)$ 可以描述均值回复现象，波动项含有 r，可克服无套利模型 r 可能为负数的弱点。这里，参数 k 决定了利率向其长期均值 θ 回归的速度：在 $r>\theta$ 即当前利率比均值高时，模型隐含了利率的反向变动，直到回归至均值 θ；相反，在 $r<\theta$ 的时候，模型则包含着利率的正向变动。更新的 CIR 模型是两因素的，两因素模型认为，随着时间的推移，利率的变化除了短期利率的随机过程外，还有长期利率的随机过程。

（3）二叉树模型（Ho－Lee 模型）。Ho Thomes 和 Sang－Bin Lee 在网状模型中引入了利率二叉树模型。根据二叉树模型，每期的利率都会上下移动。二叉树模型通常在利率移动和波动的约束条件下寻求短期零息票利率的轨迹，因而，形成一个预期短期利率树。预期利率用于贴现现金流，计算每个树权的期望值。利用二叉树模型可以画出许多个到期日的利率，然而，当模型中期间数增加时，模型的解越来越复杂。与其他模型不同的是，二叉树模型考虑到了每个期间的利率波动，这一点在给对预期波动敏感的期权定价时显得更加重要。

三、关于基准利率选择的研究

基准利率是“在整个金融市场上和利率体系中处于关键地位，起决定性作用的利率”。市场经济国家在选择基准利率方面的情况各有不同。美国以联邦基金利率作为短期基准和央行基准，以 10 年期国债收益率作为长期基准；日本在利率市场化之后以银行间同业拆借利率作为基准利率；英国以 LIBOR 和金边债券的收益率为基准利率。

（一）国外文献综述

国外研究中“benchmark interest rate”或“ reference rate”都指基准利率。研究中需要使用到基准利率时，作者的选择较为一致，国外对基准利率选择的研究比较少，更多研究关注于利率期限结构的预测和影响因素分析。但仍然有一些文献关注于基准利率的讨论。

Fleming（2000）和 David M. Jones（2000）均讨论了美国在20 世纪末计划巩固财政盈余时，长期国债收益率是否还适合作为基准利率。Fleming（2000）从与其他价格的相关性、流动性、回购市场的活跃度等角度，提出在 1998 ~ 2000 年长期国债收益率逐渐失去其基准利率的地位。他将原因之一归结为美国在财政盈余后逐渐减少了国债发行，这一行为导致了国债市场流动性下降、新券和旧券的价差逐渐扩大，国债收益率作为市场基准的效果大大减弱。他还认为 1998 年的亚洲金融危机导致市场对安全性资产的追逐，也可能对美国国债作为市场基准的效果产生了负面影响，但并未指出产生这种影响的原因。Fleming（2000）发现在亚洲金融危机之后，国债在流动性、与其他价格的相关性等方面的基准效果一直没有回到危机之前。此外，同样从流动性和相关性角度出发，他还提出机构债收益率（房地美、房利美发行的 MBS 收益率）和利率互换利率（swap rate）也具备成为基准利率的特质。David M. Jones（2000）指出基准利率是由市场自发形成的，是市场参与者自己寻找的，而非政府支持的，它可以不在市场的最底端，也未必是无风险的，只要市场参与者均用其作为定价基准。

Peter G. Dunne、Michael J. Moore 和 Richard Portes（2002）试图从众多欧元区国家的国债收益率中找出欧元区的基准利率。文中总结了 3 种衡量基准利率的方式。第一种观点认为基准利率是整个市场中最低的利率（Favero 等，2000），持这种观点的学者认为市场上其他利率均是在基准利率基础上加上风险溢价，如果这样的话，基准利率肯定是全市场最低的利率。第二种观点认为基准利率拥有最高的流动性，这样其才能够作为市场其他利率的参考（Blanco，2002）。第三种观点则是从价格形成的过程角度出发，认为其他金融产品价格都要根据基准利率的变化做出反应，在这方面该篇文章用格兰杰因果检验和多向量协整检验对各期限的基准利率做了检验。最终该文章发现在欧元区，从不同的角度，在不同的期限上有不同的市场基准，并没有一个国家的国债收益率可以作为整个欧元区的市场基准。

Gyntelberg 和 Wooldridge（2008）认为 2008 年的亚洲金融危机引起货币市场中短期利率之间的偏离，不同的短期利率的价差短期内扩大，引发了对货币市场利率定价稳健性的讨论。他们从国债利率、银行间同业拆借利率、回购利率和商业票据利率中选择货币市场基准利率。他们认为基准利率不需要是完全无风险的，存在较小的风险溢价更接近金融机构实际交易时面对的环境，更有利于金融机构对冲风险，不过要求该风险溢价是可预测的。他们认为基准利率是由市场交易的竞争性赋予的，因此，基准利率最重要的属性是该基准利率债券或金融产品的流动性，若该金融产品流动性不足，则其价格不能够作为基准利率。

Suhejla Hoti、Esfandiar Maasoumi 和 Michael McAleer（2009）认为既然国债收益率作为基准利率，那么对国债收益率与市场其他利率的时间序列之间关系的检验就显得尤为重要。该文章用原序列的相关系数、差分序列的条件相关性来检验各收益率序列之间的关系。

（二）国内文献综述

关于我国市场化之后的基准利率的选择，一直是学术界讨论的热门话题，主要分为对基准利率选择的争论和央行基准与市场基准之间关系的争论。

不同的学者对市场利率体系中各种利率的特点进行了分析，从而对何种利率可以作为基准利率也形成了不同的意见。Shibor、同业拆借利率、债券回购利率、国债收益率、中央银行票据（以下简称“央票”）发行利率等，几乎都被提及可以作为基准利率参考。

这些讨论多和我国金融市场的完善和金融改革关系密切。在央行推出 Shibor 之后，多篇论文从多个角度论证 Shibor 成为基准利率的优越性（方先明和花旻，2009；李良松和柳永明，2009；高丽，2012）。周晴（2008）认为在经济基本面的情况使得基础货币被动投放与基准利率改革目标之间存在矛盾时，其解决的办法就是仿照美联储或英格兰银行货币政策调控做法，设定货币政策操作短期目标及利率走廊，构成市场基准利率体系，培育 Shibor 中的隔夜利率作为中央银行货币政策操作的短期目标。

也有学者认为，银行间市场同业拆借利率和回购利率更适合成为基准利率。戴国强和梁福涛（2006）从金融市场基准利率的特点出发，从市场性、基础性、相关性、系统稳定性 4 个方面，利用系统地比较分析、相关性检验和 Granger 因果检验，得出银行间质押式回购利率最适宜充当基准利率。张丽娟（2007）通过理论分析，并使用 1998 年 1 月至 2006 年 10 月数据进行实证检验，发现中央银行政策利率到市场利率的传导是先影响银行间回购利率，再传导到同业拆借利率的。从传导效率来看，回购利率对货币供应量的影响逐年增大，对 GDP 变动影响显著，因此，回购利率更适合作为基准利率。温彬（2004）通过对同业拆借利率、再贴现利率、银行间债券市场现券交易利率、银行间债券回购利率这 4 种市场利率，从市场性、相关性、可测性、可控性、敏感性等方面进行定性比较和实证分析，发现银行间同业拆借市场和债券回购市场的利率均可做基准利率。许亦平等（2012）借助有向无环图研究直接和间接的因果关系，在对 6 种货币市场短期利率因果关系分析后发现，其中隔夜拆借利率、隔夜和 7 天的 Shibor 3 种利率的基础性接近，但不存在唯一的基准利率。柳欣等（2013）基于 GARCH 效应识别方法，建立 VAR 模型，通过方差分解发现银行间债券回购隔夜利率、7 天银行间同业拆借利率最具有基准利率特征。Shibor 仅在隔夜利率市场中占部分优势。

上述关于基准利率的讨论均只讨论了短期利率，对长期利率几乎没有讨论。虽然从整个利率体系来看，短期利率一般都低于长期利率，处于利率体系的下方，如此考虑也情有可原，但是也有学者认为国债收益率或者国债收益率曲线适合成为基准利率或者基准利率曲线。刘轶和李久学（2003）从基准利率选择的 3 个标准——市场性、相关性、安全性出发，认为国债市场满足参与程度高，影响力大；是中央银行公开市场业务操作的切入点，可控性好；与其他利率关联性强，同时是市场中的无风险利率，因此，国债交易利率（包括回购利率和现券交易）是市场基准利率的必然选择。分析过程以定性分析为主，数据支持较少。范龙振和张国庆（2005）直接提出："国债交易提供了一个基准的市场利率期限结构"，实证分析发现仿射模型和广义高斯仿射模型对上海证券交易所国债市场的拟合效果好，能应用于债券定价，但是预测效果不理想，猜测可能与我国市场效率方面的问题有关，说明国债收益率作为基准利率依然需要完善。中国工商银行城市金融研究所课题组（2008）在分析比较具有基准利率属性的部分利率后，认为由 Shibor 和国债二级市场收益率构建的收益率曲线适宜作为基准利率体系。同时，认为基准利率体系的确定对商业银行资金定价能力、资产估值水平、利率风险管理水平及债券投资组合管理水平的提高具有重要意义。易纲（2009）回顾了 1978 年以后的利率市场化改革历程，认为由以 Shibor 为代表的短期基准利率和以国债收益率曲线为代表的中长期基准利率构成的基准利率体系已初步确立，并且利率已成为中央银行主要的调控手段之一。梁琪等（2010）对多品种利率建立多元 VAR 模型及 VECM 模型，通过格兰杰因果分析和脉冲响应分析发现，在我国金融市场基准收益率曲线中，Shibor 在短端及国债回购利率在长端发挥的基准作用均有待加强，央票利率及存贷款利率对市场依然具有重要影响。在利用利率期限结构的仿射模型进行宏观经济预测的研究中，也通常在实证中使用国债收益率数据，例如，张燃等（2011）和人民银行调查统计司课题组（2013）。

也有人学者倾向于在利率市场化后考虑存款利率作为基准利率。蒋贤锋等（2008）为基准利率选择提供了新的研究方法。他们从资产定价理论出发，在均值—方差标准下比较了存款基准利率、银行间国债回购利率和同业拆借利率，发现存款基准利率稳定，接近无风险利率，可作为资产定价的基准利率，但是对市场资金供求的信息提供不足；银行间市场国债回购利率和同业拆借利率距均值—方差前沿空间较远，实证结果显示，两者间没有不存在明显占优的选择。最后，作者倾向于依据国际经验选择同业拆借利率，认为存款利率市场化后再将存款利率纳入考虑结论可能更可靠。

此外，也有学者认为央票利率可以作为央行参考的基准利率考虑，姚余栋和谭海鸣（2011）从货币政策操作目标（中介目标）的"三性"要求（可测性、可控性、相关性）出发，使用个体优化模型、格兰杰因果检验、脉冲响应分析、方差分解技术等方法，证实央票发行利率能作为货币政策的综合性指标。

四、关于基准利率定义的讨论

在讨论什么利率适合成为基准利率之前，首先要明确的是基准利率的定义。黄达（1990）对基准利率的定义是“基准利率是在整个金融体系中起主导作用的利率”。并且其对该定义做出了进一步的解释：“当基准利率变动时，市场上的其他利率也相应地变动。市场参与者无须关注所有利率的变动，只需要关注基准利率的水平和变化趋势。这种在金融市场和利率体系中起关键作用、具有核心地位的利率就是基准利率”。在这一定义的基础上，国内众多学者衍生出关于基准利率需要具备无风险性、市场性、相关性、稳定性等诸多的特性。

在国外关于基准利率定义的讨论中，David M. Jones（2000）在讨论国债收益率成为基准利率的条件时提出，该问题的前提是基准利率需要满足什么样的条件，将基准利率的条件分为两类：无风险利率、金融产品定价基准。Suhejla Hoti 等（2009）在分析国债收益率作为美国基准利率的波动性的研究中，通过 Ho 和 Lee（2004），Fleming（2000），Fabozzi（2001）对国债收益率的应用和评价，大致将基准利率的特点分为 3 个方面：无风险性利率、对经济有预测性、金融交易的定价基础。本书没有在国外的相关文献中找到关于基准利率中的具体定义，但在国外的相关网站中搜索到基准利率的相关定义，虽不够正式，但也可供参考。维基百科中对基准利率（reference rate）做出了如下定义：基准利率是决定金融交易价格的关键因素，该利率水平不受交易双方控制，交易双方可选择一基准利率作为价格基础，这一基准利率交易双方均没有能力操控。最典型的基准利率为 3 个月期的 LIBOR 利率[①]。

在国内关于基准利率定义的讨论中，还有一个国外学者不会混淆的方面是关于央行基准和市场基准的讨论。一些学者认为基准利率指中央银行调控的基准利率。其中，部分学者会直接在基准利率选择标准中提出可控性，即中央银行可以通过货币政策影响基准利率，可以通过货币政策工具影响基准利率，基准利率也是中央银行货币政策传递中的一个环节（刘轶和李久学，2003；温彬，2004）。部分学者会在提出的相关性标准中强调基准利率应当能够反映中央银行的货币政策意图（中国工商银行城市金融研究所课题组，2008；李良松和柳永明，2009；高丽，2012）。而一些研究则只关注市场基准利率，认为市场基准利率应当反映市场中的资金供求情况，是市场交易形成的资金价格，可能会受到货币政策的影响，但是中央银行能够控制基准利率并非为成为市场基准利率的必要条件（戴国强和梁福涛，2006；方先明和花旻，2009；梁琪等，

① http：//en. wikipedia. org/wiki/Reference_ rate。

2010；柳欣等，2013；等等）。

部分学者在研究中明确区分了市场基准利率和中央银行基准利率，并在设定选择标准时体现了差异。李良松和柳永明（2009）在概念上区分了市场基准利率和中央银行基准利率，但是认为我国已经实现了货币政策调控由数量型向价格型转变，故二者同一，制定选择标准时依据的主要是中央银行基准利率。但文中作者也未给出相关证据进行证明。戴国海和李伟（2013）明确区分了市场基准利率和中央银行基准利率的概念，并在选择标准上体现了差别。该文章认为市场基准利率大多由市场自发形成并得到市场的普遍认可，而央行基准利率却需要由货币当局宣布或授权，赋予其央行货币政策目标利率的地位。这一点和国外关于央行基准利率和市场基准的区分颇为类似。

对于市场基准利率，在文献综述中已经提到，国外相关学者认为市场基准是由市场自发产生；而关于央行基准利率，其实国内学者所讨论的央行基准，也就是中央银行可以直接控制或间接控制的货币政策目标利率。

Wicksell（1907）指出，在金本位时代，价格的变动并不取决于黄金供应量，而是取决于央行控制的利率（即央行基准利率）和实体经济决定的自然利率。Goodhart（1989）也认为在讨论短期利率时，利率水平一般由货币当局决定或改变，而不是由市场自由决定的。Woodford（2010）认为央行货币政策制定并不是确定短期利率水平，而是将隔夜拆借利率作为货币政策的操作目标，并将货币政策理解为对这一目标进行调节的规制①。

我们通常所说的美国基准利率“联邦基金利率”就是典型的央行基准。联邦基金利率其实并不是一个完全由市场行为产生的利率。陆晓明（2012）指出联邦基金利率是美国利率定价的“锚”，美国在利率市场化前后短期利率的定价基础均是隔夜拆借利率，这就使得在利率市场化之后美联储调节短期利率变得容易。并非美联储宣布联邦基金目标利率的变动，市场参与者就会按照美联储对利率的预期进行调整，而是美联储作为同业拆借市场最大的参与者，会通过公开市场操作调节资金供求，将联邦基金利率调整到目标水平。而这一目标利率的变动在很大程度上是依据泰勒规则。利率市场化之后，央行不再对银行等微观个体进行利率管制，而是从整个宏观层面上进行利率水平的制定。自 1987 年以来，联邦基金利率对短期利率和部分长期利率均有很好的引导作

① 参见易宪容：“中国利率市场化改革的理论分析”，《江苏社会科学》，2015 年第 1 期。

用，但在21世纪之后，长期市场利率与联邦基金利率的偏离程度越来越大，这使得美联储在金融危机后调节联邦基金利率无效后，不得不通过QE干预长期利率。

从上述分析中可以看出，所谓的央行基准，与其称之为基准利率，不如称之为中央银行的货币政策操作目标利率。而好的央行基准必然本身也是市场基准利率，至少是其所在期限内的市场基准利率。如果其利率变动对资金供求状况无法有效反映，对其他金融交易的价格制定没有很好的引导作用，央行选其作为目标利率也没有多大意义。

结合以上关于基准利率定义的讨论，在诸多学者对其定义由简入繁之后，本书删繁就简，不去考虑其是否需要具备无风险性、是否需要是央行基准，就选取黄达（1990）关于基准利率的定义作为本书对于基准利率的定义：基准利率是在整个金融体系中起主导作用的利率。当基准利率变动时，市场上的其他利率也相应地变动。市场参与者无须关注所有利率的变动，只需要关注基准利率的水平和变化趋势。这种在金融市场和利率体系中起关键作用、具有核心地位的利率就是基准利率。

五、关于基准利率讨论的不足之处

从上述关于基准利率的讨论中可以看出，现有的国内对基准利率的讨论多浮于表面，国内的文献多按照“市场性、可控性、可测性、基准性、相关性”等原则对基准利率进行选择，用很多的计量方法证明某一利率品种或收益率曲线与其他证券价格之间的关系，或者证明其与货币政策、宏观经济的关联性。但是甚少有文章追根究底地去讨论一个利率要想成为基准利率需要什么样的条件。

如果是市场基准，那么该利率也应该是市场参与者自发选择的，而绝非是官方指定或者强推的某种利率；如果是央行基准，那么央行选择该利率品种作为基准利率，该利率应该可以通过利率传导从而影响长期利率和其他市场的资金价格，进而影响到宏观经济的相关指标。此外，上述文献多数按照过于表面化的评判标准去对利率的相关性、可控性、稳定性进行一一验证其实基于一个前提，这一基准利率选择的前提在于市场上确实存在单一的或者个别的利率可以作为市场参考，但是几乎没有文献提出这样的疑问。当前，在我国的金融市场上究竟存不存在单一的或个别的利率可以作为基准利率，基准利率的形成到底需要什么样的条件，我国现在是否满足条件。

在2013年贷款利率放开后，市场上关于基准利率的讨论多集中在国债收益率及国债收益率曲线上，"建立一条能够反映市场供求的国债收益率曲线"也被写进了党的十八大报告。本书以国债为例，首先利用优先偏好的利率期限结构模型对我国国债收益率的供求决定因素进行实证，从利率决定、利率结构两方面总结出当前我国国债收益率决定的一些特征，在此基础上，对基准利率的形成条件进行再讨论，并结合国际经验对国债收益率要成为市场基准所应具备的条件进行了讨论，并据此进行实证检验，分析其尚存在的缺陷，最后提出相关政策建议。

第四节　利率"双轨制"现象与LPR改革①

2019年4月11日，时任中国人民银行行长易纲在博鳌论坛上表示"目前中国仍存在一些利率'双轨制'"。利率"双轨制"表现在货币市场利率和债券市场利率基本同步变动，但贷款利率受市场利率影响并不明显。由于中国在货币市场和债券市场利率定价放开较长时间后才逐步放开存贷款利率上下限管理，因此，利率"双轨制"已经存在较长一段时间。在2013年贷款利率放开前，存贷款基准利率和市场利率"两轨"并行所带来的市场扭曲以及其货币政策传导效率的影响一直是学者研究的热点。2013年贷款利率放开后，伴随着货币政策框架由数量型向价格型转型，利率"双轨制"作为推进利率市场化和畅通利率传导机制的重点和难点，再度成为热门话题。

为了改善利率传导过程的"双轨制"问题，2019年8月17日，央行改革完善LPR形成机制、要求新发贷款参照LPR定价。LPR的报价方式改为按照公开市场操作利率加点形成。同时，央行在原有的1年期期限品种基础上，增加了5年期以上的期限品种；报价行扩大至18家；报价频率改为每月报价一次。

一、LPR改革有助于畅通央行政策利率向贷款利率的传导

此次LPR改革明确新发放贷款参照LPR定价，新的LPR利率按照MLF利率加点形成。即新发放贷款的利率最终以MLF利率为定价锚，在MLF利率基

① 该节初稿成文于2019年4月。

础上加点形成。这意味着央行政策利率能够直接影响贷款利率，打通了央行政策利率向贷款利率的传导。原先央行利率传导的路径是直接由贷款基准利率影响贷款利率，这一传导机制在LPR形成机制改革之前一直发挥着很大的作用。在贷款基准利率不再调整后，贷款利率也不受央行公开市场操作利率和市场利率调整的影响，依然参照基准利定价，利率传导机制不畅通。此次LPR改革增加了央行政策利率直接影响贷款利率的渠道，缩短了央行政策利率向贷款利率传导的路径，有助于进一步疏通货币政策的传导路径。

二、LPR改革有助于利率“两轨”并“一轨”

此次LPR形成机制改革扩大了报价行范围，贷款市场报价利率报价行类型在原有的全国性银行基础上增加城市商业银行、农村商业银行、外资银行和民营银行，此次由10家扩大至18家，同业负债和大额存单是城商行、农商行、外资银行、民营银行（网商银行、微众银行）的主要负债渠道，此类银行的负债成本受市场利率的影响较大。报价行范围的扩大也使得市场利率的变动能够在LPR报价中得到更充分的体现，从这一角度来看，LPR形成机制改革也将有助于利率“两轨”并“一轨”，有助于贷款利率的市场化定价形成。

三、LPR改革是完善FTP定价机制的前提

商业银行建立完善基于成本加成的FTP定价体系，将有助于利率市场化改革的推进，这是毫无疑问的。但FTP定价体系并非改革的核心问题。在我国商业银行当前的资产负债结构下，如果不改变贷款利率的形成机制，仅靠FTP定价体系也难以实现贷款利率的市场化定价，利率“双轨制”问题依然会出现。贷款利率定价机制改革是银行发挥FTP定价机制的前提，这是与我国商业银行的负债结构特征有关的。

中国各类商业银行的发展时间不同，其负债结构也不尽相同。国有大银行在吸收存款方面有先发优势，存款粘性较高，负债端以存款为主，负债成本主要受存款利率影响。同时当前我国缺少面向居民和企业的基于市场利率定价的存款替代产品，因此市场利率对存款利率的影响力较小，存款利率依然以存款基准利率定价，并不跟随市场利率变动。而外资银行、民营银行、互联网银行吸收存款能力有限，同业负债成本的变动能对综合负债成本产生显著影响，其负债成本更易受市场利率影响。

在银行建立了基于“成本加成法”的FTP定价体系的基础上，银行为实

现利润最大化，其贷款利率定价最终都是跟随综合负债成本变动的。那么，根据不同银行的负债结构特征，大银行的贷款利率将依然参照基准利率、在存款基准利率基础上加点，没有自主定价能力的中小银行贷款利率则参照大银行的贷款利率定价。有自主定价能力的中小银行、外资银行等的贷款利率可以参照市场利率，但其占市场份额较小，甚至无法实现跨区经营；同时当前在市场利率下行时，参照不变的基准利率定价反而能够获得更多的利润，因此最终有自主定价能力的中小银行也会选择参照基准利率定价。此时，即便各银行均建立完善了 FTP 定价体系，银行贷款利率依然参照基准利率定价，而非市场利率，利率“双轨制”依然存在。

可见，FTP 定价体系只是利率市场化改革进程中的重要“助攻”，并非阻碍利率市场化改革的核心问题。只有打破银行贷款利率以基准利率为锚的惯性，改进贷款利率形成的机制，这一“助攻”才能发挥应有的作用。

如果从 FTP 定价的思路出发，如果要推进贷款利率市场化，央行应先取消存款基准利率，让存款利率基于市场利率定价，从而带动贷款利率市场化。美国、日本均是采用的“先存款、后贷款”的市场化路径。但在当前情况下，“先存款、后贷款”在我国行不通。一是因为我国大银行拥有较多的存款、且粘性较高，同业负债占比受限、市场利率对银行负债成本的影响有限，取消存款基准利率可能只会加剧中小银行的存款恶性竞争，提高中小银行的负债成本；二是美日的存款利率市场化均发生在利率上行周期，而近几年我国市场利率整体呈下行趋势，银行参照市场利率进行存款定价的动力不足；三是面向居民和企业的基于市场利率定价的存款类产品（大额存款）发展尚慢。因此，在存款基准利率取消尚不具备条件的情况下，我国先行改革贷款利率形成机制。

在存款基准利率并未取消的情况下，通过 LPR 形成机制改革促进贷款利率和市场利率“并轨”，将会对银行的息差管理造成一定的压力，必然对商业银行自身资产负债管理能力提出更高的要求，也将倒逼其主动建立和完善 FTP 定价体系，甚至在较长时期后会推动银行主动进行负债成本市场化。

四、LPR 未来也将在贷款利率定价中发挥重要作用

有观点认为，LPR 只是一个过渡利率，未来 LPR 也将退出历史舞台。但从国际经验来看，即便在利率市场化程度较高的国家和地区，最优贷款利率依然发挥着重要作用。

受各国利率市场化程度以及最优贷款利率形成机制不同影响，最优贷款利率的使用范围在某些国家不再广泛，但总体来看，最优贷款利率依然在贷款利率定价中发挥着重要作用。比如，日本的大企业贷款逐步由最优贷款利率转向TIBOR等市场利率，但住房贷款和中小企业贷款依然参照该国的LPR利率定价；香港的住房按揭贷款和信用卡贷款依然以最优贷款利率为定价参照；印度央行在1994年推进利率市场化后要求20万卢比以上的贷款均以该国的最优贷款利率为定价基准，并在此后对该利率的形成机制进行多次调整，以适合商业银行贷款利率市场化定价和央行利率传导需求。美国的最优贷款利率为联邦基金利率固定加点，又与商业银行对该利率的定价能力被剥夺，同时该利率在应用中与联邦基金利率基本等同，最优贷款利率应用不再广泛，大企业的贷款利率则以更能反映银行负债成本边际变化的LIBOR为定价基准。但美国的最优贷款利率依然定期公布，作为中小企业贷款和零售客户贷款的定价参照，同时该利率的设立也可为银行提供一定的息差保护。

因此，随着利率市场化程度的加深，各国的最优贷款利率并非不再有用武之地，最优贷款利率依然在利率定价中发挥着作用。从这一利率的设立初衷来看，这一利率不仅发挥着定价锚的作用，而且有一定的公告意义。并且各国LPR形成机制并非一成不变，其定价方式也在根据实际使用情况进行不断完善，以更好地满足银行市场化利率定价的需求。

综上所述，LPR形成机制改革是利率市场化改革的关键一步。LPR形成机制改革改善了央行政策利率向贷款利率的传导机制，有助于贷款利率的市场化定价形成、促进了利率定价“并轨”，让离开贷款基准利率后的贷款利率能够“形得成”“调得了”。LPR形成机制改革还可以倒逼商业银行主动提高FTP定价能力，为商业银行主动进行市场化的利率定价创造了前提，也使得商业银行FTP定价体系能够发挥应有的作用。从国际实践来看，LPR将持续在利率市场化改革和商业银行利率定价中发挥重要作用。

当然，LPR改革对银行的资产负债管理和资本管理提出了更高要求，如果中小银行处理不慎，也可能会产生一些不利于改善中小企业融资的问题。比如，当中小企业贷款利率下降后，中小银行可以选择维持贷款质量、降低息差收益，这会使得其资本的内生补充能力减弱；也可以选择下沉客户资质、维持息差收益，这或会提高不良率，侵蚀银行资本。如果中小银行的资本实力下降，其信贷扩张能力和对中小企业的贷款供给将受到影响，会对改善中小企业融资产生不利影响。因此，中小银行应基于实际经营情况充分运用永续债、优先股等一级资本补充工具，在保证自身运营健康的同时，加强对中小企业的支持力度。

最后，需要明确的是，LPR 能否改善中小企业融资难融资贵，这一问题从中长期的视角进行讨论没有意义。贷款利率定价机制的变化既不可能影响利率的长期走势，也不会影响中小企业实际的风险溢价水平。长期来看，未来不排除出现 MLF 利率下调、风险溢价上升的情况，甚至还可能出现经济持续复苏、货币条件收紧，这都可能抬升中小企业贷款利率。但宏观基本面、货币政策和风险溢价这些情况明显不受 LPR 改革左右，从 LPR 改革推演长期利率变化和企业风险溢价水平，既没有理论根据，对潜在问题的解决也没有实际意义。

第二章

国债市场的现状及收益率决定因素①

本章首先对债券市场和国债市场的发展现状进行了阐述，然后根据投资者偏好的利率期限结构模型，对供求因素对我国银行间国债收益率的影响进行了分析，实证结果表明我国商业银行的资产配置行为对国债收益率有很重要的影响，回购利率对长期国债收益率的影响程度有限。

第一节　中国债券市场的组织结构现状

一、中国债券市场组织体系的现状

（一）交易场所

当前，我国的债券市场主要包括银行间债券市场、交易所债券市场和银行柜台市场3个子市场。刚成立时，银行间债券市场的交易量并不大，在我国债券市场交易量中的比重不到2%。但是随着人民银行对银行间债券市场的扶持

---

① 该章成文于2015年4月，于2024年12月对重要数据进行了更新。由于银行间债券市场结构并未发生明显变化，因此，对于不同期限的国债收益率的决定因素，作者认为现有结论与当时的研究结论并未发生显著的改变。

和各项发展措施的逐一落实，银行间债券市场债券产品、交易工具、投资者数目不断增加，交易方式不断改进，当前银行间债券市场的发行量、托管量和交易量均占中国债券市场的90%以上，已经成为中国债券市场的主板市场（见图2－1和图2－2）[①]。

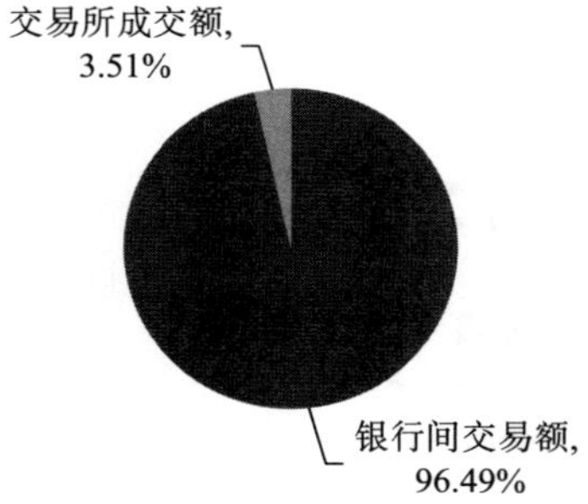

资料来源：Wind。

图2－1 银行间交易额和交易所交易额

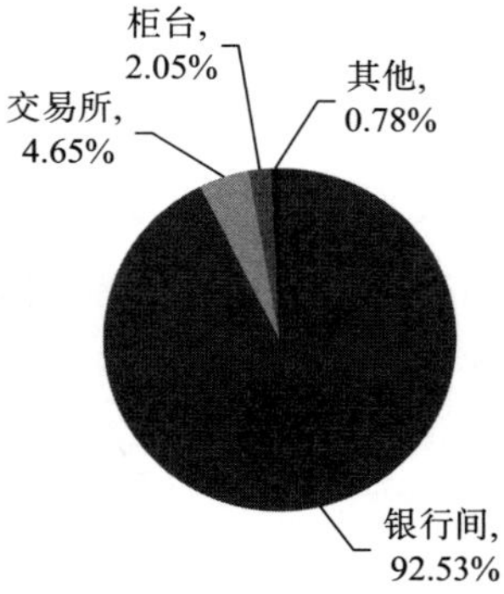

资料来源：Wind金融数据库。

图2－2 银行间与交易所的债券托管量对比

（二）交易品种

目前，我国债券市场主要的券种有国债、金融债、企业债、公司债、短期融资券、中期票据、同业存单、资产支持证券等金融产品。就中国现行可流通债券来看，国债可以在银行间债券市场、交易所市场及银行柜台市场交易，大部分金融债券只能在银行间市场交易，企业债可以在银行间市场与交易所市场交易，可转债只能在交易所交易，中期票据、短期融资券、同业存单、资产支持证券等产品只能在银行间市场交易。

值得一提的是，已有少量政策性金融债可以在交易所和银行柜台上市交易。从2013年开始，国开行尝试在交易所和银行柜台发行债券。2013年12月27日，国家开发银行（以下简称“国开行”）通过上海证券交易所（以下简称“上交所”）债券发行系统招标发行2年期固定利息金融债券80亿元、5年期固定利息金融债券40亿元，通过承销团投标确定2年期债券票面利率5.80%、5年期债券利率5.84%，认购倍数分别为1.15倍、1.27倍。2014年5月6日，国开行正

① 部分内容引自沈炳熙和曹媛媛著：《中国债券市场——30年改革与发展》，北京大学出版社2014年版。

式通过工商银行柜台分销金融债，这是首次政策性金融债通过银行柜台发行。

（三）交易方式

目前，债券交易的交易方式主要包括现货交易与回购交易，其中，回购交易又分为质押式回购交易和买断式回购交易。在期货交易部分，20 世纪 90 年代曾开展过国债期货交易，后因扰乱金融市场秩序叫停，2013 年 5 年期国债期货重新上线，2015 年 3 月，10 年期国债期货开始挂牌上限。

1. 债券现货交易

现券交易指交易对手以约定的价格，转让一定数量债券的所有权，并在规定的结算时间办理券款交割手续的交易行为。现券交易市场的发展和流动性的提高是一国债券市场成熟的主要标志。

银行间市场成立最初现券交易并不活跃，2003 年全年现券交易量仅为整个市场托管量的 85.41%。而 2014 年全年现券交易量是整个市场托管量的 1.08 倍。从成交额上来讲，现券交易量更是比 2003 年有了很大提高，2013 年银行间债券市场净价成交额 389123.2 亿元，而 2003 年这一数额仅 29113.4 亿元人民币（见图 2-3）。

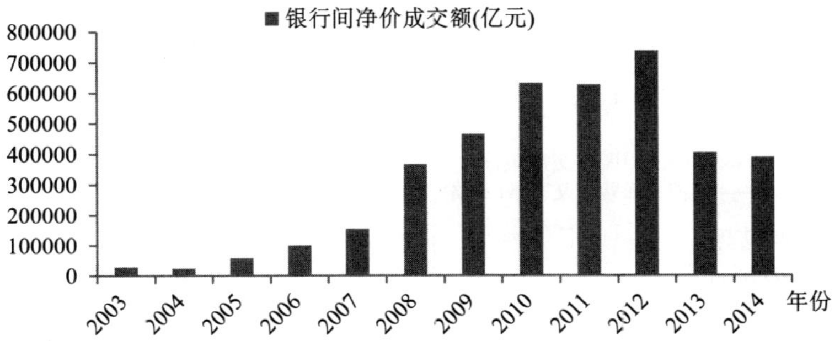

资料来源：Wind。

图 2-3 银行间净价成交额

2. 债券回购交易

债券回购是指债券持有人在卖出债券给债券购买人时，双方约定在将来某一日期以约定的价格，由卖方从买方买回相等数量的同品种债券的交易行为。

债券回购分质押式回购和买断式回购两种。质押式回购是交易双方进行的以债券为权利质押的一种短期资金融通业务，资金融入方（正回购方）在将债券出质给资金融出方（逆回购方）融入资金的同时，双方约定在将来某一日期由正回购方按约定回购利率计算的资金额向逆回购方返还资金，逆回购方向正回购方返还原出质债券。在约定的回购期限尚未到达之前，正回购方不能出售作为质押物的债券。

买断式回购也称开放式回购，是指债券持有人（正回购方）将债券卖给债券购买方（逆回购方）的同时，交易双方约定在未来某一日期，正回购方再以约定价格从逆回购方买回相等数量同种债券的交易行为。与质押式回购不同的是，买断式债券回购实际上对应着两笔债券交易。在交易期间，买断式回购的资金融出方不仅可获得回购期间融出资金的利息收入，而且也可获得回购期间的债券所有权和使用权。在买断式回购期内，该债券归逆回购方所有，逆回购方可以使用该笔债券，只要到期有足够的同等债券返还给正回购方即可。

债券回购期限通常在一年期以内，是货币市场的重要工具，不仅可以作为融资融券手段，而且还可以作为保值和短期投资工具。一个健康的回购市场，也有助于提高金融市场的流动性和效率。

目前，银行间市场的债券回购交易量已远远超过交易所。同时，也注意到银行间质押式回购的交易额和交易笔数远高于买断式回购（见图2-4）。这主要是由于以下两个原因：一是买断式回购的会计处理方式不明确，影响市场成员的参与积极性；二是在于买断式回购无法满足市场主体进行跨会计期间利润转移等“调账”操作需求，并且买断式回购完全可以通过两次债券买卖进行替代，后者反而更具灵活性，也方便融资。

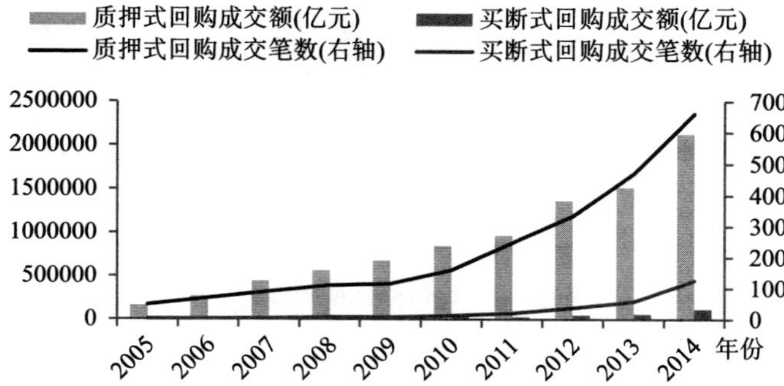

资料来源：Wind。

图2-4 银行间质押式回购与买断式回购交易笔数和交易额

3. 国债期货

我国国债期货交易的最早萌芽始于1992年12月28日，上海证券交易所首次涉及并试行推出了12个品种的国债期货合约，包括3月、6月、9月、12

月交收的3年期和5年期1992年国库券、3年期1991年国库券。起初交易不活跃，上海证券交易所在一段时间试办后重新设计了合约品种、交易机制，之后向社会广泛推开。1995年底第一季度全国各市场国债期货的交易额达28000多亿元，超过了1994年各市场全年25000亿元的总和。

在这种高涨表象的背后，已经潜伏着一系列严重的问题，例如，交易市场规章制度不健全、品种设置不合理、忽视风险控制和管理、过度投机和操纵市场现象严重，更缺乏政府部门的统一监管等。1995年出现严重过度投机现象，相继发生了"国债期货327事件"和交易所"319"品种严重违规事件。中国证监会于1995年5月18日发出紧急通知，宣布在全国范围内暂停国债期货交易，至此，中国国债期货市场在经历了两年多的实践后被迫关闭。2013年9月，阔别市场18年的5年期国债期货合约正式在中金所上市。

目前来看，我国现行债券交易方式主要是现券交易和回购交易，并且回购交易作为机构融资和调节资金头寸的手段，其成交量已经远远大于现货交易。从表2－1中可以看出，银行间债券市场的成交额逐年上升，回购交易所占比重也在逐年上升。

表2－1　　银行间债券市场现券与回购交易量

年份	现券（亿元）	现券比重（%）	回购（亿元）	回购比重（%）	总成交额（亿元）
2014	389123.24	14.79	2242391.95	85.21	2631515.19
2013	404256.09	20.36	1581662.41	79.64	1985918.50
2012	622891.50	34.62	1176534.44	65.38	1799425.94

资料来源：Wind。

（四）中国债券市场托管清算结算系统形成与运行现状

目前，中国债券市场托管清算结算系统主要包括中央国债登记结算公司（以下均简称"中债登"）、中国证券登记结算公司（以下均简称"中证登"）以及上海清算所。

1. 中债登和中证登的成立

1996年12月，由财政部与中国人民银行共同成立了中央国债登记结算公司，随后，全国银行间债券市场建立，中债登负责该市场所有债券交易的托管结算事宜。2001年，由中国证券管理与监督委员会直接监管的中国证券登记结算公司于2001年3月30日成立，当年9月份，上海证券交易所和深圳证券交易所的全部证券登记结算业务也全部并入，当然也包括交易所的债券登记结算业务。

2. 转托管的实行

2003 年，财政部印发文件《国债跨市场转托管业务管理办法》，从此国债跨市场转托管开启。2004 年，中央国债登记结算公司发布《国债跨市场转托管业务细则》。同年中国证券登记结算公司发布《国债跨市场转托管业务指引》。2007 年，人民银行发布公告《公司债券在银行间债券市场发行、交易流通和登记托管有关事宜公告》，规定公司债可以在银行间进行发行、交易和托管，支持公司债的跨市场转托管。2009 年，深交所开通了企业债跨市场转托管电子申请通道。

跨市场转托管需要征收手续费。《办法》规定转出方托管机构可以对转托管收取费用。转托管费用应不高于转出国债面值金额的 0.005%，单笔（单只）国债转托管费用不低于 10 元，不高于 1 万元。

当前，已经实现交易所和银行间的跨市场交易和托管的券种有国债、地方政府债和企业债券。大部分跨市场转托管的券种是国债。

3. 上海清算所成立，银行间债券托管分割

2009 年 11 月 28 日，银行间市场清算所股份有限公司在上海正式成立。其商标名称为“上海清算所”。其主要业务，是为银行间市场提供以中央对手净额清算为主的直接和间接的本外币清算服务，包括清算、结算、交割、保证金管理、抵押品管理；信息服务、咨询业务；以及相关管理部门规定的其他业务。成立之初主要是服务于利率和汇率衍生品的集中清算结算。

2011 年，上海清算所发布公告称，经中国人民银行批准，自 2011 年 9 月 1 日起，上海清算所将开办短期融资券的登记托管结算业务。由于短期融资券（以下简称“短融”）的期限均在一年以下，因此，不到一年时间，短期融资券的托管和结算均移至了上海清算所。2013 年 6 月 17 日，上海清算所从当天起开办中期票据的登记托管结算业务。2015 年 3 月 30 日，上海清算所发布公告，正式推出债券净额清算业务，在现行债券现券交易净额清算业务基础上，推出涵盖债券现券、质押式回购、买断式回购交易的中央对手清算业务，并通过代理清算的分层机制，为更多市场机构提供净额清算服务①。

（五）中国债券市场投资者结构现状

债券市场作为金融市场的一部分，它和任何市场一样，都有两个基本要素：一是要有可供交换的商品；二是要有从事这一活动的参与者。在中国，债

① 见上海清算所网站。

券市场的参与者既包括机构投资者，又包括一部分自然人。在机构投资者中，主要是各类金融机构，也包括各类工商企业。

但中国债券市场是一个机构投资者为主的市场，机构的种类和数量与日俱增，市场的深度和活跃度也有所增大。但是从机构投资者的构成来看，存在机构偏好趋同，主要的投资者为商业银行和特殊结算成员，证券公司、基金公司在近年来虽然持券比例有所上升，但是仍然份额较少。本书以可以在银行间、交易所和商业银行柜台市场同时上市和交易的国债为例。从图 2－5 中可以看出，70% 的国债被商业银行持有，基金、券商及个人投资者持券比例很小。

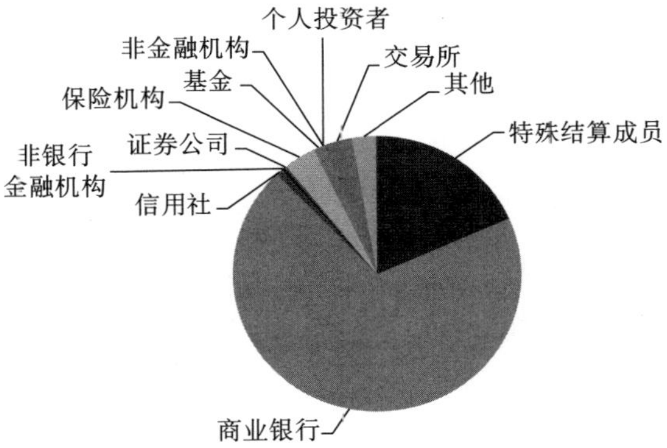

资料来源：Wind。

图 2－5　中国国债投资者的结构

而在美国，债券最大的投资者是外国投资者和货币当局，除去这两者以外，其他投资者的持券比例差距都不是特别大，美国国内机构和法人持券比例最大的为共同基金和个人（见图 2－6）。

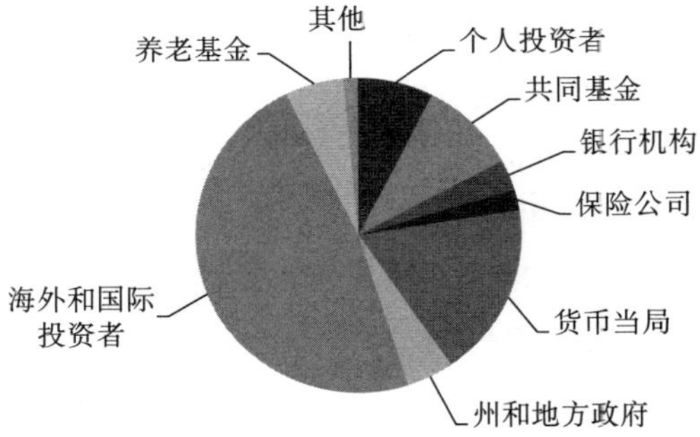

资料来源：Wind。

图 2－6　美国国债的投资者构成

二、银行间债券市场的发展现状

1997 年 6 月 5 日，在防止信贷资金流入股市的政策考虑下，中央银行要求商业银行停止在证券交易所进行债券回购和现券买卖业务，退出交易所市场，与此同时，建立一个专供商业银行进行债券交易的场所——银行间债券市场。1997 年 6 月 16 日，这一市场通过全国银行间同业拆借中心的交易系统进行询价交易，并在中央国债登记结算公司开立证券集中托管账户，属于场外交易市场。在管理层的政策支持下，短短几年，交易工具日益丰富，投资主体迅速扩大，交易量成倍递增，已经发展成为具有资本市场和货币市场双重功能、报价驱动的统一而又分层的场外债券市场，成为中国债券市场的主体。

（一）发行主体

目前，银行间债券市场上的发行主体主要有财政部、中国人民银行、国家开发银行、中国进出口银行、中国农业发展银行，经中国人民银行核准可以发行债券的商业银行、企业集团财务公司、证券公司及其他金融机构企业等。

2005 年 3 月，中国人民银行、财政部、国家发展与改革委员会、中国证监会联合发布了《国际开发机构人民币债券发行管理暂行办法》，允许符合条件的国际开发机构在国内发行人民币债券，这标志着国内债券市场对外开放的步伐进一步加快。

（二）投资主体

银行间债券市场建立之初的参与者只有 16 家商业银行。此后，主管部门逐步放开市场准入限制，市场成员的类型和数量不断增加。现如今，银行间债券市场的投资主体包括国内商业银行、外资银行、保险公司、农村信用合作设、基金公司、证券公司、财务公司、金融租赁公司、其他中小金融机构以及非金融机构合格投资者。值得一提的是，2002 年 4 月，投资者入市由核准制改为备案制。2013 年，人民银行暂停非金融机构法人在银行间市场的开户交易。2014 年 11 月，人民银行重新准入非金融机构合格投资者进入银行间市场进行交易。从市场参与者构成上来看，一个统一的、包含各类型机构投资者的场外债券市场框架基本形成。

在这些市场参与机构中，从其所承担的职能的角度，其中有 3 类机构承担了比一般投资者更多的职能：

（1）公开市场业务一级交易商：是在公开市场业务操作中作为中央银行对手方的市场参与者，配合中央银行实现货币政策的目标。每年的一级交易商名单都会根据上年的交易状况进行调整。2024 年，共有 51 家机构获得了公开市场业务一级交易商资格，其中包括 3 家非银金融公司和 5 家外资银行，其他 43 家均为国内商业银行。

（2）做市商：是经中国人民银行批准承担双边报价业务的市场参与者。做市商的作用除了达成交易之外，更重要的是信息披露。

2024 年共 107 家机构获得做市商资格。为完善银行间债券市场做市商制度，规范尝试做市机构尝试做市行为，发挥尝试做市机构的积极作用，根据《银行间债券市场做市商管理办法》，经人民银行同意，全国银行间同业拆借中心（以下简称“交易中心”）在 2014 年 6 月发布《银行间债券市场尝试做市业务规程》，并于发布之日起实施。《规程》要求尝试做市机构开展尝试做市业务应符合以下规范性要求：每日进行尝试做市的券种只数不少于 6 只，可以对政府债券、政府类开发金融机构债券和非政府信用债券全面报价，也可以选择一类或两类进行重点报价；每日开盘后 30 分钟内对做市债券双边报价，且全天持续时间不低于 4 小时；以合理价格及时回复做市债券报价请求。

（3）结算代理人：是经中国人民银行批准可以开展结算代理业务的市场参与者，目前共 48 家。

而按照中债登的托管账户划分，银行间的市场参与者也可以分为 3 类。根据中央国债登记结算有限责任公司《债券托管账户开销户规程》中的规定，中债登设置甲、乙、丙 3 种债券一级托管账户。只有具备资格办理债券结算代理业务的结算代理人或办理债券柜台交易业务的商业银行法人机构方可开立甲类账户；不具备债券结算代理业务或不具备债券柜台业务资格的金融机构以及金融机构的分支机构可开立乙类账户，亦可开设丙类账户。丙类账户持有人以委托的方式通过结算代理人在中央结算公司办理其自营债券的相关业务，不需与中央债券综合业务系统联网。

目前，48 家结算代理人中全部都是商业银行。如此一来，甲类户主要为商业银行，乙类户一般为其他商业银行（多为城商行和村镇银行）、券商、基金、保险和非银行金融机构，丙类户则大部分为非金融机构法人。

（三）债券托管情况

在上海清算所成立之前，银行间债券市场的债券登记、托管、结算和兑付业务由中央国债登记结算公司承担。在中央国债登记结算公司托管的债券有国债、金融债、企业债、资产支持证券等券种。获准参与全国银行间债券交易的机构，须在中央国债登记结算公司开立账户并成为中央国债登记结算公司的结算成员。而目前，上海清算所从 2015 年 3 月开始，全面提供债券的现券交易净额清算业务，并且推出了涵盖债券现券、质押式回购、买断式回购交易的中央对手清算业务。因此，目前银行间债券市场的参与者可以自主选择在中债登或上海清算所进行债券托管和结算。

截至 2024 年年末，债券市场托管余额 177.0 万亿元，同比增长 12.1%，其中，银行间债券市场托管余额 155.8 万亿元，交易所市场托管余额 21.2 万亿元，商业银行柜台债券托管余额 1556.2 亿元。[①]

图 2－7 为债券市场托管量的月度数据。从图中可以看出，银行间市场的债券托管量几乎逐月上升，和债券市场合计托管量之间的差距很小[②]。

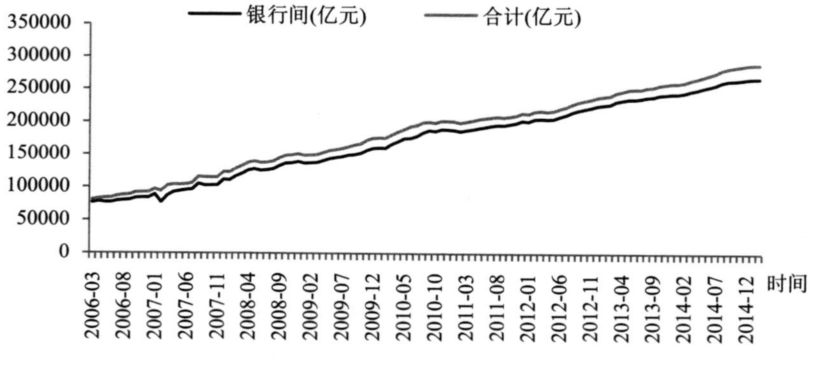

资料来源：Wind。

图 2－7　银行间债券市场托管量和债券市场合计托管量

---

① 参见《2024 年金融市场运行情况》，https：//www.gov.cn/lianbo/bumen/202501/content_7001574.htm。

② 分市场逐月的托管数据自 2021 年起已经无法公开获得，但银行间市场托管占比较大的事实没有改变，因此，本图未做更新。

（四）交易券种

银行间债券市场的主要券种有国债、金融债、企业债、中期票据、短期融资券、资产支持证券等，交易方式为现券和回购。从表 2－2 中可以看出，银行间债券市场的年交易总量占全部市场交易总量的 90% 以上，其中金融债、国债、短期融资券、中期票据为银行间交易的主要券种。

表 2－2　　2024 年债券市场主要券种成交统计　　（单位：亿元）

	银行间	上交所	深交所	北交所	合计
国债	1172217.69	77322.91	1874.76	0.00	1251415.36
地方政府债	195686.26	5047.67	84.51	0.00	200818.44
央行票据	0.00	0.00	0.00	0.00	0.00
同业存单	759433.26	0.00	0.00	0.00	759433.26
金融债	1322319.30	18821.47	5301.20	0.00	1346441.97
政策银行债	1106903.95	843.81	1.66	0.00	1107749.43
商业银行债	49324.21	0.00	0.00	0.00	49324.21
商业银行次级债券	148543.21	0.00	0.00	0.00	148543.21
保险公司债	4893.59	0.00	0.00	0.00	4893.59
证券公司债	0.00	17952.56	5299.54	0.00	23252.10
证券公司短期融资券	5562.84	0.00	0.00	0.00	5562.84
其他金融机构债	7091.50	25.09	0.00	0.00	7116.59
企业债	7092.35	7651.48	137.78	1.05	14882.66
公司债	0.00	128838.89	18265.52	3.00	147107.41
中期票据	162602.84	0.00	0.00	0.00	162602.84
短期融资券	85360.29	0.00	0.00	0.00	85360.29
项目收益票据	39.61	0.00	0.00	0.00	39.61
定向工具	33333.30	0.00	0.00	0.00	33333.30
国际机构债	877.83	0.00	0.00	0.00	877.83
政府支持机构债	1700.72	495.31	26.32	0.00	2222.35
标准化票据	0.00	0.00	0.00	0.00	0.00
资产支持证券	6799.79	5292.15	1447.78	0.00	13539.71
可转债	0.00	54420.73	89955.17	0.00	144375.90
可交换债	0.00	951.68	405.07	0.00	1356.75
可分离转债存债	0.00	0.00	0.00	0.00	0.00
总计	3747463.24	298842.28	117498.11	4.05	4163807.68

资料来源：Wind。

（五）银行间债券市场的交易方式

银行间债券市场的交易机制比较复杂，以询价制为主，做市商制度为辅。询价制指交易双方不通过中介，直接就交易价格、数量等交易要素进行一对一地谈判，逐笔成交。

目前，银行间债券市场的交易系统提供了3种询价交易功能：成员之间一对一的双边报价功能、通过经纪商的公开报价功能和双边报价商使用的双边报价功能。由于银行间债券市场交易主要是机构投资者间的大宗非连续性交易，因此，债券交易中现券买卖价格或回购利率由交易双方自行确定，成员通过交易系统，进行讨价还价，多次往来，直至达成交易，基本上不能像交易所一样进行连续交易。

但是我国银行间市场的询价机制本身存在着一些问题：大部分情况下银行间的交易员都是自找交易对手达成交易，由于市场信息的不对称，机构的资金成本差异以及成交信息的不透明，交易的达成主要取决于交易员之间的讨价还价，因为价格的达成很容易受到人为因素的影响。加上市场不活跃，会产生交易的价格形成和市场均衡价格偏离较大的情况，同样剩余期限的国债常有可能会达成偏差较大的不同的交易价格。此外，相对于竞价交易，询价交易的交易成本很高。因此，询价方式及其信息披露制度有待完善。

银行间债券市场在交易制度上除了询价报价之外，为了活跃交易，降低交易成本，提高交易效率，还采取了做市商制度，即交易商在债券交易时间同时连续报出现券买卖双边价格。2001年7月25日，央行批准9家银行为银行间债券市场的双边报价商。2014年，经中国人民银行同意，全国银行间同业拆借中心（以下简称“交易中心”）在2014年6月发布《银行间债券市场尝试做市业务规程》，开展尝试做市商业务。截至2024年3月，银行间债券市场共有做市商107家。其中，综合做市89家，专项做市18家。“综合做市”指对政府债券、政府类开发金融机构债券和非政府信用债券进行全面报价，“专项做市”指对上述三类中的一类或两类进行重点报价。在做市商之中，共有37家券商，70家商业银行（其中11家外资银行）。总体来讲，我国的做市商（包括尝试做市商）结构中商业银行占较大部分。

美国的做市商分为一级交易商（Primary Dealer）和一般做市商。一级交易商是义务做市商，为政府融资平台提供支持，为中央银行的公开市场操作提供吞吐支持，同时承担对债券市场的做市义务。一般做市商为自愿做市商，其自愿选择国债券种并进行做市。美联储体系中的一级交易商是由美联储在一般做市商中选择的债券业务量较大、市场表现较活跃、可直接和美联储发生交易的金融机构。一级交易商必须对所有交易国债进行双边报价并积极参与国债的竞标等。对于一般做市商，美联储规定满足资本充足率等特定要求的金融机构均可申请[①]。

（六）中央银行的公开市场业务操作

银行间债券市场参与者中最为特殊的是中央银行。中国人民银行从 1998 年开始建立公开市场业务一级交易商制度，选择了一批能够承担大额债券交易的商业银行作为公开市场业务的交易对象，央行公开市场业务操作依托银行间债券市场，通过与一级交易商进行债券回购交易，吞吐基础货币，实现货币政策目标。公开市场业务运用的债券主要是国债和政策性金融债。公开市场操作采用招标方式进行，包括数量招标方式和利率招标方式。

从交易品种来看，中国人民银行公开市场业务债券交易主要包括回购交易、现券交易和发行中央银行票据。其中回购交易分为正回购和逆回购两种。现券交易分为现券买断和现券卖断两种，前者为央行直接从二级市场买入债券，一次性地投放基础货币；后者为央行直接卖出持有债券，一次性地回笼基础货币。中央银行票据即中国人民银行发行的短期债券，央行通过发行央行票据可以回笼基础货币，央行票据到期则体现为投放基础货币。根据货币调控需要，近年来中国人民银行不断开展公开市场业务工具创新。2013 年 1 月，立足现有货币政策操作框架并借鉴国际经验，中国人民银行创设了“短期流动性调节工具（Short - term Liquidity Operations，SLO）”，作为公开市场常规操作的必要补充，在银行体系流动性出现临时性波动时相机使用[②]。

第二节　中国国债收益率的决定因素 ——从供求关系的角度[③]

本节参考 Vayanos 提出的引入投资者期限偏好的利率期限结构模型，并结

① Wind 资讯。

② 节选自中国人民银行网站。

③ 该部分实证数据未做调整，国债的利率期限结构特征并未发生明显改变。

合凯恩斯的流动性偏好理论中对投资者的3类需求的分析，利用中国银行间国债收益率的数据分析国债供求因素对各期限国债收益率的影响。

利率是最重要的货币资金价格，利率市场化对于充分发挥市场机制的作用、提高金融资源配置效率具有重要意义。目前，我国利率市场化改革已经进入了关键时期和攻坚阶段。利率市场化改革的目标是清晰的，即逐步建立由市场供求决定的金融机构存贷款利率水平的利率形成机制，通过货币政策工具，包括数量和价格的工具来调控和引导市场利率，使市场机制在金融资源配置中发挥主导作用。应该说，这一点才是利率市场化想要达到的真正目的。正值利率市场化改革的攻坚阶段，建立一条反映市场供求的国债收益率曲线，发挥国债收益率曲线在金融资源配置中的重要作用，既是利率市场化改革的必然要求，又是改革能否成功的标志之一。

一条反映市场供求的国债收益率曲线不仅对市场交易非常重要，而且对央行制定货币政策以及货币政策的传导也非常重要。一个成熟的市场上，国债收益率曲线包含着丰富的宏观经济信息和市场信息。随着利率市场化改革的推进和国债市场的发展，国债收益率曲线在我国货币政策传导和宏观经济变量预测等方面发挥了越来越重要的作用。

一、相关问题及研究

在此背景下，国内很多学者利用宏观金融模型，用GDP增长率、工业增加值等变量代表经济增长率，用银行间隔夜拆解利率或回购利率、存款准备金率或者M2衡量货币政策影响，用CPI衡量通货膨胀率，与银行间固定利率国债收益率的斜率、截距等数据建立向量自回归模型，模型结果多数显示其论文中选取的经济变量能够解释国债收益率曲线的大部分变动，甚至在统计检验上能够互为因果关系（白静，2008；黄海，2014；杨婉茜，2014；等等）。还有一些文献研究国债收益率曲线和宏观经济的先行关系以及货币政策的传导（中国人民银行调查统计司课题组，2013）。以上这类模型主要由宏观经济模块和金融模块构成，宏观经济模块主要包括总供给方程、总需求方程和货币政策反应函数；而金融模块则以仿射利率期限结构模型为基础，其理论依据是根据利率期限结构的预期理论，即短期利率是其他利率的基准，而长期利率是经风险调整后的预期短期利率的均值①。

① 参见张雪莹：“国债供求因素对利率期限结构的影响——基于中国数据的研究”，《财经论丛》，2014年2月。

但其实因为反映经济增长和货币政策的指标很多，根据这类模型做出来的结论在细节上的差异较大，这主要是由于虽然利率分析和宏观分析的联系十分紧密，但是从宏观经济到利率的传导链条其实很长，大致是：长期经济增长和通胀预期——短期经济和通胀走势——货币政策取向和实际操作——短期利率——中长期利率——融资成本——货币需求——短期经济增长和通货膨胀。这中间每一步都有可能出现差异甚至是异常情况，这就会导致利用宏观金融模型分析国债收益率出现不一样的结果。

此外，这一模型并没有直接讨论国债供求因素对收益率曲线的影响，不能够对格林斯潘之谜、扭曲操作等事件做出很好的解释。尤其在金融危机后，美、日、欧相继展开大规模的购债计划以及扭曲操作等手段以降低长期利率，刺激经济复苏以来，国外很多文献开始关注国债供求因素对国债收益率的影响，越来越多的实证研究使得学者重新思考国债收益率的决定因素。2000 年 1 月，美联储宣布长期国债回购计划，20 年和 5 年期的国债收益率的利差在 3 个星期内从 26bp 下降到 -39bp（Greenwood 和 Vayanos，2010）；Hamilton 和 Wu（2011）的研究结果显示，美联储 4000 亿美元的扭曲操作将使 10 年期国债利率下降 14 bp；Gagnon 等（2010）测算出美联储 2008 年 12 月至 2010 年 3 月期间大规模资产购买计划对 10 年期国债利率的降低效应大约为 58bp。其中最著名的当属 2004 年的格林斯潘之谜：2004 年初，美国出现联邦基金利率上升，但长期国债收益率下降的现象。Kaminska 和 Vayanos（2011）实证发现，2004 年长期国债收益率下降是由需求因素推动的，而这类需求是和外国政府对美国国债的大规模购买相关的。2004 年 6 月，外国政府对美国国债的需求对 10 年期国债收益率的降低效应约有 100bp。

目前，有两种理论解释这种现象。第一个是市场分割理论。在一个不完全的市场内，金融资产的定价不可能通过其他资产的定价有效地复制，不同的资产面对不同的需求和供给，它们有属于自己的风险收益曲线。金融资产的价格由其自身的需求和供给决定。第二个理论是利率期限结构的投资者偏好假说。该假说由 Vayanos 和 Vila（2009）提出。

二、市场供求因素对国债收益率的影响

本书根据 Vayanos 和 Vila（2009）的期限偏好模型，利用我国的数据进行了实证分析。根据模型，我们假设市场上只有两类投资者，期限偏好型的投资者和交易型的投资者。期限偏好型的投资者（例如，商业银行、保险公司）

对国债的期限有所偏好，持有国债的主要目的是为了资产配置，并且这种资产组合不会随意变化，而交易型的投资者则会为实现自己收益的最大化实施各种套利型的交易行为。此外，我们还假设市场上存在和国债类似期限的其他金融产品，并且其收益率的高低会对资产配置型的投资者对国债的需求产生影响。

（一）供给因素对国债收益率的影响

本书根据 Greenwood 和 Vayanos（2010）的模型，利用去除时间趋势之后的银行间各期限国债托管量分别表示各期限国债的供给量，然后，利用 2005 年 1 月至 2014 年 6 月的数据，将各期限的国债收益率对国债供给量直接进行回归。本书选取的期限为 1 年期、3 年期、5 年期、7 年期、10 年期、15 年期国债收益率。回归结果如表 2 – 3 所示。

表 2 – 3　　国债供给因素和国债收益率关系的检验结果

期限	c	去势后的国债托管量	R 平方
1 年	2.571818	-0.00025	0.117094
t 值	164.5418***	-17.9667***	
3 年	2.949711	0.000179	0.122835
t 值	218.1282***	18.4621***	
5 年	3.233953	3.19E-05	0.021856
t 值	262.9342***	7.376228***	
7 年	3.464996	1.45E-05	0.004374
t 值	304.8421***	3.270846***	
10 年	3.684617	3.49E-05	0.046604
t 值	367.4619***	10.90993***	
15 年	3.985644	4.09E-05	0.077291
t 值	443.9926***	14.28177***	

从回归结果来看，模型的 R 平方较低，变量的系数均显著。除了一年期的回归模型中供给变量的系数为负，其他期限的回归模型中系数均为正，这说明供给量的增加会使国债收益率上升，但并不是国债收益率变动的主要影响因素。但是一年期的国债供给量和国债收益率负相关，这和一般情况下我们认为的供给增加价格下降的逻辑相违背，这可能是由于短期国债供给较少，供给远少于需求，短期国债的价格几乎由需求因素驱动，因此，导致了短期国债收益率与国债供给之间的关系与传统经济学逻辑相违背指出。从模型的 R 平方来

看，所有期限的国债收益率对国债供给变量的回归模型的 R 平方都较低，说明供给因素对国债收益率的影响较小。这可能是由于债券供给，尤其是新发国债的供给是规律性的、无弹性的，正因为这样的规律性供给，市场可以提前消化债券供给的增加对价格的影响，使得供给对国债收益率的冲击变得极其微妙。

（二）国债需求因素对国债收益率的影响

虽然债券需求因素的衡量难度较大，但是我国的债券市场现状却让模型变得更加简单。截至 2013 年，银行间市场超过 60% 的国债由商业银行持有。由于商业银行无法投资股票，因此，在利率市场化之前，中国商业银行资产端的配置主要是贷款和债券，并且此前其债券配置大部分是国债和政策性金融债。商业银行持有大量债券主要有两方面原因：一方面，他们通过国债的配置减少其资产端的信用风险；另一方面，商业银行利用债券进行流动性管理。因此，在中国的债券市场上，商业银行既是期限偏好型的投资者，又是交易型的投资者。当他们利用国债作为除贷款以外的资产端的配置资产，以减少信用风险时，他们会比较同期限的国债收益率和贷款利率的高低，这时商业银行可以视为有期限偏好的投资者，而当商业银行通过国债做债券回购管理流动性时，其又是交易型的投资者。因此，为了简化分析，我们将银行间债券市场的投资者分为商业银行、交易型的投资者以及少数其他期限偏好型的投资者。

1. 研究假设

假设商业银行对债券的需求和贷款利率负相关，即：

$$D_t^{(n)} = \alpha_{0t}^{(n)} - \alpha_{1t}^{(n)} r_t$$

r_t 为贷款利率，假设 $\alpha_{0t}^{(n)} > 0$，$\alpha_{1t}^{(n)} > 0$，则当贷款利率上升时，商业银行认为贷款相对于国债更加有利可图，国债需求就会下降。而对于套利型的投资者，则追求风险—收益的最大化，假设套利型的投资者只能投资债券，其拥有的资金量为 W_t，投资期限为 n 的债券的比例为 ω_n，假设期限为 m 的债券的供给为 S_m，在均衡状态下，债券市场的总供给等于债券的总需求，即等于有期限偏好的投资者的需求加上套利型的投资者的需求。根据本书附录 1 的推导，本书得出如下等式：

$$y_t^{(n)} = \frac{n-1}{n} E_t y_{t+1}^{(n-1)} + \frac{1}{n} y_t^{(1)} - \frac{1}{n}\frac{1}{2} B'_{n-1} \sum \sum{}' B_{n-1}$$

$$+ \frac{1}{n} \gamma B'_{n-1} Var(X_{t+1}) \sum_{m=2}^{N} (B_{m-1} c_{0m})$$

$$- \frac{1}{n}\gamma B'_{n-1} Var(X_{t+1}) \sum_{m=2}^{N} (B_{m-1} c_{1m}) d_t$$

$$+ \frac{1}{n}\gamma B'_{n-1} Var(X_{t+1}) \sum_{m=2}^{N} (B_{m-1} \beta_m) r_t \quad (2-1)$$

将等式（2-1）的右边分解为4个部分，从等式右边的前3项可以看出长期利率是预期短期利率的函数，这和利率期限结构的传统三大理论之一的预期理论相吻合，第四项隐含了债券的凸性，第五项是需求因素对收益率的影响，由于系数均为正数，因此，从等式（2-1）中可以看出，在供给给定的情况下，需求越大，收益率越低。第六项衡量的是贷款利率对收益率的影响，而本书之前假设类似于商业银行的期限偏好型的投资者对债券的需求是与贷款利率负相关。

$$D_t^{(n)} = \alpha_{0t}^{(n)} - \alpha_{1t}^{(n)} r_t$$

因此，等式（2-1）的右边最后两项其实都是用来衡量需求对收益率的影响。

本书根据等式（2-1）的形式建立如下回归方程来衡量需求因素对国债收益率的影响：

$$y_t^{(n)} = c + ar_t + bd_t + \varepsilon_t^{(n)} \quad (2-2)$$

其中，$y_t^{(n)}$ 表示在时间 t 剩余期限为 n 的国债收益率，r_t 是贷款利率，d_t 表示需求因素，c 为常数项，$\varepsilon_t^{(n)}$ 为残差项。

2. 指标选取

根据之前的假设，这个市场上只有两类投资者——期限偏好型的投资者和交易型的投资者。我们将从各类投资者持有债券的机会成本的角度分析国债的需求因素。

对于商业银行来讲，由于国债的违约率很低，因此，银行通过购买国债可以用来降低银行资产端的风险。所以，当经济下行，银行不良率上升的时候，银行出于预防性需求的考虑，就会减少信贷配给，增加债券的配置。当商业银行将国债视为资产端的配置资产时，商业银行属于期限偏好型的投资者，贷款利率就是银行持有国债的机会成本。因此，我们可以用贷款利率来衡量商业银行的资产配置型需求。当贷款利率越高时，银行对国债的需求就会越低。

$$d_{t1} = r_t$$

除了以贷款利率为代表的机会成本影响商业银行对国债的资产配置需求之外，另一个影响商业银行对债券的需求的变量就是商业银行的可用资金。商业银行可用资金的数量并非完全由商业银行自身决定。商业银行的资金主要来自于存款，而存款余额和中国人民银行的货币供应量密切相关。例如，在经济下行时，中央银行往往会采用适度宽松的货币政策以刺激经济，其中一种方式就是增加货币供应量。在这种情况下，商业银行的存款就会大幅上升，当贷款需求相对稳定的时候，存款余额和贷款余额的差距就会扩大，这就驱动商业银行持有更多的债券。债券需求上升，收益率下降。即便没有货币政策的变化，在某些情况下，例如，经济下行，银行贷款不良率上升，商业银行出于对自身资产的风险收益的考量，产生惜贷情绪，增加债券配置。此时，银行存款和贷款的差额也会扩大。因此，本书用存款余额和贷款余额的差额衡量商业银行的可用资金量。为了去除时间趋势的影响，本书选用的指标为存款余额对贷款余额的比率。即：

d_{t2} = 金融机构存款余额$_t$/金融机构贷款余额$_t$

除了满足资产配置的需求之外，国债相对于贷款还有另外一个优点，国债的流动性好于贷款，因此，商业银行也利用国债进行流动性管理。这个时候的商业银行就可以当做交易型的投资者。与所有交易型投资者一样，银行也有资金融入和资金融出的需求。对于交易型投资者来讲，货币市场的资金利率就是其持有国债的机会成本，资金利率越低，其持债的机会成本就越低，债券的交易性需求就越大。因此，本书用货币市场的资金利率衡量国债的交易性需求，所选用的指标为银行间 7 天回购利率。此外，如果资金利率对收益率的影响越大，说明交易性的需求对收益率的影响越大，根据 Vayanos 和 Vila（2009）的期限偏好模型，从而可以说明市场上或者某一期限的投资者的风险规避程度越低。

d_{t3} = R007

根据 2005 年 1 月至 2014 年 9 月的数据，将 d_{t1}、d_{t2}、d_{t3} 代入回归方程中进行回归。其中，r_t 选用贷款基准利率。

3. 回归结果及分析

回归结果如表 2-4 所示。

表 2-4　国债需求因素和各期限国债收益率关系的检验结果

期限	C	R007	贷款基准利率	存款/贷款	R^2
6 个月	5.65	0.31	0.73	-5.52	0.75
t 值	14.94***	42.13***	37.44***	-22.13***	
1 年	7.50	0.31	0.58	-6.35	0.74
t 值	20.16***	44.09***	38.62***	-25.20***	

续表

期限	C	R007	贷款基准利率	存款/贷款	R^2
3 年	7.54	0.23	0.54	-5.79	0.66
t 值	20.54 ***	32.85 ***	36.35 ***	-23.52 ***	
5 年	8.29	0.14	0.53	-6.00	0.60
t 值	24.15 ***	21.34 ***	35.51 ***	-25.67 ***	
7 年	9.20	0.13	0.44	-6.08	0.53
t 值	26.99 ***	19.98 ***	28.91 ***	-26.36 ***	
10 年	9.98	0.07	0.39	-6.15	0.45
t 值	29.90 ***	10.95 ***	26.54 ***	-27.24 ***	
15 年	11.30	0.04	0.26	-6.18	0.33
t 值	33.81 ***	5.56 ***	17.48 ***	-27.33 ***	
20 年	12.27	0.05	0.22	-6.67	0.38
t 值	39.47 ***	8.51 ***	15.89 ***	-31.23 ***	

模型回归效果较好，R^2 在 38% ~75% 之间，各变量系数均明显显著，说明该模型较好地反映了市场的需求因素，并且系数均符合前文的研究假设。具体来讲，贷款基准利率和银行间 7 天回购利率对各期限的国债收益率均产生了正向影响，也就是说不论是商业银行，还是交易型的金融机构，其持债成本的增加都会降低其对债券的需求，需求越小，收益率越高。单从回购利率项上看，随着期限的增加，该项系数递减，说明回购利率对国债收益率的影响程度在递减（见图 2 -8）。

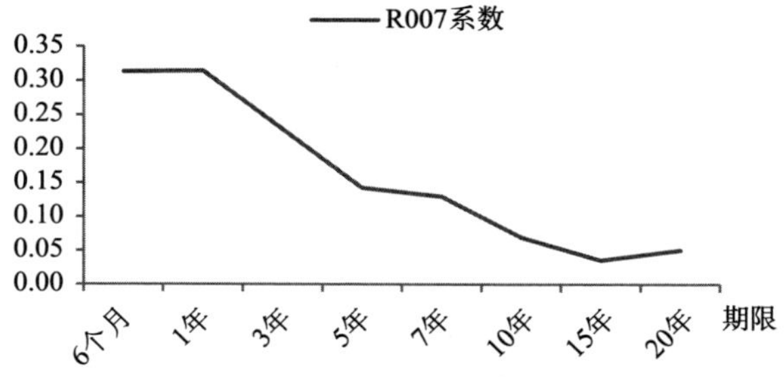

图 2 -8 回购利率系数

存贷款的余额比和各期限的国债收益率也明显负相关，说明即便在贷款利率和回购利率都不变的情况下，商业银行由于外部和自身的各种原因导致存款和贷款的差额变大，从而商业银行对国债的需求增加，也会导致国债收益率的下降。从该项系数的显著性上来看，商业银行需求的增加对各期限的国债收益率均具有显著影响；从该项系数的大小上来看，随着期限的增加，商业银行需求的增加对国债收益率的影响程度也略有增加，但总体来讲，差异也不是很大。因此，可以认为，银行间7天回购利率、贷款基准利率和金融机构存款与贷款的差额能够较好地衡量银行间国债市场各类投资者对国债的需求。

（三）商业银行资产配置变化对国债收益率的影响

2013年7月，中国人民银行放开了除个人住房贷款外的其他人民币贷款利率管制，为了进一步检验结论的可信度，本书选取商业银行贷款平均利率代替贷款基准利率重新进行回归，并且将数据分为利率市场化之前和利率市场化之后。因贷款平均利率公布的时间起点为2008年，因此，分别利用2008年7月1日至2013年7月1日的数据和2013年8月1日至2014年6月30日的数据进行回归，回归结果如表2-5所示。

表2-5 利率市场化之前国债需求因素和各期限国债收益率关系的检验结果

期限	C	R007	贷款平均利率	存款/贷款	R平方
6个月	-7.39	0.21	0.53	3.82	0.855
t值	-13.68***	23.17***	41.36***	10.93***	
1年	-7.94	0.17	0.56	4.20	0.849
t值	-14.70***	19.00***	43.55***	12.04***	
3年	-5.19	0.08	0.44	3.28	0.729
t值	-9.39***	8.87***	33.90***	9.18***	
5年	-4.00	0.03	0.33	3.27	0.577
t值	-7.52***	3.82***	26.34***	9.50***	
7年	-1.95	0.01	0.29	2.29	0.526
t值	-4.03***	1.62	25.08***	7.31***	
	-1.98		0.30	2.27	0.525
t值	-4.08***		37.13***	7.27***	
10年	-2.65	0.00	0.22	3.22	0.409
t值	-6.02***	-0.24	20.87***	11.34***	
	-2.64		0.22	3.22	0.409
t值	-6.02***		29.33***	11.35***	

续表

期限	C	R007	贷款平均利率	存款/贷款	R 平方
15 年	-1.64	-0.02	0.15	3.10	0.250
t 值	-4.12***	-3.30**	15.69***	12.09***	
	-1.59		0.13	3.13	0.243
t 值	-4.00***		18.85***	12.14***	
20 年	0.18	-0.02	0.16	1.95	0.342
t 值	0.55	-3.29**	20.15***	9.21***	
	0.21		0.14	1.97	0.336
t 值	0.65		25.15***	9.27***	

从表 2-5 中可以看出，即便贷款利率由基准利率换为平均利率，但以 5 年期（包含）以下的国债收益率为因变量的模型精度依然较好，各系数也均显著。但是 7 年、10 年、15 年、20 年的 R007 的系数却发生了变化，对 7 年期国债收益率做回归的方程中，R007 的系数依然为正，但无法通过 t 检验，系数不显著，而 10 年期及以上的回归方程中，R007 的系数已经转为负，虽然系数很小，但是统计检验显著。为了探究其原因，本书在剔除 R007 因素后，对 7 年期及以上的国债收益率进行重新回归，回归结果发现，虽然少了一个变量，但是各期限回归模型的 R 平方几乎没有变化，另外两个变量的系数也几乎没有变化。

同时，本书观察到对于短期国债，7 天回购利率的系数较大，并且系数明显显著。因此，在将贷款基准利率换为贷款平均利率后，对于长期国债，银行间 7 天回购利率的变动对其收益率几乎没有影响，而短期国债仍然明显受到 7 天回购利率的影响（见表 2-6）。

表 2-6　利率市场化之后国债需求因素和各期限国债收益率关系的检验结果

期限	C	R007	贷款平均利率	存款/贷款	R^2
6 个月	-14.56	0.09	2.63	-0.61	0.729
	-8.64***	4.50***	15.81***	-0.70	
1 年	-8.42	0.05	2.16	-2.37	0.705
	-5.98***	2.88***	15.52***	-3.29***	
3 年	1.04	0.04	1.22	-4.06	0.662
	0.79	2.96***	9.41***	-6.05***	

续表

期限	C	R007	贷款平均利率	存款/贷款	R^2
5 年	7.96	0.05	0.66	-5.99	0.470
	6.10***	3.13***	5.09***	-8.99***	
7 年	11.68	0.05	0.46	-7.56	0.457
	8.03***	3.30***	3.22***	-10.17***	
10 年	14.37	0.05	0.15	-7.84	0.370
	9.09***	2.88***	0.95	-9.69***	
15 年	16.08	0.05	0.17	-9.00	0.330
	9.16***	2.71***	0.99	-10.03***	
20 年	17.46	0.06	0.11	-9.52	0.380
	9.59***	2.79***	0.61	-10.22***	

通过分析利率市场化之后的回归结果发现，回归模型依然适用于短期和中长期国债，模型的 R^2 和各自变量系数的显著性均较好（除了 6 个月期的模型中的存贷款余额比）。但是，在对长期国债收益率的回归模型中，贷款平均利率的系数均不显著。

本书猜测这可能是由以下原因导致的：利率市场化之后，商业银行面临利差收窄利润下滑的压力，同时在融资需求旺盛和银行存贷比限制的背景下，商业银行的风险偏好上升，主动增加同业负债，增配非标资产。

所以从商业银行的资产配置角度出发，非标资产收益率也是持有债券的机会成本。本书采用贷款类信托产品收益率作为非标资产收益率的替代指标。

因此，在模型中加入贷款类信托收益率，重新进行回归。结果如表 2-7 所示。

表 2-7　　加入信托收益率后国债需求因素和各期限国债收益率关系的检验结果

期限	C	R007	贷款平均利率	贷款类信托收益率	存款/贷款	R 平方
6 个月	-20.35	0.09	2.85	0.18	1.32	0.764
	-10.89***	4.99***	17.79***	5.76***	1.51	
	-18.13	0.09	2.83	0.17		0.761
	-15.57***	4.81***	17.67***	5.59***		

续表

期限	C	R007	贷款平均利率	贷款类信托收益率	存款/贷款	R 平方
1 年	-14.82	0.05	2.40	0.20	-0.24	0.772
	-10.06 ***	3.51 ***	19.01 ***	8.08 ***	-0.35	
	-15.23	0.05	2.40	0.21		0.772
	-16.67 ***	3.60 ***	19.15 ***	8.91 ***		
3 年	-7.26	0.05	1.53	0.26	-1.30	0.751
	-6.21 ***	4.34 ***	15.28 ***	13.21 ***	-2.39 ***	
	-9.45	0.05	1.55	0.28		0.745
	-12.88 ***	4.66 ***	15.38 ***	15.13 ***		
5 年	3.52	0.05	0.82	0.14	-4.52	0.540
	2.43 ***	3.51 ***	6.62 ***	5.70 ***	-6.69 ***	
	-4.07	0.06	0.89	0.21		0.448
	-4.13 ***	4.09 ***	6.58 ***	8.17 ***		
7 年	7.62	0.06	0.61	0.13	-6.21	0.504
	4.61 ***	3.58 ***	4.34 ***	4.57 ***	-8.05 ***	
	-2.81	0.08	0.71	0.22		0.359
	-2.41 ***	4.18 ***	4.44 ***	7.30 ***		
10 年	10.86	0.05	0.28	0.11	-6.67	0.407
	5.94 ***	3.06 ***	1.78 ***	3.57 ***	-7.82 ***	
15 年	12.11	0.06	0.32	0.13	-7.68	0.417
	5.98 ***	2.89 ***	1.85 ***	3.64 ***	-8.12 ***	
20 年	13.73	0.06	0.25	0.12	-8.28	0.413
	6.50 ***	2.95 ***	1.38	3.28 ***	-8.39 ***	

重新回归之后，回归模型效果较好，贷款类信托产品收益率和各期限国债收益率均正相关。因此，利率市场化之后，银行对非标资产配置的增加确实对国债收益率产生了影响。并且由于非标准化债权往往需要很多通道，资金链条的增加也推高了非标资产收益率。此外，银行主动通过同业负债维系同业杠杆，又使得资金利率持续高位。因此，非标资产收益率对国债收益率具有正向的影响，非标资产收益率越高，商业银行所要求的国债收益率也就越高。

在 2014 年对影子银行和同业加强监管的政策影响下，银行同业业务重回资金流动性管理本质，同业资产负债增速双双收缩放缓。尤其对于2013年非标扩张较为迅猛的中小银行如兴业、平安、光大和民生银行等，同业资产与负债增速均明显放缓，特别是同业负债增速下降尤为显著。

事实上，支撑银行同业非标扩张的关键条件在2014年均发生了改变：同业非标扩张的本质是信贷扩张，且不计提资本和拨备等，因此，需要信贷资产的违约风险很低，但2014年经济下行，信用违约和不良资产风险呈暴露增加趋势。同业资产扩张依赖于稳定、低成本的同业主动负债，但钱荒导致机构对资金波动性预期上升，同业非标利差难以保持稳定；107号文、99号文、11号文、127号文和140号文等监管政策的持续压力，导致非标入表、资本压力增大和银行主动收缩。

但根据16家上市银行在2014年中报中的数据统计，截至2014年6月，同业和投资项下的非标资产（信托受益权、资产管理计划、理财产品和贷款等）总规模为3.99万亿元，较2013年同期仍增长1.57万亿元，同比增速为65%，较2014年初增加8161亿元，较年初增长26%。

由此可见，商业银行的资产配置行为对国债收益率有着显著影响。因此，本书建议在考虑影响国债收益率需求因素的时候，仍需要密切关注商业银行资产端的配置情况。利率市场化之后，商业银行持有国债的机会成本不能仅仅考虑贷款利率。

（四）小结

（1）国债供给因素对国债收益率的影响程度较小。国债收益率的变化主要受需求因素的驱动。

（2）从市场参与者持有国债的机会成本角度出发，将国债需求因素分解为资产配置型的需求和交易型的需求。商业银行资产配置型的需求和国债收益率明显负相关，交易型投资者的需求也与国债收益率明显负相关。

（3）利率市场化之后，由于商业银行的资产配置行为发生了变化，非标资产也成为影响国债收益率的需求因素之一，非标资产收益率和国债收益率正相关。非标资产从两个方面影响了国债收益率：其一，非标资产收益率成为商业银行持有国债的机会成本；其二，由于商业银行通过增加同业杠杆持有同业非标，因此，非标资产也使得银行间同业资金利率居高不下，从而也抑制了市场上交易型投资者的需求。

（4）综合利率市场化前后的回购分析结果，本书认为由于商业银行持券比重较大，商业银行的资产配置行为对国债收益率具有非常重要的影响。

（5）回归利率和国债收益率明显正相关，并且结合所有回归模型，本书发现，随着债券期限的增加，回购利率对国债收益率的影响在减少（见图2－9）。

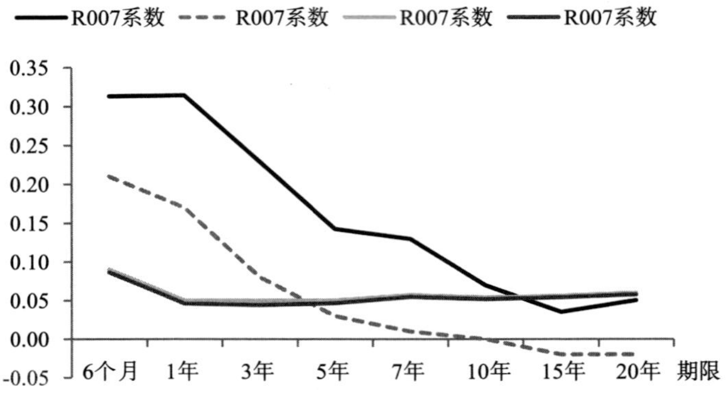

图2－9 回购利率对短期国债收益率的影响较大，对长期较小

这种影响究竟是因为影响长期国债收益率的其他指标更为显著，所以使得回购利率的影响相对减少，还是回购利率本身对长期国债收益率的影响就甚微。本书第三章将重点详述回购利率对国债收益率的影响。

三、回购利率对国债收益率的影响

（一）回购利率单日变动对各期限国债收益率的影响

为了单独考察回购利率对国债收益率的影响，本书根据 Vayanos 和 Vila（2009）的单因素模型建立回归模型。

$$P_t^{(n)} = e^{-A(n)r_t + B(n)}$$

$$R_{t,n} = -\frac{\ln P_t^{(n)}}{n}$$

$$y_{t,n} = \alpha(n)n(R_{t,n} - \beta_n)$$

联立以上3式，可得 $y_{t,n} = A(n)\alpha(n)r_t + \alpha(n)B(n) - \alpha(n)n\beta_n$

其中，r_t 为货币市场的均衡利率，$A(n)$、$\alpha(n)$、$B(n)$、β_n 均为常数。根据 Vayanos 和 Vila（2009）的理论，$A(n)$反映了市场的风险规避程度，$A(n)$越大，市场的风险规避程度越低。

因此，建立如下回归方程：$y_{t,n} = \mu r_t + \rho$，其中 r_t 用银行间7天质押式回购利率表示，μ 和 ρ 为常数。回归结果如表2－8所示。

表 2－8　　　　回购利率和各期限国债收益率关系的检验结果

期限	c	r007	R 平方
6 个月	1. 140819	0. 469367	0. 564053
	43. 88229 ***	55. 60856 ***	
1 年	1. 301238	0. 449641	0. 537636
	49. 53192 ***	52. 71707 ***	
3 年	1. 968474	0. 351903	0. 437268
	78. 26568 ***	43. 0945 ***	
5 年	2. 477101	0. 268871	0. 349525
	107. 2333 ***	35. 84374 ***	
7 年	2. 815029	0. 228656	0. 30914
	130. 7645 ***	32. 70941 ***	
10 年	3. 209662	0. 162872	0. 206188
	159. 4752 ***	24. 9208 ***	
15 年	3. 663198	0. 106089	0. 11628
	198. 8802 ***	17. 73719 ***	
20 年	3. 814025	0. 113786	0. 144043
	218. 335 ***	20. 05905 ***	

从回归结果可以看出，所有期限的模型的系数均显著，回购利率的系数显著为正，说明回购利率的上升会引起国债收益率的上升，但是在对 10 年期及更长期的国债收益率做回归的模型中，模型的 R 平方非常小。随着期限的增加，模型的 R 平方在递减，回购利率的系数也在递减，常数项不断增大（见图 2－10）。说明回购利率能够较好地解释短期国债收益率的变化，中长期国债收益率的变化中越来越多的部分不是由于回购利率的变化引起的。

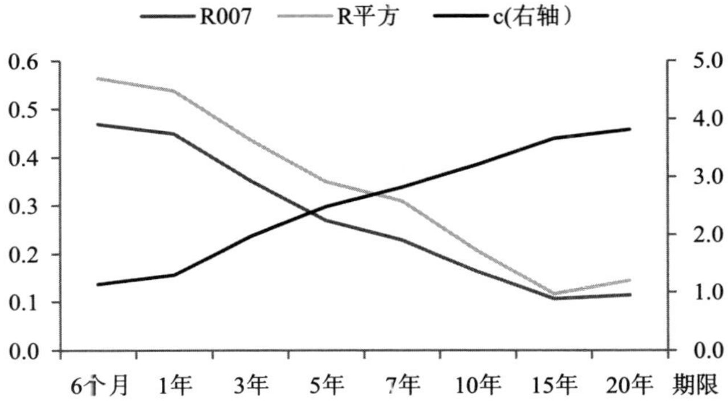

图 2－10　随着期限的增加，回归模型中解释变量的系数变化趋势

根据引入期限偏好的利率期限结构理论，资金利率的系数反映了市场的风险规避程度。可以看出，具有不同风险偏好的投资者并非均匀地分布在各期限国债市场上，短期限国债的投资者的风险规避程度较低，而期限越长，市场的风险规避程度就越高。从这一角度来讲，市场存在一定程度的分割现象。

实际上，相对于期限偏好型的投资者，随着风险规避程度的降低，出于其自身风险收益的综合考虑，交易型的投资者更加偏爱流动性较好的短期资产。一是因为短期国债的久期较短，久期越短，其对利率变化的敏感程度就越低。并且利率每上升 1bp 对价格的影响小于利率下降 1bp 对价格的影响程度。因此，在收益率下行时，持有短期国债也可以获得收益，在收益率上行时，短期国债因为受利率变动影响不大也受投资者偏爱，因为期限较短，即便持有到期也不会遭受太大的损失。二是因为短期资产流动性较好，对于风险规避程度较低的投资者来讲，从货币市场拆入资金，买入短期资产更容易满足资金和收益双方面的需求。这主要是由于我国银行间市场长期资产流动性较差，即便收益率持续下行，交易型的机构选择加杠杆长久期的时候，也很少有交易型的投资者会持有十年期以上的债券。因此，对于交易型的投资者来讲，相对于长期国债，更偏好短期国债和中期国债。

（二）回购利率的累积变化对国债收益率的影响

对于债券市场的参与者来讲，回购利率反映了资金成本，回购利率的上升或下降反映了交易型投资者资金成本的上升和下降，资金成本的变化会引起交易型需求的变化，从而引起国债收益率的变化。例如，资金成本上升，投资者所要求的国债收益率也会上升。但是，同时投资者也从回购利率的变化中判断未来流动性和央行货币政策意向。投资者如果预期未来流动性变差，对国债的投资就会趋于谨慎，引起国债收益率水平的提高。由于短期国债收益率受回购利率的影响较大，这时短期国债收益率就会明显上升，收益率曲线可能会变平坦。但是，当回购利率的变化暗示了央行的货币政策意向时，长端收益率也会随之变化，因为此时回购利率代表的不仅仅是流动性和资金成本，而是反映了投资者对未来货币政策的预期。但是投资者对于流动性和货币政策的预期并不会因为单日回购利率的变动而发生改变，往往只有回购利率的持续同向变动才能引起投资者预期的改变。

因此，我们利用 10 天、20 天、30 天、45 天和 60 天的回购利率的移动平均数作为解释变量，重新对各期限国债收益率做回归。回归结果见本书附表 1。

回归结果并没有改变回购利率对短期国债收益率的影响较大，但对中长期的影响程度较小的结论。随着期限的增加，回购利率的累积变化对国债收益率的影响也在减少。但是引入回购利率的累积变化作为被解释变量后，模型的R平方和各系数的显著性均明显增加，尤其对长期国债收益率的解释能力变强。这主要是由于回购利率的累积变化可能使投资者对未来市场流动性甚至货币政策的预期发生了改变。

（三）回购利率的波动性对国债收益率的影响

本书用回购利率的条件方差衡量回购利率在一段时期内的波动性，选取的时间段为过去两周。即：

$\sigma_t = VAR\ (r_{t-10}: r_t)$

本书通过构建回归方程 $y_t = c + a * r007 + b\sigma_t$，衡量回购利率的波动性对国债收益率的影响。综合上文对于回购利率对国债收益率影响的分析，由于回购利率对长期国债收益率影响较小，本节只选取短期和中长期的债券进行分析。利用2005年1月至2014年9月的数据进行回归，回归结果如表2－9所示。

表2－9　回购利率波动性和各期限国债收益率关系的检验结果

期限	c	R007	σ_t	R平方
6个月	1.156034	0.458126	0.037845	0.565599
	43.66413***	49.43715***	2.916558***	
1年	1.31717	0.437871	0.039627	0.539398
	49.23894***	46.76574***	3.022466***	
3年	1.981336	0.342401	0.031992	0.438792
	77.3212***	38.17598***	2.547309***	
5年	2.498654	0.252941	0.053644	0.355391
	106.5059***	30.79809***	4.663565***	
7年	2.837167	0.212294	0.0551	0.316709
	129.8967***	27.76434***	5.145076***	

回归模型的R平方和各系数均显著，回购利率波动性的增加会助升国债收益率。这与黄海（2014）通过主成分分析法提取去国债收益率曲线的水平因子后分别对无条件方差和条件方差进行回归得出的结论是一样的。

Campbell（1993）提出波动率反映了市场风险，会通过影响市场预期从而对价格产生影响。但是回购利率很容易受到央行货币政策的影响，出现持续上行和持续下行的现象。那么在上行和下行的区间内，回购利率的波动性依然会助升国债收益率吗？

本书根据 2005 ~2014 年回购利率的总体波动趋势，将回购利率的变动分为以下阶段，如表 2 –10 和图 2 –11 所示。

表 2 –10　　回购利率变动趋势

时间区间	利率走势
2005 年 1 月至 2007 年 9 月	上行
2007 年 9 月至 2009 年 6 月	下行
2009 年 6 月至 2011 年 1 月	上行
2011 年 1 月至 2011 年 3 月	下行
2011 年 3 月至 2011 年 6 月	上行
2011 年 7 月至 2012 年 5 月	下行
2012 年 6 月至 2013 年 12 月	上行
2014 年 1 月至 2014 年 9 月	下行

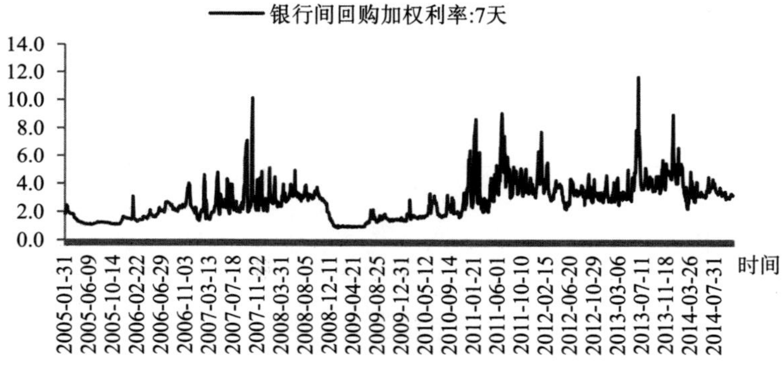

图 2 –11　银行间 7 天质押式回购利率变动趋势

然后，本书将 2005 ~2009 年的数据根据回购利率的上行和下行分为两类，分别进行回归分析。回归结果如表 2 –11 和表 2 –12 所示。

表 2 –11　利率下行时回购利率波动性和各期限国债收益率关系的检验结果

期限	c	R007	σ_t	R 平方
6 个月	1. 205261	0. 507039	0. 048399	0. 518
	21. 48214 ***	29. 39675 ***	2. 803054 ***	

续表

期限	c	R007	σ_t	R 平方
1 年	1.310592	0.507174	0.053213	0.507269
	22.79165 ***	28.6897 ***	3.006909 ***	
3 年	1.932174	0.413132	0.055927	0.414363
	33.86718 ***	23.55497 ***	3.185314 ***	
5 年	2.562026	0.290918	0.070561	0.33403
	51.63905 ***	19.07332 ***	4.621184 ***	
7 年	2.894108	0.248106	0.068364	0.32309
	65.83752 ***	18.35933 ***	5.053362 ***	

表 2-12 利率上行时回购利率波动性和各期限国债收益率关系的检验结果

期限	c	R007	σ_t	R 平方
6 个月	1.147443	0.422292	-0.03494	0.6039
	42.0456 ***	39.09433 ***	-1.702244 ***	
1 年	1.33113	0.391754	-0.038019	0.578195
	50.07677 ***	37.23412 ***	-1.901614 ***	
3 年	1.996437	0.305174	-0.063039	0.473276
	80.69188 ***	31.16262 ***	-3.387561 ***	
5 年	2.473082	0.229078	-0.034098	0.357961
	103.1627 ***	24.13582 ***	-1.890135 ***	
7 年	2.817342	0.188198	-0.019407	0.285925
	119.5449 ***	20.16982 ***	-1.094249 ***	

通过分析回归结果可以发现，数据分类后，回归模型的显著性和系数的显著性并没有受到影响。在回购利率下行时，回购利率及其波动性的系数均为正。这说明，回购利率下降将会带动国债收益率的下行，但回购利率波动性的增加会对国债收益率的上升产生正面影响。因此，在利率下行区间内，回购利率波动性的增加将对国债收益率的同步下行产生阻碍。这与前文的结论是保持一致的。

但是，在回购利率上行区间内，回购利率系数为正，波动性的系数为负，且两者的系数均显著，各期限的模型效果均较好。这说明，回购利率的上升会带动国债收益率的上升，但是回购利率波动性的增加对国债收益率的上升产生负面影响。因此，在利率上行区间内，回购利率波动性的增加将对国债收益率的同步上行产生阻碍。

因此，回购利率的波动性对国债收益率的影响具有非对称性。在回购利率下行的区间内，其波动性的增加会有助于国债收益率的整体抬升，在回购利率上行的区间内，其波动性的增加不利于国债收益率的抬升。也就是说，回购利率波动性的增加将会对国债收益率和回购利率之间的同步变动产生负面影响。

（四）小结

（1）银行间 7 天回购利率和国债收益率明显正相关，并且随着国债期限的增加，回购利率对国债收益率的影响程度在递减。并且根据 Vayanos 和 Vila（2009）的理论初步判断，随着期限的增加，不同期限的投资者的风险规避程度可能在增加，市场可能存在一定程度的分割现象。

（2）回购利率的累积变化对国债收益率的影响，不论是回归系数还是解释能力，均好于回购利率单日变动对国债收益率的影响。长期国债收益率对 60 天的回购利率累计变化的回归模型的解释能力明显提高。说明回购利率影响国债收益率不仅是因为资金成本，而且还可能是由于预期效应。当回购利率持续变动影响市场对流动性和货币政策的预期时，回购利率的变动就能对长端收益率产生较高影响。

（3）总体来讲，回购利率的波动性和各期限的国债收益率均正相关，也就是说回购利率波动性的增加将抬升国债收益率曲线。

（4）但实际上，回购利率波动性对国债收益率的影响具有非对称性。在利率下行区间内，其波动性和国债收益率正相关，在利率上行的区间内，其波动性和国债收益率负相关。也就是说，回购利率波动性的增加将会对国债收益率和回购利率之间的同步变动产生负面影响。因此，如果央行希望通过调整回购利率影响国债收益率，为了达到良好的政策效果，维持货币市场的波动稳定在货币政策执行中具有重要意义。

四、小结

目前，本书根据基于期限偏好引入供求因素的利率期限结构理论，利用中国数据进行实证分析，结果显示：

（1）从国债供给角度来看，除了短期国债以外，供给的增加会对国债收益率的增加产生正面的影响，但总的来讲，供给因素的变化对国债收益率变化的解释能力较弱。

（2）从国债需求角度来看，利率市场化之前，银行间回购利率、贷款利率、商业银行的存款和贷款的比率能够较好地解释各期限国债收益率的变动。回购利率的增加、基准利率的上调、存款和贷款差额的减少都能够引起国债收益率的上升，这 3 个指标也较好地反映了市场对国债的配置型和交易型的需求。

（3）利率市场化之后，贷款利率已经不能全面地反映银行的资产配置需求，回归模型中贷款利率的变量系数不显著。由于商业银行的资产配置行为发生了变化，非标资产也成为影响国债收益率的需求因素之一，引入非标资产收益率之后，模型各变量系数显著，非标资产收益率和国债收益率正相关。从中可以看出，商业银行的资产配置行为对国债收益率具有重要的影响。

（4）回购利率对长期国债收益率的影响程度较低。虽然回购利率的累积变动对国债收益率的影响程度要大于回购利率的单日变动对国债收益率的影响程度。随着期限的增加，回购利率对国债收益率的解释能力递减，回购利率对长期国债收益率变动的解释能力较弱，但是能解释大部分短期国债收益率的变动。长短期国债收益率的影响因素并不完全一致。

第三章

基准利率形成的条件分析[①]

本章首先对中美利率体系进行了比较，结果发现，除了在短期利率上中国的活期存款利率处在最低位之外，中美利率体系并没有太大差异，在中期利率上，国债收益率均为利率体系的底部。其次，本书明确了基准利率形成的前提是利率可以在各市场各金融产品之间有效率地传导，而利率传导的前提在于投资者投资各市场的金融产品没有障碍，可以自由地进行资产组合。对于处在不同市场的金融产品价格而言，跨市场的投资者和跨市场的金融产品将不同市场的利率连接起来。再次，本书从融资结构、商业银行的资产配置结构、债券市场的投资者结构等方面分析了美国能够形成单一基准利率的原因。最后，本书根据上述分析结合中国情况进行了研究，认为利率市场化之后，中国尚不存在单一的可控央行和各金融市场参考的基准利率，并对其原因进行了分析。

第一节　中美利率体系对比

一、美国市场利率体系的特点分析

美国的利率体系包括再贴现率、国债收益率、联邦基金利率（即同业拆借利率）、存贷款利率、商业票据利率、可转让大额存单利率和其他各种金融

① 该章初稿成文于 2015 年 4 月，于 2025 年 1 月修订。对于事实情况明显变化的数据，作者进行了更新，未发生明显变化不影响结论的数据暂未更新。

资产的利率。

在市场利率中绝大部分时期处在最低位的是国债收益率，国债利率是以政府的信用为担保，因为其无风险性，所以就低于各种金融资产利率。但在2008年美国实行量化宽松之前，中长期市场利率中最低的并不是国债收益率，而是市政债收益率，这主要是由于市政债同样是以政府信用为担保，同样具有无风险性，并且和其他投资不一样的是投资市政债并不需要缴纳资本所得税。因此在美国实行量化宽松，美联储在市场上大规模购买国债之前，市政债处在市场利率体系的最低位。但是当前市场利率体系中最低的为国债收益率。图3-1为1990年以来美国市政债收益率和国债收益率的变化趋势。美国20年期地方政府债收益率于2016年已经停止更新。

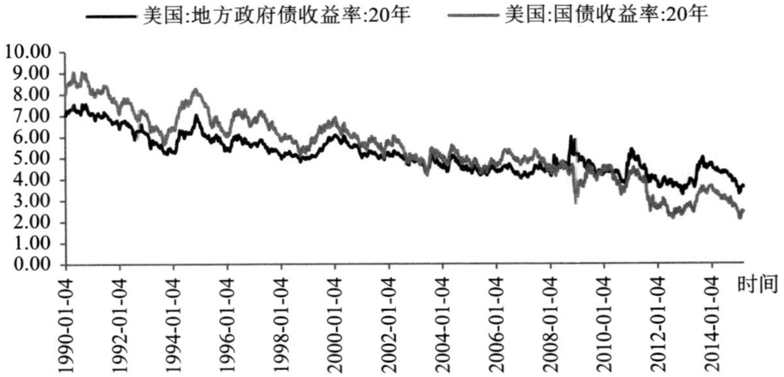

资料来源：Wind。

图3-1　美国国债收益率与地方政府债收益率

在美国短端利率中，同业拆借利率反映商业银行和金融机构之间相互调节资金余缺和提供短期头寸的成本，而商业银行和金融机构的信用要比政府低，所以，同业拆借利率要高于国债利率。联邦基金目标利率的上限在一般情况下也高于1个月期的国债收益率。即便是在量化宽松和零利率时期，短端国债收益率也是略低于联邦基金目标利率的上限的。在2002年之后，再贴现利率均高于国债收益率和同业拆借利率。在2021年10月之后，LIBOR美元（1个月）停止报价，短端货币市场利率的基准转换为SOFR（有担保的隔夜融资利率）期限利率。SOFR期限利率与1个月期的国债收益率的大小关系并不稳定，但也不会长时期低于同期限的国债收益率。大致来看，在美联储量化宽松期间，美国国债收益率略低于同期限的SOFR，但在2022年美联储加息之后，这一关系发生了变化，SOFR高于同期限的美国国债收益率。总体来看，短端国债收益率依然还是美国短端利率的底部（见图 3－2）。

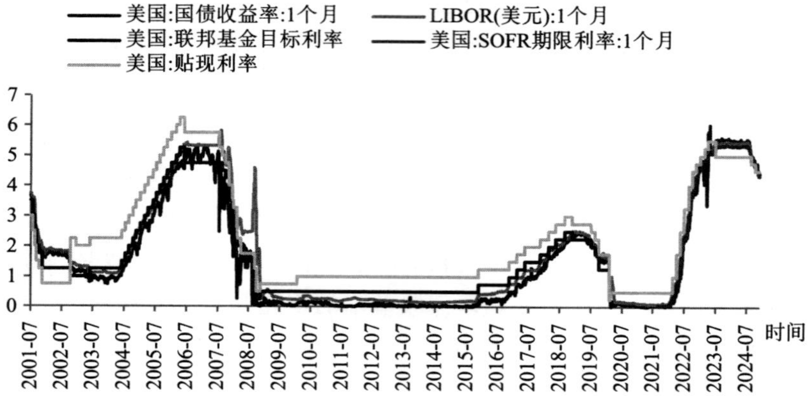

资料来源：Wind。

图 3－2　联邦基金目标利率（上限）、货币市场利率、贴现利率、国债收益率

在国债收益率与存款利率的大小方面，从图 3－3 中可以看出国债收益率处在最低处，欧洲美元存款利率和 CDs 利率均高于国债收益率，同时可以看出，LIBOR 美元在大部分时候也高于 CDs 利率。其中，CDs 利率于 2013 年停止更新。

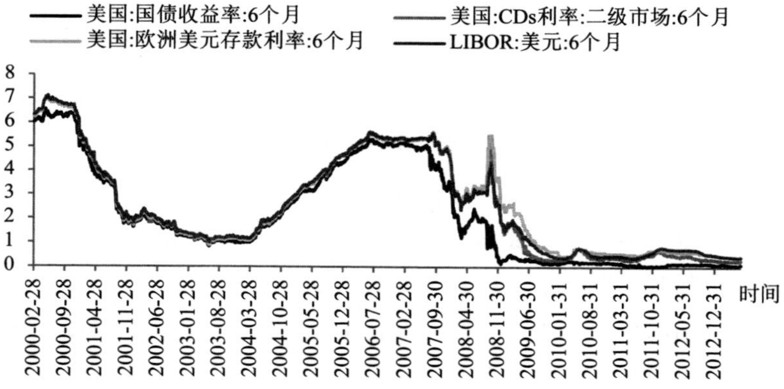

资料来源：Wind。

图 3－3　美国国债收益率与存款利率

在长期利率方面，处于美国利率体系最下方的是国债收益率。本书选取 1 年期国债收益率、1～3 年企业债有效收益率以及银行最优贷款利率进行比较。很明显，国债收益率依然处于利率体系的最下方。同时，可以看到除了个别时期（金融危机刚发生时）的企业债收益率急速走高之外，大部分时期国债收益率、企业债收益率以及银行贷款利率的走势都是基本一致的（见图3－4）。

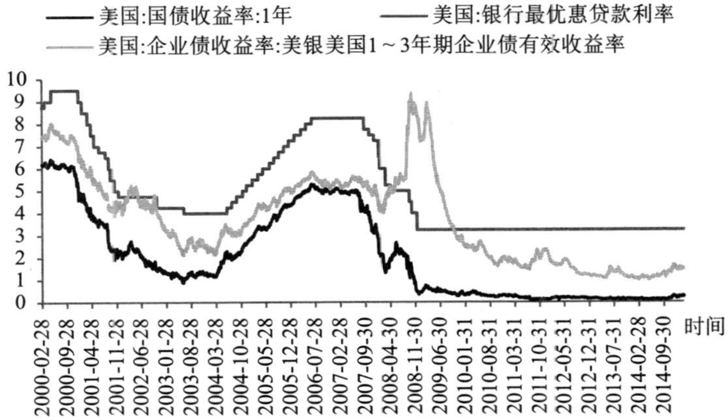

注：长期无风险利率远低于有风险溢价的信用债和贷款利率，这一关系在绝大部分经济体都是成立的。

资料来源：Wind。

图3－4　美国国债收益率、企业债收益率与贷款利率

银行最优贷款利率与企业债收益率的关系并不固定。除去2008年企业债收益率的异常值，大部分情况下企业债的有效收益率略低于银行最优贷款利率。这与美国的直接融资占社会融资规模较大、债券市场的流动性较好等因素有关。

因此，在资本市场上，国债收益率低于企业债收益率，企业债收益率在大部分时期又低于银行贷款利率。总体来讲，基本上可以认为国债收益率＜联邦基金利率、同业拆借利率＜再贴现利率，国债收益率＜欧洲美元存款利率、CDs存款利率，国债收益率＜企业债收益率＜贷款利率。不论在短期，还是在长期，不论与哪个市场上的收益率进行比较，国债收益率在绝大部分时期都是处在最低位或者次低位的。

按照风险理论和资产组合理论，收益越高，风险越大，理性投资者将会通过分散投资组建一个风险收益最大化的投资组合，并根据市场变化调整投资组合中产品的比重。例如，当中央银行大规模购买国债时，国债价格上升，收益率下降，其他金融资产的价格相对较低，其他金融资产的收益率相对较高，投资者就会出售国债，购买其他价格相对便宜的金融资产，导致其他金融资产的价格上升，收益率下降。反之，国债价格下跌，收益率上升，而国债的安全性又比其他金融资产要高，出于资产配置的考虑，投资者此时就会购入国债，卖出其他高风险产品，进而导致其他金融资产的收益率也相应上升。国债收益率的变动，之所以能够带动各种金融资产，乃至存贷款利率的变动，就在于它在整个利率体系的底部，并且它是无风险利率。而这种带动的前提在于市场上各类金融资产均具有很好的流动性，能够及时寻找达成交易的卖家和买家，否则，这种利率传导就会有很长的时滞。

二、中国市场利率体系的特点分析

美国拥有的利率品种，大部分我国也都拥有，例如，再贴现率、国债收益率、同业拆借利率、债券回购利率、企业债收益率、存贷款利率和其他金融资产的利率等。但是，这些利率的关系和美国却有着很大差别。2024 年，大部分利率关系较 2014 年没有明显改变，比如无风险利率低于有信用风险的利率。因此，本书仅对在利率市场化进程中发生明显变化的利率关系进行了更新。

在短期利率方面，处在利率体系最低端的并非再贴现利率，也不是国债收益率，而是活期存款利率，当前活期存款利率为 0.35%，远低于利率体系中的各类利率。而再贴现与国债收益率之间，并没有确定的关系。我国的人民银行再贴现利率调整频率较低，2025 年一季度再贴现利率略高于三个月期的国债收益率。人民银行利率走廊的上限短期借贷便利（SLF）利率则远高于短端的国债收益率（见图 3－5）。

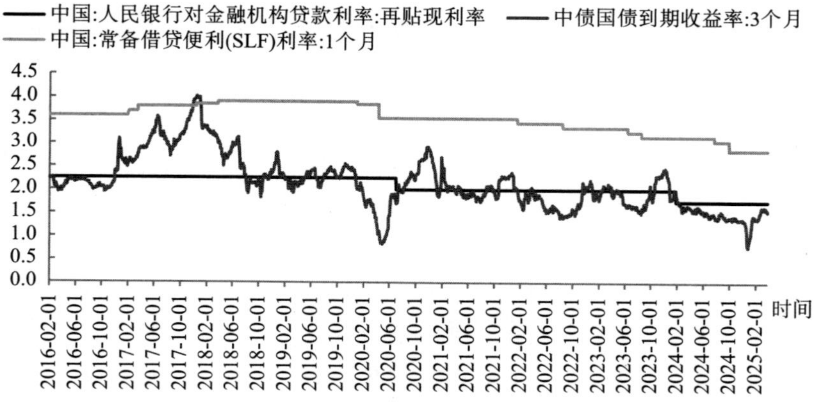

资料来源：Wind。

图 3－5 中国国债收益率与再贴现利率

在国债收益率上方的则是银行间回购利率，这是由于债券回购是拥有交易对手方风险的，因此，相对于国债拥有中央政府信用背书，银行间回购加权利率则稍高一些（见图3－6）。

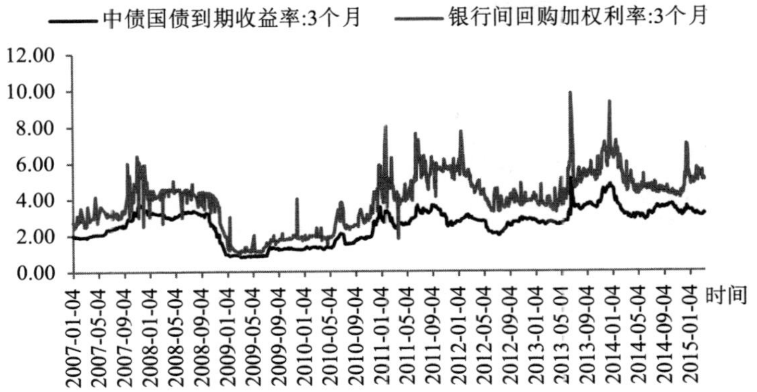

资料来源：Wind。

图3－6 中国国债收益率与银行间回购利率

而回购利率同时又低于银行间同业拆借利率，这与抵押贷款的利率要低于信用贷款的利率是一个道理。同样是融入资金，回购交易拥有质押券，并且这种质押券一般都是国债、政策性银行债和高等级的信用债；而同业拆借交易完全是依靠交易对手的信用，没有抵押品或质押品，因此，同业拆借利率要高于回购利率（见图3－7）。

资料来源：Wind。

图3－7 中国银行间同业拆借利率与回购利率

在短期利率中，三个月期的定期存款利率和三个月期的国债收益率之间的关系并不确定。根据人民银行的数据，三个月期的定期存款利率已经较长时间没有调整。当前，三个月的定期存款利率低于国债收益率（见图3－8）。

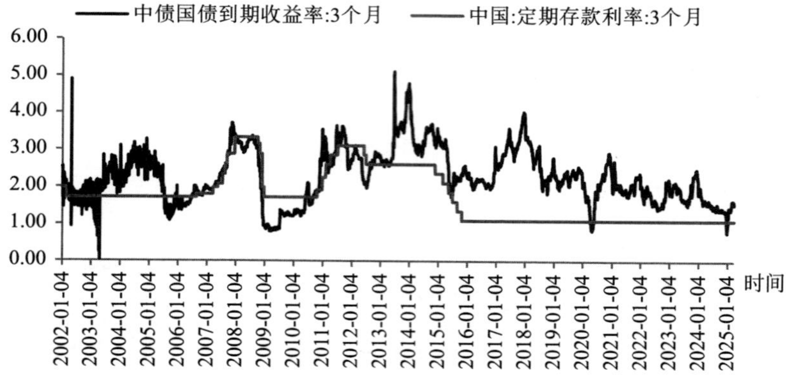

资料来源：Wind。

图3-8　中国3个月定期存款利率与3个月国债收益率

但是在中长期存款利率和国债收益率的关系上，国债收益率在一般情况下都是低于存款利率的。贷款利率高于存款利率。这一方面是由于存款背后的银行信用不如国债的政府信用，另一方面可能也由于虽然都是到期收益率，但是国债是可以交易的，而定期存款是不能够交易，因此国债的流动性也要略好于存款。所以中长期国债收益率在大部分情况下要略低于同期限的存款利率（见图3-9）。

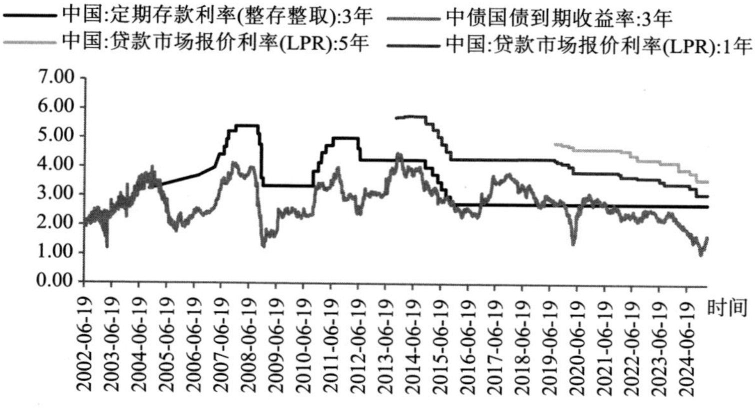

资料来源：Wind。

图3-9　中国3年期定期存款利率、国债收益率与中长期贷款利率

在债券市场中，收益率的排序基本是固定的，即国债收益率低于政策性银行债的收益率，而政策性银行债又低于企业债收益率。信用利差基本呈现在收益率下行时利差收窄，在收益率上行时利差慢慢扩大的状态（见图3-10）。

资料来源：Wind。

图 3－10 中国国债收益率、政策性金融债收益率与企业债收益率

而在贷款利率与企业债收益率之间的关系上，在 LPR 改革之前，基本可以看到贷款基准利率是高于高等级的企业债收益率。同时，从图 3－11 和图 3－12 中也可以看出，存款基准利率在 2013 年前是大于国开债收益率，而与企业债收益率的关系并不确定。

在存贷款利率均放开后，国内资产规模最大的商业银行（中国工商银行）中长期存款利率是同期限所有利率的底部。

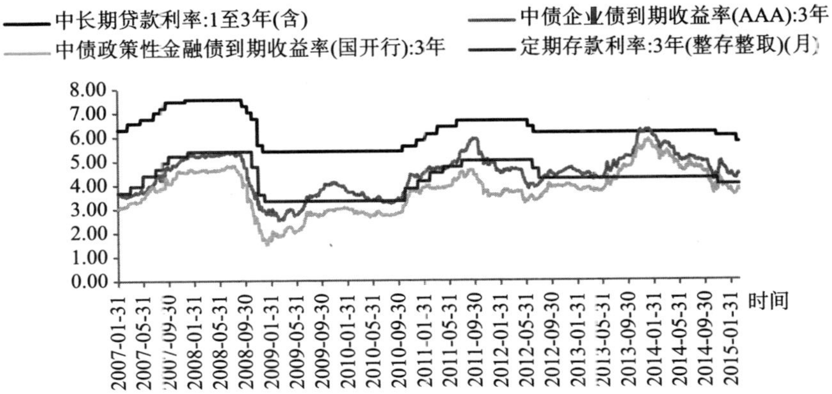

资料来源：Wind。

图 3－11 口国定期存款利率、企业债、政策性金融债收益率、贷款利率

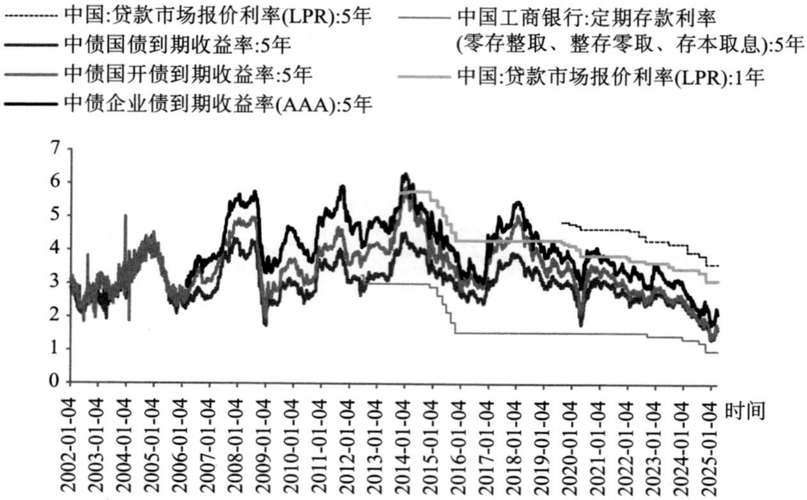

资料来源：Wind。

图 3-12　中国定期存款利率、企业债、政策性金融债收益率、贷款利率

经过以上分析，本书认为中国的利率体系短期和中长期的状况略有差异。对于短期利率而言，处在底部的是活期存款利率。当前在短端的利率体系内，依次的顺序为活期存款利率 < 再贴现利率 < 短期定期存款利率 < 国债收益率 < 银行间回购加权利率 < 银行间同业拆借利率。对于长期利率而言，在存贷款利率放开前，处在底部的是国债收益率。而在存贷款利率放开，存贷款基准利率“名存实亡”之后，大银行的定期存款利率远低于同期限的国债收益率、国开债收益率、高评级企业债收益率和贷款利率。

虽然均衡利率的形成均需要一定的条件，但是也有一些共同点可以进行总结的，比如美国不论是联邦基金利率还是国债收益率，未必是市场利率的最低部，但均是在利率体系的下方的。因此，从在利率体系中的位置来说，中长期国债收益率还是有成为基准利率的可能性的。2016 年 9 月，国际货币基金组织（IMF）将人民币纳入 SDR（特别提款权）篮子，其中，人民币代表性利率则选为 3 个月期的国债收益率。

第二节　关于基准利率形成条件的讨论

基准利率在整个利率体系中有着重要的位置，一方面，它是市场上金融产品定价的基准；另一方面，它也是货币政策的中介目标。在发达的利率市场化国家，央行一般不直接决定金融机构的存贷款利率，而是参照货币市场和实际经济状况，通过存款准备金率、再贴现率、公开市场操作来影响市场的利率水平，从而达到宏观调控的目的。利率在货币政策传导机制中处于重要地位。在将利率作为货币政策中介目标的国家中，货币政策的传导机制主要通过利率而对实际经济产生影响的①。

一、利率传导的前提条件

之前的文献均为基准利率列出了诸多条件，例如，无风险性、与其他价格的相关性、稳定性、央行可控性等。在诸多研究资产定价的文献中，均将国债收益率作为产品定价的基准利率，然后，基于资产组合理论，国债收益率的变动将会引起市场上其他利率的变动。

但其实这种理所当然的设定也是有前提的，传统的 CAPM 模型将资产价格和无风险利率用一个简单的公式联系在一起，这一模型共有 13 个假设条件，这些条件表明投资者是理性的，可以按照马科威茨模型的规则进行多样化投资，并将从有效边界的某处选择投资组合，同时，资本市场也是有效的，没有任何摩擦阻碍投资。即投资者可以自由地选择持有国债及其他金融产品②。做个极端的假设，如果国债禁止被市场上的投资者持有，那么即便它是无风险利率，但其价格变动和市场上其他金融产品的价格没有任何关系。

因此，利率传导的前提之一就是投资者能够同时持有一篮子不同种类的金融产品，并能够对这些金融产品进行自由交易。这样出于资产组合的风险和收益的考虑，处在利率体系最下方利率的变化，才会引起金融体系内其他产品的利率也发生变化。

那么，如果这些金融产品处在不同的金融市场，利率要能够在不同市场之间进行迅速传导的前提条件便是，市场上有跨市场的机构以及市场上有跨市场的产品或交易。而通常只要有了跨市场的机构，该类机构出于获利的需求，都会设计出跨市场的产品来满足投资需求或客户需求。

例如，货币市场利率和债券市场的利率之所以能够传导，拆借利率能够对债券收益率产生影响，其前提就是具有在两个市场同时交易的机构（包括商

---

① 参见陈逸：《中国利率市场化改革中市场基准利率选择的比较研究》，复旦大学硕士论文，2008 年。

② 见百度百科，资本资产定价模型，http：//baike. baidu. com/view/638849. htm。

业银行、基金公司、证券公司等），具有能够将两个市场连接起来的产品（债券回购）。无论这些机构是为了流动性管理，还是为了加杠杆获得更多利润，它们都在进行着在货币市场拆入或拆放资金，并同时在债券市场买入或卖出债券这样类似的交易。正是这类机构和这些交易产品的存在，使得货币市场的短期利率就能够迅速地对债券收益率产生影响。而同时投资者对利用货币市场资金买入的债券的期限偏好，也使得货币市场利率对不同期限的债券收益率的影响不同。

而在债券市场与信贷市场之间也存在这样的机构，也存在类似的产品。在债券市场与信贷市场之间连接的机构是商业银行，产品是信贷资产支持证券。商业银行的资产端通常都会同时配置信贷资产和债券，而出于安全性的考虑，由于信贷资产的风险较大，因此，通常商业银行都会配置国债、政策性银行债这类安全性比较高的债券和少部分的高等级企业债券。因此，商业银行是跨债券市场和信贷市场交易的金融机构。专业的商业银行会根据收益和风险的变化，不断地调整这个由信贷资产和债券及其他证券产品组成的资产组合。

在利率市场化的条件下，银行在竞争的压力下，固然可以通过各种方式自由地扩展自己的资产负债表，但是它们随时暴露在挤兑风险之下。银行生意的本质在于，它必须管理其资产与负债，以至于资产所获得的收益必须大于负债的成本。资产的回报率往往与期限和风险正相关，而支付的负债成本也与期限相关，由此导致了银行经营具有几个显著的特征，这些特征在利率市场化之前也有，但是利率市场化会将这些特征放大，足以成为银行经营的风险。

第一，银行资产与负债之间存在期限错配。由于储户对于存款的流动性通常有很高的要求，而贷款人通常更希望获得长期贷款，因此，负债的平均期限比资产的平均期限要短，银行依靠将短期负债转换为长期限资产来支持经济体的投融资行为，并收取利率的期限差价。

第二，银行资产与负债之间存在风险错配。理论上来讲，储户要求其在银行的存款（对银行而言是负债）是无风险的，而银行资产却存在风险。承担的风险不同成为银行收入的另一个主要来源。

第三，银行持有的资产与负债在期限、风险等方面是分散配置的。分散投资可以降低资产组合的风险是每个人都明白的道理。为了应付客户的短期需求，银行必须保留一定量的具有最高流动性、最低风险的资产（例如，现金、在中央银行的存款等），这一数量经过每时每刻日常经营的检验很快就变得极为精确：任何保持在必要水平之上的现金都无端承担了利息损失，因此必须降低；作为随机波动，客户的短期清偿请求可能超出这一最低数量，由此带来的额外的流动性需求可以通过银行间交易来满足。在白芝浩时代，银行间互相贴现汇票，并调整贴现率来为流动性定价；在现代，银行使用回购与再回购协议来管理流动性。流动性富裕的银行向短缺银行拆出流动性，可以满足大部分银行在大部分时间的额外流动性需求。

这3个特征决定了银行必须积极地对自己的资产负债表进行动态、及时地管理，通过信贷与债券市场发起负债，通过资本市场与货币市场管理负债。通过银行的活动，信贷、债券、货币市场与资本市场不可分割地联系在一起。

如此，金融体系（由银行行为主体与其他金融市场机构共同参与）共同构成了一个整体，这一整体有能力凭空扩展经济体内部的债权债务之和。每一个债券债务关系都涉及支付承诺的时序分布，借款人在当前获得现金流，代价是未来偿付的债务。这些支付承诺都是互相联系的。一个债权债务关系的断裂可能会导致与之相关的别的债权债务关系的断裂。整个信用体系就是一个由各种债权债务关系组建起来的超级网络。

每一家银行都经营着由无数个债权债务关系搭建起来的复杂体系，依靠负债与资产之间的风险和信用错配来获得溢价差，而以自身的自由资本充当吸收意外风险导致的损失的风险垫。总资产与自有资本之间的比率称为杠杆率。在正常情况下，银行各类资产获得的回报高于其负债所需要支付的成本，因此，杠杆率越大，银行的投资回报率越高。

有债务有杠杆就有风险。发展至今，各种复杂的金融工具及其交易已经有能力帮助金融体系对各种金融风险进行甄别、隔离、定价和管理。从金融工程的角度来讲，一笔贷款（或者一只债券）的利息一般由以下3个部分组成：基础利率、利率互换（IRS）、信用违约风险（CDO）。将一组企业债券或者银行贷款打包在一起，买入CDO，可以将债务包的违约风险出售给愿意投机于这种风险的投资者；进一步买入利率互换，可以将债务包的利率变动风险出售，持有者仅保留固定利率；进一步对国债收益率曲线进行对冲操作，持有者可以按照意愿持有某个特定时段（例如，3个月或者3年）的利息收益[①]。

这些金融工具在市场上以巨大的交易量进行交易，将传统的信贷市场与资本市场、货币市场之间的隔离完全打破。信贷活动与金融市场上的交易活动密不可分地绞缠在一起。银行（包括商业银行、投资银行，甚至影子银行）响

① 该风险对冲案例，选自刘海影著：《中国巨债》，中信出版社2014年版。

应实体经济的需求，发起并结束债权债务关系，同时积极地管理自己的资产组合的清偿风险和流动性风险。

因此，在商业银行对利率变动敏感的情况下，货币当局此时也可以通过调整货币市场的资金利率（回购利率、拆借利率）或者长期债券的收益率影响商业银行的资产端收益，进而影响其信贷规模、信贷价格以及存款利率等。

总结上文的分析，本书认为利率能够在各市场之间进行传导的前提在于，市场上存在金融机构能够同时在两个或多个市场上同时进行交易，并且这些金融机构出于盈利或自身经营的原因对利率变动十分敏感，愿意根据某一个利率的变动去相应地调整其资产组合，从而影响资产组合中其他产品的价格。而传导的效率取决于金融产品的流动性和投资者的风险偏好。如果投资者倾向于频繁交易获得资本利得，金融产品的流动性就越高，那么价格发现速度就越快，利率传导速度也就越快。

二、美国的金融环境有助于单一基准利率的形成

在发达国家，美国以联邦基金利率（银行同业拆借利率）和国债收益率作为短期和长期的基准利率，日本以银行间拆借利率作为基准利率，英国以银行间同业拆借利率（LIBOR）作为基准利率。在这些基准利率的背后，不仅有市场的自发选择，而且也有货币政策的变化，即数量型调控向价格型调控的转变。

美联储在 20 世纪 90 年代后取消了将货币供应量作为货币政策的中介目标，通过调节联邦基金利率对实体经济进行调控，当无法继续调控联邦基金利率时，则通过大规模的量化宽松调节长期国债收益率；而英国从 1993 年开始，放弃了以货币供应量作为主要中介指标，以货币稳定作为主要政策目标，明确地将抑制通货膨胀作为货币政策的主要目标，英国对基准利率的选择也是以这个目标为指导的。英格兰银行先通过调整官方利率，然后，通过影响到市场基准利率，进而达到货币政策的目标。2006 年日本央行也将货币市场的操作目标从银行经常账户的未清偿余额转向无担保隔夜拆借利率，同样实现了数量型调控向价格型调控的转变。

此外，自 2004 年 6 月 30 日至今，美国商业银行的最优贷款利率均为联邦基金目标利率固定加点 300bp。美联储只要对联邦基金利率进行调整，美国商业银行的最优贷款利率就会立即变动。具体如图 3 - 13 所示。

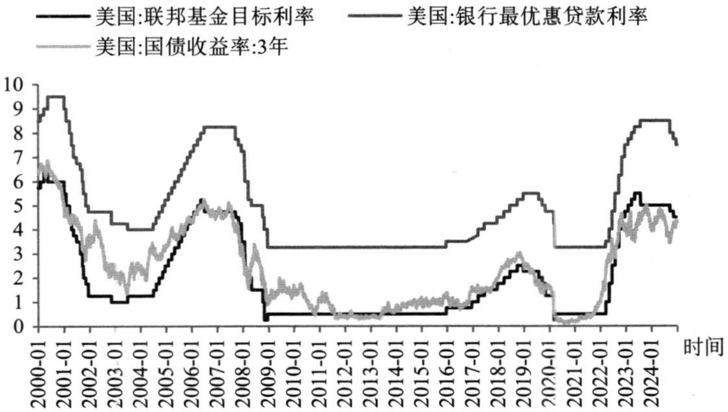

资料来源：Wind。

图 3－13　美国联邦基金利率、贷款利率与国债收益率

除了长期货币政策实践以来，银行对货币政策的调整的反应速度也越来越快以外，本书认为这和美国债券市场的投资者结构、美国商业银行的资产配置结构以及美国的融资结构有关。

（一）债券市场的投资者结构

在商业银行对利率变动敏感的情况下，美国的债券市场结构也有助于美国货币当局完全可以通过调整国债收益率来影响资本市场和信贷市场。大部分美国国债既不是个人持有，又不是机构持有。根据 2014 年的数据，美国国债的两大投资主体是外国投资者和货币当局，其中外国投资者占比 48%，货币当局占比 18%，其他投资者（包括共同基金、个人投资者、商业银行）均低于货币当局。而货币当局持券比例的提高并不完全是因为 QE，在 2007 年美国尚未发生金融危机之前，美联储同样也持有 15% 的国债[①]。这样的债券市场结构并非是市场基准利率形成的必要条件，但是对货币当局实行对利率的调控是非常有利的，当调控联邦基金利率没有效果时，货币当局不论是买入国债还是卖出国债，均可以对市场产生很大的影响。

美联储持有大量国债对国债收益率的影响不言而喻，并且美联储拥有大量国债也有助于其对联邦基金利率进行控制。作为同业拆借市场的最大参加者，美联储并不是一开始就具有调节同业拆借利率的能力，因为它能够调节的只是

① 资料来源：Wind 金融数据库。

自己的拆借利率。当美联储降低其拆借利率，商业银行之间的拆借就会转向商业银行与美联储之间，因为向美联储拆借的成本低，整个市场的拆借利率就将随之下降，这一过程是毋庸置疑的。但是如果美联储提高拆借利率，在市场资金比较短缺的情况下，联邦基金利率本身就承受上升的压力，因此，它必然随着美联储的拆借利率一起上升。但在市场资金比较宽松的情况下，美联储提高拆借利率，向美联储拆借的商业银行就会转向其他商业银行，美联储此时提高拆借利率就没有什么用。但是，此时美联储可以在公开市场上抛出国债，吸纳商业银行过剩的超额准备，造成同业拆借市场的资金紧张，迫使联邦基金利率与美联储的拆借利率同步上升。因此，美联储由于有这样干预市场利率的能力，其反复多次的操作，就会形成合理的市场预期，只要美联储提高自己的拆借利率，整个市场就会闻风而动，进而美联储能够直接宣布联邦基金利率的变动，整个市场的利率就随之变动。

因此，美联储作为债券市场最大的国内投资者，其不仅对各期限的债券收益率有着很大的影响力，同样由于其拥有大量的国债，美联储也可以利用国债辅助其达到调节联邦基金利率从而影响其他市场利率的目的。

在这种情况下，发达国家的央行基准多为同业拆借利率。根据前文的文献综述和相关的实证分析可以了解到，短期货币市场的资金利率未必能够传导到长期的债券收益率，经常会出现背离的状况，因此，同时又辅助以长期的国债收益率作为基准利率。在央行调控同业拆借利率无效时，再对债券市场进行资产购买。

而同时，与美联储持有大量国债相对应的是，美国的商业银行持券比例仅为4%，几乎没有主动调节市场价格的能力。如果债券市场价格发生变化，其只能够被动地接受价格的变化，从而调整自己的资产配置，这也就使得利率从债券市场向信贷市场传导的阻碍减小。

因此，货币当局是债券市场和货币市场最大的参与者，有利于基准利率的形成。在这样的市场条件和背景下，商业银行对不论是短期利率还是长期利率的变动都必须保持高度的敏感，而银行间同业拆借利率和国债收益率作为短期和长期利率体系中风险较小、收益率较低、流动性又好的利率，能够成为基准利率也是必然的。

（二）直接融资规模庞大

之所以通过调节银行间同业拆借利率或者国债收益率，就能够影响到金融市场乃至实体经济中的多种资产价格，商业银行对信贷资产价格迅速调整的背后，也反映了美国的商业银行对贷款并没有很高的定价权。除了银行自身之间的竞争会降低贷款成本以外，另一个原因在于这些国家均是直接融资比较发达的国家。即便是间接融资的部分，也是通过 ABS、MBS、CDS 等形式打包在直接融资市场上交易。

美联储降低联邦基金利率之后，债券市场的收益率首先受到最直接的影响，企业债在二级市场的收益率明显下降，同时，企业债在一级市场的发行利率也会受到影响，随之下降。在这种情况下，即便银行处于垄断竞争的状态，贷款利率并未下降到均衡利率的水平，直接融资渠道的打开也会使得众多企业去选择发债融资，而非银行贷款。银行在此时就不得不降低贷款利率以留住优质的信贷资源。因此，在一个直接融资规模庞大的国家，资本市场利率的下降是可以倒逼信贷市场利率下降的。

在融资结构上，美国 2013 年共计债券发行总额为 58746 亿美元（其中，国债 2215.4 亿美元），未清偿债务为 39913.60 亿美元。股票融资的数额同样庞大，2012 年美国股票总市值为 18 万亿美元，每年的新增股票市值均以万亿级别增长。在 2013 年底的商业银行资产负债表中，商业银行贷款总额为 62504.07 亿美元，新增贷款 97450.70 亿美元。在融资结构上来讲，其债券融资、股票融资的总额和商业银行贷款总额相差无几，相对于我国商业银行主导、间接金融独大的融资结构，美国的直接融资明显更加发达。这一融资结构并没有发生明显变化。2024 年，美国债券发行额为 104890 亿美元，贷款总额为 127215 亿美元。

在交易量方面，美国债券市场的表现也毫不逊色。2014 年，美国债券市场的日均交易额达 723.5 亿美元，即全年交易超过了 26 万亿美元。其中交易量最大的依次为国库券、MBS、企业债。日均交易国债 505.40 亿美元，MBS 产品 180 亿美元，企业债券 19.90 亿美元（见图 3－14）。2024 年，美国债券市场的日均交易额上升至 12868 亿美元，交易量最大的依然是国债（9079 亿美元）。

不论从发行量还是从交易量上，都可以发现美国的直接融资市场十分发达。而同时 MBS、ABS 等资产支持证券在美国也有很大的发行量和交易量。信贷资产支持证券将商业银行的信贷产品和债券市场联系在一起，资产支持证券在债券市场上的收益率变动会对商业银行对该类信贷资产的定价产生影响，同样，资产支持证券在二级市场的收益率变动也会导致 ABS 产品在一级市场

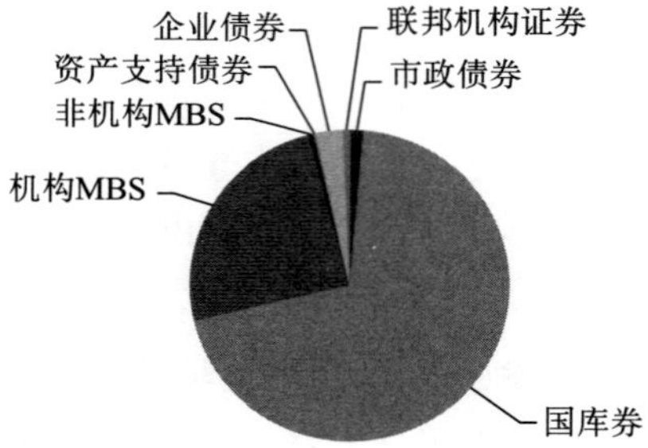

资料来源：Wind。

图 3－14　美国债券市场产品结构（按交易量）

上的发行利率的变动，而 ABS 和 MBS 的发行是属于商业银行的负债。例如，MBS 在二级市场上的收益率下降，受其影响，商业银行在一级市场发行 MBS 的成本也会下降，在负债端成本出现下降时，其对资产端的收益要求也会随之下降①。

因此，庞大的直接融资市场以及资产支持证券市场的发达有助于货币市场和资本市场的利率向信贷市场的传导，有助于美联储通过对单一利率的调控，达成对实体经济进行宏观调控的目的，有利于单一基准利率的形成。

（三）商业银行的资产负债结构

美国商业银行的资产负债结构和我国的差别并不是很大，均是以贷款作为主要资产配置项，但是美国商业银行持有有价证券的比重则明显高于我国。2024 年，美国商业银行总资产 239095 亿美元，各类贷款（包括工商业贷款、消费贷款、不动产抵押贷款）共计 127214.91 亿美元，而同年持有其他证券（包括国债、MBS、ABS 等固定收益产品）共计 54065.79 亿美元，国债和机构债（房地美、房利美所发债券，类似于中国的政策性银行债）共计 44217.81 亿美元，其贷款占总资产的比重大约在 50%，证券产品占 26% 左右，国债和机构债券占总资产的比重约在 19%②。

与商业银行持有 23% 的证券产品相对应的是，商业银行在债券市场上的持券比例仅 10% 左右。这也就意味着商业银行对债券市场的影响程度明显小于债券收益率对商业银行资产端收益率的影响。进一步来讲，商业银行存贷款

---

① Taylor D. Nadauld 和 Michael S. Weisbach（2011）通过实证，证明了资产证券化对降低融资成本的作用。

② 资料来源：Wind 数据库。

利率的变动及其资产配置的情况无法对国债收益率的变动产生很大影响，但国债收益率的变动却能够影响商业银行存贷款利率的变动及资产配置的情况。这一点对基准利率的形成其实很重要，例如，美联储在利率已经很低的时候继续下调联邦基金利率，商业银行的交易行为如果对债券市场具有很大的影响力，它无法接受如此低的债券收益率，可以选择抛售债券，进而导致债券收益率上升，这时债券收益率的变动与联邦基金利率的变动就是相反的。但是美国的商业银行由于持券比例较小，其交易行为对债券市场的影响力并没有那么大，相反美联储作为债券市场的国内最大参与者，联邦基金利率下调时，即便市场其他参与者不愿接受更低的收益率，但美联储也可以让债券收益率进一步下行。

（四）小结

总结上文，可以发现美国的金融环境有以下几点均有助于市场能够形成以联邦基金利率或长期国债收益率为代表的可供央行和市场进行参考的基准利率：

（1）美联储是债券市场的最大投资者，也是同业拆借市场的最大参与者。其他金融机构（包括商业银行）几乎不具备对市场价格产生持续影响的能力。这就使得美联储可以通过公开市场操作，调控货币市场的资金价格和债券市场的收益率。

（2）美国的直接融资规模庞大。假设整个社会融资体系都依赖间接融资，那么在信贷市场已经达到均衡的情况下，美联储调节联邦基金利率或购买债券并不会对信贷市场产生很大冲击。例如，在经济下行压力较大时，美联储宣布下调联邦基金利率，商业银行的资金成本下降，但出于自身运营风险的考虑，商业银行不一定会下调贷款利率并扩大贷款规模。但在直接融资发达的金融市场中，企业未必非要通过商业银行进行融资，在联邦基金利率下调后，由于交易成本下降，债券收益率也随之下降，企业通过债券市场融资的成本也降低。由于直接融资市场发达，企业融资渠道拓宽，使得企业在向商业银行申请贷款时的议价能力提高。

（3）美国商业银行资产端配置大量债券。美国商业银行的资产端有 23% 为证券产品，其中 20% 为国债和机构债，债券在商业银行的资产中所占比例越高，债券收益率的变动对商业银行整体资产收益的影响就越大。

（4）资产证券化产品和其他金融创新产品的出现。美国国债收益率成为市场基准、联邦基金利率成为央行基准都是在资产证券化产品出现之后。信贷资产支持证券，简单来说，就是将贷款打包到二级市场上交易，相当于让无法流通的银行贷款拥有了二级市场。商业银行用企业偿还贷款的利息来支付资产支持证券的票面利息，从某种角度来讲，资产支持证券发行时的票面利率其实也是商业银行负债成本的一部分，只不过这部分成本最终其实由企业支付。美国债券市场的流动性较高，资产支持证券作为债券市场的一种产品，自然也随着国债收益率的变动而变动。如果国债收益率下降，那么资产支持证券的收益率也下降，新发行的资产支持证券的票面利率也会受二级市场收益率的影响随之下降，商业银行的负债成本降低，贷款利率也会出现下降。并且同时，在收益率下行时，银行发起 ABS 产品的意愿也随之增加，部分银行贷款就会通过此种方式剥离至表外，商业银行也更有意愿增加贷款规模。另外，由于商业银行在资产端也会购买资产支持证券，因此，根据资产组合理论，债券市场收益率的下降会使得商业银行配置贷款的意愿增强，从而贷款规模扩大，贷款利率下降。

因此，不论从商业银行的负债成本来看，还是从商业银行的资产收益来看，信贷资产支持证券的出现都有助于货币市场、债券市场和信贷市场之间利率的迅速传导。

第三节　中国当前并没有适合全市场的基准利率

根据前两节的分析，本书按照前文总结的条件逐一对中国现状进行分析，以判断中国现在是否有能够供市场和央行参考的市场基准和央行基准，这一基准利率是否与美国及其他发达国家一样，是简洁单一的，中国是否具备形成单一基准利率的条件，在哪些方面有所欠缺，本节将进行详细探讨。

一、跨市场的机构和产品

（一）货币市场与债券市场

我国在货币市场与债券市场之间拥有跨市场的产品，也具备跨市场的金融机构。债券回购连接了货币市场和债券市场，投资者通过向交易对手质押债券从而融入资金。如果货币市场利率下行，投资者融入资金购买有价证券的需求就会上升，实现了短期利率与长期利率之间的可传导。即便没有债券回购，金融机构通过同业拆借市场拆入资金，持有债券，也可以实现短期利率到长期利率的传导。一般来讲，利用短期借入的资金持有的债券期限均不会太长，如果期限较长的话，就会增加资金融入方卖掉债券的难度，但在市场整体收益率下行时，不排除投资者会采取加杠杆长久期的做法。如果市场的整体风险偏好程度较高，即市场参与者利用短期融入的资金持有长期债券的意愿较大，那么短期利率到长期利率的传导效果将会更好。

（二）债券市场与信贷市场

商业银行是连接债券市场与信贷市场的金融机构，其资产端会同时配置债券和信贷资产。对于盈利来源是存贷款利差的商业银行，其配置债券的目的主要有两个：一是利用短期债券进行流动性管理，二是国债和政策性银行债都属于无风险产品，信贷资产属于高风险产品，商业银行配置债券可以对冲信贷资产的风险。在利率市场化的情况下，债券市场收益率和信贷资产利率之间的利率传导，就类似于同一个资产组合中不同资产之间收益率的变化和调整。

我国也有连接债券市场与信贷市场的产品。其中一种产品与美国相同，为信贷资产支持证券（以下简称 ABS），信贷资产支持证券连接了银行的资产端收益与债券收益率。银行的贷款利率决定了对应的 ABS 产品的发行利率，对其在二级市场的交易收益率也有所影响。而同时，ABS 在二级市场的收益率也影响了新发行的 ABS 产品的发行利率，从而对相应的新增贷款利率产生影响。

如果说 ABS 将商业银行的资产收益与债券市场连接在一起的话，那么在贷款利率放开后，我国蓬勃发展的理财产品则将商业银行的负债成本与资本市场联系在了一起。银行理财的迅速扩张主要源于我国存款利率仍未放开，一开始余额宝等互联网金融产品利用协议存款和普通存款的价差，推出了很多高收益的互联网理财产品，银行存款大量转向了货币基金。在这种情况下，商业银行为了维持和扩大存款规模，利用理财产品吸引客户，再在季末的时候将理财资金转为存款，在扩大存款的同时，也满足了监管要求。由于大部分理财产品的投向均是货币市场和债券市场产品，而理财产品的收益作为银行负债成本的一部分，如果债券收益率上升，银行的综合负债成本也会上升，从而银行对贷款利率的要求也会提高。但是在债券收益率下降时，银行的负债成本下降，此时如果经济下行，贷款不良率提高，银行惜贷情绪蔓延，银行对优质贷款的利率就会下降，但是未必会扩大贷款规模。

本书认为虽然资产证券化产品与理财产品都将债券市场与信贷市场联系在了一起，但是两者还是有区别的。具体区别如下：

(1) 资产证券化产品直接将银行的信贷资产与债券市场联系在一起，而理财产品则是通过影响银行负债成本，将债券市场与信贷市场间接地联系在一起。

(2) 虽然资产证券化产品与理财产品都有助于利率从资本市场传导至信贷市场，但是资产证券化产品可以帮助银行将不良贷款剥离至表外，在经济下行时，不仅有助于降低贷款利率，而且有助于缓解银行因不良率高企产生的惜贷情绪，扩大贷款规模，支持实体经济。

二、直接融资有待发展

(一) 中国当前的融资结构

从社会融资规模结构表（见表 3-1）中可以看出，我国依然是间接融资占主导地位，债券和股票等间接融资规模较小。2024 年，我国人民币新增贷款占社会融资规模的 52.86%，企业债券融资在近几年取得了较快的发展，但其规模依然较小。2024 年，我国社会融资总规模为 32.26 万亿元，其中贷款(包括人民币新增贷款、外币新增贷款、委托贷款、信托贷款）共计约为 17 万亿元，企业债券融资仅 1.9 万亿元，股票融资规模更小。可见，我国的融资结构目前仍以间接融资为主，企业融资仍然由商业银行主导。

表 3-1 中国社会融资结构表（主要融资类型占社会融资规模的比重）

指标名称	新增人民币贷款	新增外币贷款	新增委托贷款	新增信托贷款	新增未贴现银行承兑汇票	企业债券融资	非金融企业境内股票融资
2024	52.86	-1.21	-0.18	1.23	-1.02	5.92	0.90
2023	62.45	-0.62	0.06	0.44	-0.50	4.57	2.23
2022	65.34	-1.64	1.12	-1.88	-1.07	6.41	3.67
2021	63.60	0.55	-0.54	-6.40	-1.57	10.48	3.94
2020	57.46	0.42	-1.13	-3.16	0.50	12.75	2.56
2019	66.01	-0.50	-3.67	-1.36	-1.86	12.67	1.36
2018	69.67	-1.87	-7.14	-3.10	-2.82	11.70	1.60
2017	52.93	0.01	3.06	8.50	2.05	2.39	3.35

续表

指标名称	新增人民币贷款	新增外币贷款	新增委托贷款	新增信托贷款	新增未贴现银行承兑汇票	企业债券融资	非金融企业境内股票融资
2016	69.86	-3.17	12.28	4.83	-10.97	16.85	6.97
2015	73.14	-4.17	10.33	0.28	-6.86	19.08	4.93
2014	59.44	2.16	15.23	3.14	-0.78	14.74	2.64
2013	51.35	3.38	14.71	10.63	4.48	10.46	1.28
2012	52.10	5.80	8.10	8.20	6.70	14.30	1.60
2011	58.20	4.50	10.10	1.60	8.00	10.60	3.40
2010	56.70	3.50	6.20	2.80	16.70	7.90	4.10

资料来源：中国人民银行。

在这种融资结构下，银行融资占主体，企业融资渠道较为单一，相对于直接融资渠道通畅的国家，我国商业银行对贷款的定价权力也比较大。特别是，在经济下行，银行不愿意增加新增贷款时，企业几乎没有融资成本较低的融资渠道。银行占主导地位的融资结构会使得资本市场的利率向信贷市场传导的效率下降。

（二）企业债发行规模小的原因

我国企业债券起步较晚，发行规模也较小。表3-2为2014年我国债券发行概况。从表中可以看出，企业债券的发行金额占比仅占5.74%。加上公司债、短期融资券、中期票据，为企业进行融资的债券总额占全部债券发行总额的30%左右。与之对比的是，仅仅金融债一项就占全部债券发行总额的29%。2024年，债券发行进一步向国债、金融债和地方政府债集中，企业债发行比例进一步下降至1%以下（见表3-3）。

表3-2　2014年中国各券种债券发行规模

类别	发行只数	只数比重（%）	发行额（亿元）	面额比重（%）
国债	78	1.12	17745.01	14.60
地方政府债	43	0.62	4000.00	3.29
同业存单	998	14.32	8985.60	7.39
金融债	948	13.60	35615.78	29.31
企业债	584	8.38	6971.98	5.74
公司债	455	6.53	1381.63	1.14

续表

类别	发行只数	只数比重（%）	发行额（亿元）	面额比重（%）
中期票据	720	10.33	9780.70	8.05
短期融资券	1521	21.83	21849.53	17.98
定向工具	1204	17.28	10001.86	8.23
政府支持机构债	11	0.16	1500.00	1.23
资产支持证券	389	5.58	3309.84	2.72
可转债	13	0.19	320.99	0.26
可交换债	5	0.07	59.76	0.05
合计	6969	100.00	121522.67	100.00

资料来源：Wind。

表 3-3　　2024 年中国各券种债券发行规模

类别	发行只数	只数比重（%）	发行额（亿元）	面额比重（%）
国债	198	0.38	124748.31	15.62
地方政府债	2030	3.92	97760.88	12.24
央行票据	13	0.03	1068.40	0.13
同业存单	26479	51.16	314112.10	39.33
金融债	1915	3.70	102131.17	12.79
企业债	79	0.15	600.07	0.08
公司债	4828	9.33	39505.61	4.95
中期票据	4874	9.42	48641.55	6.09
短期融资券	4336	8.38	41506.33	5.20
定向工具	1237	2.39	6841.46	0.86
国际机构债	12	0.02	465.00	0.06
政府支持机构债	2	0.00	100.00	0.01
资产支持证券	5702	11.02	20416.91	2.56
可转债	42	0.08	387.57	0.05
可交换债	15	0.03	339.40	0.04
可分离转债存债	0	0.00	0.00	0.00
合计	51762	100.00	798624.76	100.00

资料来源：Wind。

在前文的利率体系中，我们看到高评级的企业债的市场利率并不高，甚至有时比贷款利率还低，那么为何企业不通过发行债券进行融资，为何我国的融资结构由间接融资主导呢？本书认为这主要是由于企业债券的发行成本和发行门槛都很高。如果说贷款利息是企业需要定期向银行支付的现金流的话，那么票面利率就是企业定期需要向投资者支付的现金流。图 3 - 15 为银行中长期贷款利率与企业债票面利率之间的关系。

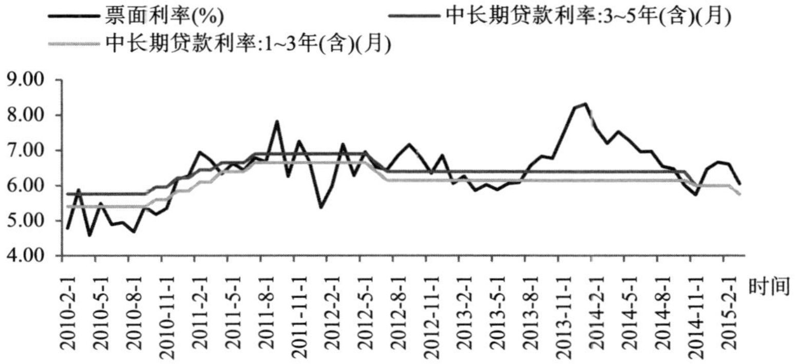

资料来源：Wind。

图 3 - 15　企业债发行利率与中长期贷款利率

图 3 - 15 中票面利率为企业债发行的票面利率。从图 3 - 15 中可以看出，企业债的票面利率波动较大，在大部分情况下均是高于中长期贷款利率的，可见企业债的融资成本比贷款利率要高。本书认为主要有两个原因：

一是制度原因。并且当前在我国不论是债券发行，还是股票发行，其流程都极其复杂。企业债券的具体发行流程如图 3 - 16 所示。

其审批流程也十分漫长，企业债的发行方案需要国家发展和改革委员会财金司进行审批，利率定价方案和最终定价利率需要人民银行货币政策司进行审批，承销团的承销资格还须交予证监会进行审核，加上前期找投资银行、律师事务所、会计师事务所进行审批材料的制作，这一套程序下来最快也要 3 个半月。而这些都是发行企业债的隐性成本，包含在企业支付给投资银行的费用中。

并且企业债是有发行门槛的，并非所有企业都可以通过发行企业债券进行融资。国家发改委对预发行企业债的企业的净资产、近 3 年的盈利状况、公司的债券余额以及企业债的发行总额均设立了规定。

在这种情况下，企业债的发行规模小也是制度设置的必然。

二是市场原因。从前文的分析可以看出银行间债券市场是一个买方市场，利率对供给并不敏感，更何况企业债如此小的供给规模。那么在买方市场下，而这个市场的主要投资者又是风险偏好程度较低的商业银行，因此，市场对企业债的发行招标远不如国债和政策性金融债的热情。

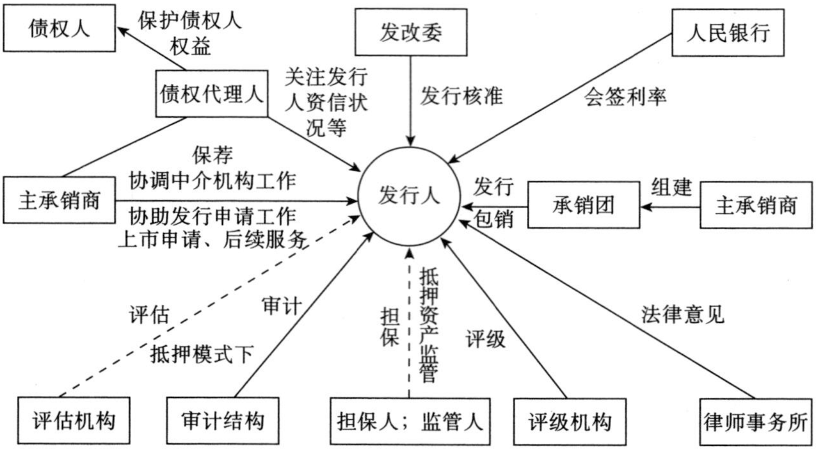

资料来源：第一创业证券投资银行部。

注：按照《中华人民共和国证券法》和《国家发展改革委关于企业债券发行实施注册制有关事项的通知》（发改财金〔2020〕298号）的有关要求，2020年企业债券发行由核准制改为注册制。国家发展改革委为企业债券的法定注册机关，发行企业债券应当依法经国家发展改革委注册。

图3－16　企业债发行流程图（2014年）

从国债和企业债的投资者结构中，作者认为也能看出点端倪。70%以上的国债被商业银行持有，而根据中债登的统计数据，企业债的最大投资者来自交易所，其次为基金公司，而交易所的主要投资者为个人投资者以及基金、券商等能够跨市场的投资者。从图3－17中可以看出，商业银行对企业债的热情不高，而其主要投资者（基金、券商等机构投资者）对收益均有很高的要求，这也就导致了企业债虽然发行规模较小，但是票面利率却很高。

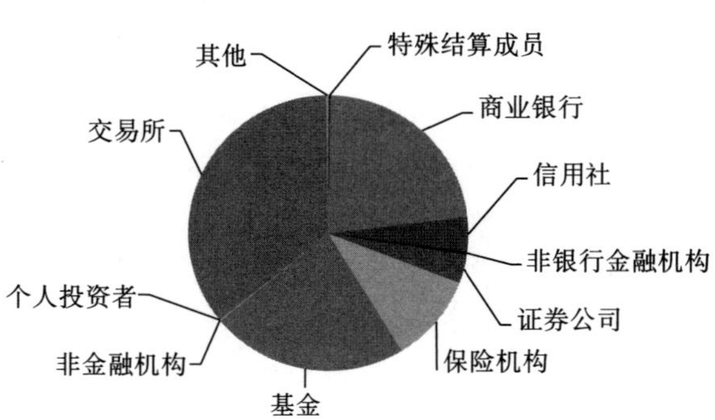

资料来源：Wind。

图3－17　中国企业债的投资者结构图

因此，从制度和市场两个方面来讲，我国的企业债由于发行成本较高，规模一直较小，这也限制了我国的直接融资规模。

三、债券市场的投资者结构

我国债券市场的投资者结构与美国债券市场的投资者结构存在很大差异。

（一）美国债券市场投资者结构

前文中提到在美国国债大部分由外国投资者和货币当局持有，除去这两者外，剩下的三大投资者为共同基金（10%）、个人投资者（8%）和养老基金（6%），商业银行（3%）和保险公司（2%）仅占很小的一部分。可以看出，在美国国内，各种类型的投资者持券比例比较分散，其中基金和个人的持券比例较高（见图 3－18）。

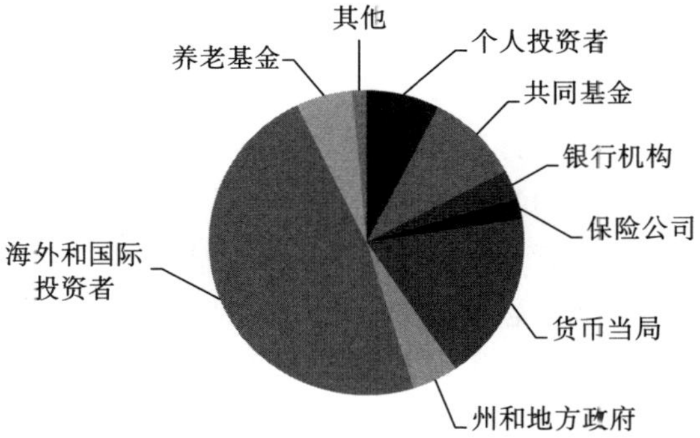

资料来源：Wind。

图 3－18 美国国债投资者结构图

这种债券市场的投资结构有以下 3 个好处：

（1）货币当局对债券市场的价格有较高的可控性。美国货币当局为美国国债最大的国内持有者，同时也是同业拆借市场最大的参与者，这为美联储通过债券市场进行公开市场操作调节货币市场和债券市场的价格，提供了便利。

（2）共同基金和个人投资者持券比例较高。共同基金和个人投资者参与债券市场多是为了获得资本利得，而并非吃票息的持有至到期的投资者，其对利率的变动比较敏感。并且共同基金作为专业机构投资者，其对债券市场的参与程度不仅有利于债券市场的流动性，而且相对于个人投资者来讲，交易型专业投资者的参与更有利于均衡价格的发现。

(3) 商业银行的持券比例较低。美国商业银行的持券比例较低，其优点在于商业银行不能因为其自身对收益的要求，就通过大规模的债券买卖影响市场价格。

(二) 中国债券市场的投资者结构

在我国大部分债券均是由商业银行持有的。根据2014年的数据，商业银行持有69%的国债（见图3-19）①，而根据大型商业银行的资产负债结构，2014年大型商业银行对政府的债权总额占其总资产的比重不到5%，2024年这一比重提高到了17%，但提高因素较多，并非全是国债发行规模提高带来的改变，地方政府债发行导致对政府债权种类增多是很重要的原因。同业存放和拆放占总资产的比重进一步降低，对其他存款性机构的债权由2014年的14%降至2024年的7%。在这样的银行资产结构和国债市场的投资者结构下，更多的是商业银行资产配置的变化对货币市场和债券市场价格产生很大影响，而不是货币市场和债券市场的价格对商业银行的资产配置产生影响。如果央行试图通过调整回购利率或者国债收益率进行价格型的调控，在大部分情况下都是可行的，但是如果经济下行压力较大时，央行试图通过降低回购利率或国债收益率以期降低信贷市场的贷款利率，其利率传导就有可能受阻。因为在经济下行时，银行未必想扩大贷款规模，降低贷款利率，而为了保持其资产端的收益稳定，商业银行也不能够忍受债券收益率的持续下行，其就会通过抛售债券的方式使得债券收益率上升，维持其资产端的收益。

同时，由于我国商业银行（尤其是大型商业银行）偏好于持有至到期，因此，商业银行持券比例较高，也不利于债券市场流动性的提高，而流动性恰恰是价格发现的关键。总之，商业银行持券比例过高，既不利于央行的价格型调控，又不利于货币市场利率和国债收益率成为市场基准利率，这一现象会使得银行的资产配置对资本市场的收益率产生很大影响，使得债券市场与信贷市场之间的利率传导变得复杂。

四、中国商业银行的资产结构

前文中提到美国商业银行资产端有23%均为有价证券，其中20%为国债

① 中央结算公司已经不再对外免费公布主要券种的投资者结构，因此该数据未更新。但银行间债券市场的投资者以商业银行为主的现象没有发生任何改变。商业银行的资产结构也未发生明显的调整。尽管直接融资市场发展迅速，但由于利率在下降，从资产结构来看，商业银行的资产反而更向能保证息差的贷款集中。

和机构债。2014 年，我国中资大型银行对政府的债权占其资产总额的 5% 左右（见图 3－19）。对存款性机构的债权占 13% 左右，这其中包括了商业银行债、政策性银行债、银行同业存放和拆放等项，对其他金融机构的债权占 5%。即便假设所有对政府的债券均为国债、对大型中资银行的债券均为政策性银行债，我国大型商业银行持有国债和机构债占资产端的比重也仅为 18%，而实际比例则远低于这个数，与美国商业银行在资产端债券配置方面有很大的差异。2024 年，对政府债权的比重上升至 17%，但对其他存款性机构和其他金融机构债权比重出现了明显下降，同时资产更加向贷款集中，对居民和非金融企业的债权占总资产的比例由 2014 年的 52% 上升至 2024 年的 62%。由于大型银行在存贷款市场的议价能力很强，以贷款为主的资产结构搭配以存款为主的负债结构，使得大银行在利率市场化时期也有能力保障一定的息差，存贷款利率未必受到市场利率变动的边际影响，市场利率对贷款市场利率的传导效率还有提升空间。

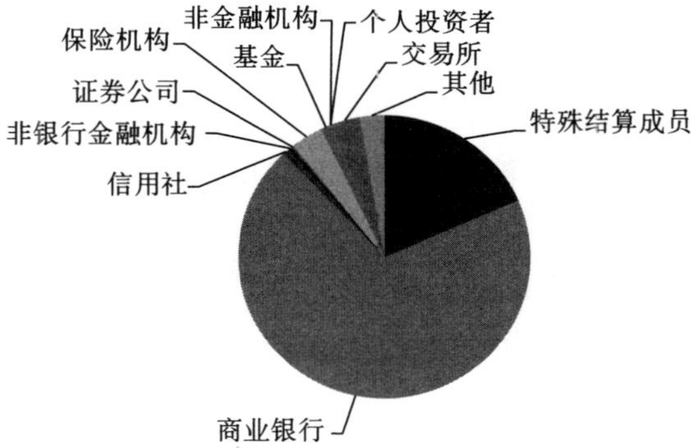

资料来源：Wind。

图 3－19 中国国债的投资者结构图

为了更为细致地考察中国商业银行的资产配置结构，本书以工商银行为例进行分析（见表 3－4）。数据来源来自中国工商银行 2024 年年报。

表 3－4 中国工商银行 2024 年资产结构

资产：	单位：亿元	占比
现金及存放中央银行款项	33229.11	6.81%
存放同业和其他金融机构款项	4807.65	0.98%
贵金属	2082.42	0.43%

续表

资产：	单位：亿元	占比
拆出资金	7391.11	1.51%
金融投资	141535.76	28.99%
发放贷款及垫款	276137.81	56.56%
资产总额	488217.46	

数据来源：Wind。

在中国工商银行的资产负债表中，客户贷款及垫款占总资产的56.56%，所有类型的金融投资共计占比28.99%。而在金融投资中，接近70%的资产为摊余成本计价，剩余30%的金融资产才按照公允价值计算损益变动。从会计科目上大致可以估算，中国工商银行的资产中不足9%的资产会在金融市场上进行交易。可用于交易的债券只是其中的一部分。

美国在利率市场化之后，商业银行多转型为交易型银行。而在我国银行的资产负债表中均有一项持有至到期账户，这主要是由于商业银行在息差保护下可以坐享利差，对债券的收益率变动并不敏感，新发国债或者政策性银行债常常在交易一年后，就被放入持有至到期账户，用来对冲贷款所产生的风险。

虽然债券市场收益率的变化也能对我国商业银行的收益产生影响，但是由于银行可供交易的债券总额占资产总额的比例实在较小，因此，国债收益率的变动对我国商业银行资产综合收益的影响有限，而同时又由于商业银行对债券市场的价格有着很大影响，若国债收益率变动对其资产收益的影响较大时，商业银行也有能力对冲这种负面影响。

因此，我国商业银行的资产端的债券比例较低，而其又是债券市场最大的参与者，这两者使得债券市场与信贷市场之间的利率传导路径变得复杂，无法理清究竟是国债收益率的变动使得对利率敏感的商业银行的资产配置行为发生了变化，还是商业银行自身的资产配置行为发生了变化，从而引起了国债收益率的变动，也就使得国债收益率在某些情况下不能够成为市场基准，甚至与贷款利率的走向发生背离。而货币市场的回购利率和拆借利率无法成为基准利率也是同理。

五、贷款利率放开之后一段时间的变化

（一）利率市场化之前，存款利率就是基准利率

由于我国长期处于管制利率状态下，以至于在很长的时期商业银行对资本市场收益率的变动并不敏感。在利率市场化之前，人民币存贷款利率均由央行进行调控时，直接对存贷款利率进行调控就可以直接影响实体经济。同时，存贷款利差是固定的，银行对企业的贷款多流向了国有企业和有抵押品的房地产和煤矿等行业，因此，银行既不用担心不良率的上升，又不用担心利润会收窄。在利率管制时期，人民银行对存贷款基准利率进行直接调控，利率对实体经济的影响也立竿见影。这个时期的央行基准就是存贷款基准利率。

同时，在利率管制条件下的市场基准也是央行公布的存贷款基准利率。这一方面是由于利率管制，另一方面就是由我国的融资结构决定的。假设经济过热，国债收益率逐步上升，但是央行还没有上调贷款利率，此时，银行既没有能力进行存贷款利率的调整，又没有动力进行贷款规模的调整，资产端的收益率还上升了。以存贷款利差为主要利润来源的商业银行并没有多少动力去对资产端的资产进行重新配置，国债收益率的变动只能对企业债等固定收益类的产品利率产生影响。这也就是为何我国商业银行（尤其是全国性的大型商业银行）即便做市成本很低，也不愿意在债券市场上进行做市的原因之一。在利率管制的条件下，国债收益率的变化既不能引导存贷款利率的变化，又不会改变我国商业银行对扩大资本规模的追求。相反，在经济较好时，企业融资需求旺盛，贷款利率就会上升，并且经济较好时信贷资产的安全性也比较高，银行出于扩大规模的天生需求，一是会趁势扩大贷款规模，降低债券等无风险资产的配置，二是由于竞争的存在，其存款利率也会上升，负债成本的上升，也就要求资产端有更高的收益，出于这两种考虑，在经济向好、贷款利率上升的同时，国债的需求下降，其收益率也会上升。

并且一旦央行上调存贷款基准利率，银行负债端的成本就会上升，而资产端的综合收益要求必然也会上升，如果这个时候的国债收益率低于银行预期的话，银行就会卖出国债，增加贷款规模或进行其他收益率更高的投资，国债收益率也就随之上升。

（二）贷款基准利率停止调整之后的变化

1. 央行下调回购利率后的市场反应

在利率管制时期，我国央行一般会在宣布存贷款基准利率下调后，同步下调公开市场操作的回购利率。而在存贷款基准利率没有变化时，公开市场操作的回购利率基本上不变。

但在 2014 年 7～10 月，人民银行在并未对存贷款基准利率做出任何调整的时候，连续 3 次下调 14 天正回购利率。具体情况如表 3－5 所示。

表 3－5　2014 年人民银行在三季度 3 次下调回购利率

发行/到期	发生日期	发行量（亿元）	利率（%）	利率变动（bp）	期限（天）	招标方式	招标总量
正回购	2014－7－31	260.00	3.7000	－10.00	14	利率招标	260.00
正回购	2014－9－18	100.00	3.5000	－20.00	14	利率招标	100.00
正回购	2014－10－14	200.00	3.4000	－10.00	14	利率招标	200.00

资料来源：Wind。

债券市场对这 3 次回购利率下调做出了不同反应。2014 年 7 月 31 日，人民银行下调公开市场操作正回购利率 10bp，各期限国债收益率并未有大幅度调整和变动。虽然人民银行突然下调回购利率，但是市场并未对此次调整做出任何反应，甚至个别期限的国债收益率还出现了短暂上升（见图 3－20）。

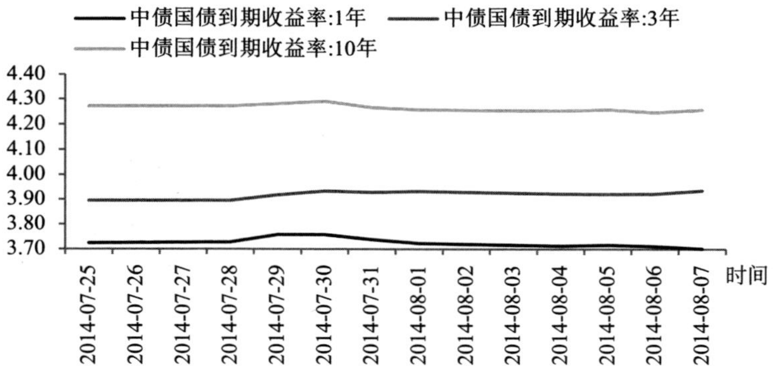

资料来源：Wind。

图 3－20　2014 年 7 月回购利率下调后国债收益率的走势

而在第二次回购利率的下调后，国债收益率均应声下跌，并且部分期限下跌幅度较大。10 年期国债收益率在下调回购利率当日下行 6bp，5 个交易日后共下行 20bp 左右。相对而言，1 年期国债收益率受月末资金面紧张和新股发行等影响，受回购利率下调的影响不如长期国债收益率大（见图 3－21）。

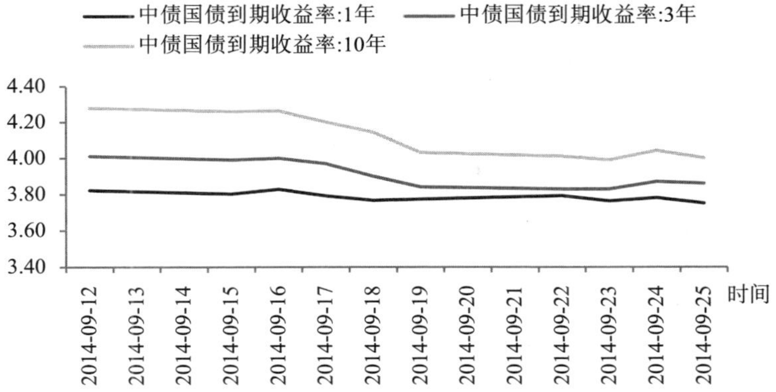

资料来源：Wind。

图 3－21　2014 年 9 月回购利率下调后国债收益率的走势

在 2014 年 10 月 14 日，央行再次下调正回购利率，下调幅度为 10bp，各期限国债收益率的下行幅度均远超过 10bp。其中，相对于回购利率下调之前，1 年期国债收益率单日下行 4.94bp，5 个交易日后共下行 23.59bp，3 年期国债收益率单日下行 7.96bp，5 个交易日后共下行 24.92bp，十年期国债收益率单日下行 9.38bp，5 个交易日后共下行 20.24bp（见图 3－22）。

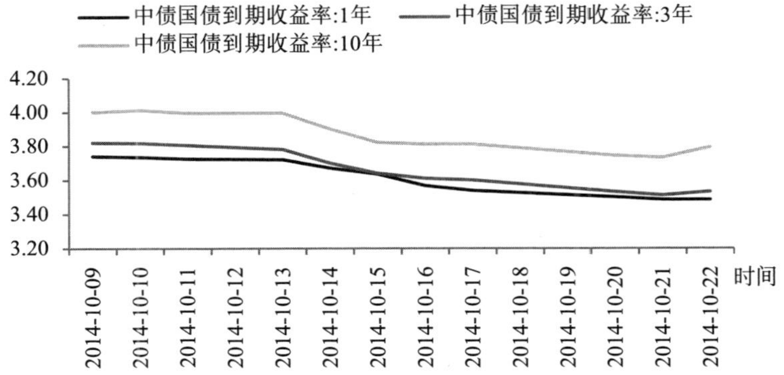

资料来源：Wind。

图 3－22　2014 年 10 月回购利率下调后国债收益率的走势

这几次回购利率下调，国债收益率的反应并非完全一致。单次回购利率下调，市场对其并没有很大反应。但数次下调之后，市场对回购利率下调的反映逐渐剧烈。本书认为这可能是因为在经济基本面数据不够理想的情况下，回购利率的数次下调不仅会降低市场的交易成本，而且更会给市场带来货币宽松的预期，因此，在这种预期的支撑下，国债收益率出现了大幅度的下行。

但是在债券市场对回购利率反应剧烈的同时，信贷市场对央行 3 次下调回购利率几乎没有任何发应。不论从商业银行平均贷款利率来看，还是从金融机构贷款利率的各浮动区间的比重来看，贷款利率并没有出现任何迹象的下降。

2014 年第二季度，商业银行贷款平均利率为 6.96%。即便人民银行在第三季度分别于 7 月底和 9 月中旬两次下调回购利率，但 2014 年第三季度，商业银行贷款平均利率不降反升，上升了 1bp 至 6.97%。

从金融机构贷款利率浮动区间来看，在 7 月回购利率下调后，贷款利率上浮占比反而有所上升，总体来看，70%左右的贷款利率均在基准利率基础上进行了一定比例的上浮，相较于回购利率下调之前的二季度数据来看，并没有明显的改善（见表 3－6）。

表 3－6　3 次回购利率下调后贷款利率的变化

指标名称	基准利率下浮 10%以内	贷款占比：基准利率	贷款占比：基准利率上浮合计
2014－04	6.14	20.60	73.26
2014－05	7.35	19.81	72.84
2014－06	9.32	21.57	69.11
2014－07	8.23	19.68	72.09
2014－08	7.50	18.80	73.70
2014－09	8.31	20.43	71.26
2014－10	8.91	20.43	70.66

资料来源：Wind。

可见，3 次回购利率下调，即便债券市场做出了相应反应，但是信贷市场的贷款利率并没有根据回购利率的下调做出相应调整。本书认为，并非信贷市场不会对货币市场资金价格的变化以及国债收益率的变动做出反应，而是反应时滞较长，效果较差。首先，回购利率的下调和债券收益率的下行会降低银行在资产端的综合收益。但在经济下行压力较大时，银行可以选择继续增配债券等风险较低的产品，而不增加贷款规模。并且在 2014 年 10 月之前，城投债尚未被财政部要求盘点，也未被中证登逐出回购质押库，仍然属于高收益的无风险产品，正好是满足商业银行要求的风险低、收益高的产品。这就导致了利率向信贷市场的传导受阻。其次，传导受阻并非无法传导。同时期，银行理财产品大规模发展，而大量的银行理财在当时均投向了货币市场和债券市场。回购利率的下调和债券收益率的下跌会使得银行理财产品的收益率同步下跌，而银行理财作为商业银行揽储的手段之一，其收益率的下跌则意味着银行的综合负债成本降低。在银行总体负债成本降低的情况下，由于竞争的存在，即便银行不愿意扩大贷款规模，但优质企业的贷款利率也会出现下降。然而，由于理财产品没有二级市场，不能进行交易，其价格发现速度并没有那么快，并且这一传导链条相对来讲又多了银行负债端这一环节，因此，利率传导链条较长，有较长的时滞。

由于我国长期处于利率管制的状态下，并且企业融资基本依赖于银行贷款，因此，我国商业银行对回购利率的变动并不像美国那样敏感。再加上刚性兑付并未真正打破，市场上仍存在风险较小但收益颇高的产品，因此，利率传导受阻，相对于美国银行针对联邦基金利率的变动立即能做出相应的变动来讲，我国商业银行并未根据回购利率的变动，即时地对其贷款利率进行调整。

2. 央行下调存贷款利率后的市场反应

在利率市场化之前，人民银行调控存贷款利率之后，不论是货币市场还是债券市场的收益率，都会在降息消息公布的第二天立刻进行相应调整，而在2014 年底和 2015 年初的两次货币政策调控中，人民银行降息后，国债收益率不仅没有下行，反而上去了。这其中主要的原因在于由于存款利率一直处在指导过程中，我国利率传导顺序略为复杂。

如表 3－7 所示，本书选取降息前后十个交易日的平均收益率进行比较，发现历次降息中只有 2012 年 6 月 8 日、2014 年 11 月 22 日、2015 年 3 月 1 日的降息，在降息之后，市场上的国债收益率持续上升，或稍作短暂调整后上升。

表 3－7　　　　历次降息后国债收益率的变动

时间	事件	贷款利率（降息前）	贷款利率（降息后）	降息前平均收益率	降息后平均收益率
2008 年 9 月 16 日	降息	7.74	7.56	3.9000	3.5300
2008 年 10 月 9 日	降息	7.56	7.29	3.5100	2.9700
2008 年 10 月 30 日	降息	7.29	7.02	2.9700	2.7000
2008 年 11 月 27 日	降息	7.02	5.94	2.5600	2.2700
2012 年 6 月 8 日	降息	6.9	6.65	2.8000	2.9800
2012 年 7 月 6 日	降息	6.65	6.4	2.9400	2.8000
2014 年 11 月 22 日	降息	6.4	6	3.4300	3.4600
2015 年 3 月 1 日	降息	6	5.75	3.2200	3.2900

资料来源：Wind。

而按照传统的经济学理论，降息能够给市场带来货币政策宽松、经济即将转好的预期，收益率应该下降。如果因为经济基本面较差，降息无法形成预期的话，那么为何2012年7月的降息又带来了收益率的下行。本书发现，在这3次央行宣布降息的同时，还宣布了扩大存款利率浮动上限。2012年6月8日，存款利率浮动上限扩大至1.1倍，2014年11月22日，存款利率浮动上限扩大至1.2倍，2015年3月1日，存款利率浮动上限扩大至1.3倍。因为降息通常是存贷款利率齐降，因此，虽然存款利率下调了，但是相对来讲，银行的负债成本上升了（我国商业银行的负债端有63%的负债均是居民和非金融机构的存款，见图3-23）。

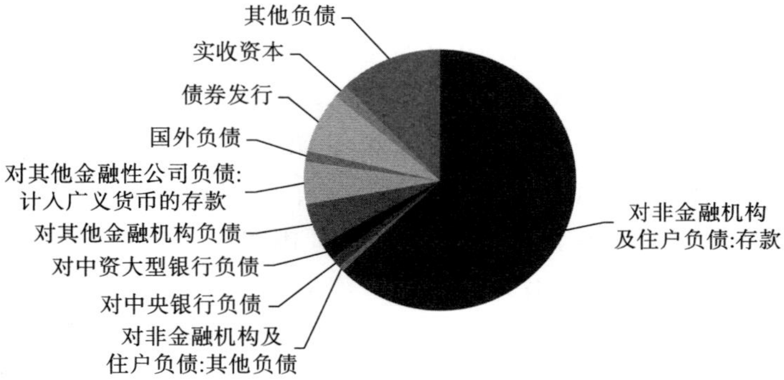

资料来源：Wind。

图3-23 中国大型商业银行的负债结构

此外，在大部分情况下，存款利率都是比国债收益率高的，如果这种降息之后，商业银行不卖出部分债券，就会出现商业银行的负债成本上行，但资产端的收益还要继续下降的情况。此时，相对于将政府债券长期持有，让收益率继续下行，不如现在将久期较短的债券抛出，获利了结，再等到债券收益率上去之后买入债券。于是，市场利率就会出现一段短暂的上行。如果降息的时间靠近新债发行，那么上行的浮动可能还会更大些。因为，一级市场的发行利率受二级市场的市场利率的影响较大，如果此时二级市场的利率上升的话，那么商业银行就能以较低的价格和较高的票面利率获得新券。

因此，综合考虑，虽然存贷款利率同时下降，但是由于存款浮动范围的扩大，使得负债综合成本上升。由于贷款基准利率的下降刺激了企业的融资需求，银行即便不想根据央行利率的调整降低贷款利率，但是为了资产规模扩张的需要，在竞争作用下，商业银行也会让渡一部分议价利益，降低贷款利率。

但是对于债券市场收益率而言，不论是负债综合成本的提高和贷款收益的下降，还是要保证理财产品的收益率变相地高息揽储，这几次伴随着存款浮动范围扩大的降息，都会使得国债收益率出现上行。

于是，在存款利率尚未放开的情况下，我国商业银行由于对债券市场有比较强的价格干预能力，使得这3次央行降息之后，出现了存款基准利率下降，实际存款利率并未下降，平均贷款利率下行，国债收益率短暂上升的情况。在这种情况下，到底哪一个利率是基准利率，债券市场、信贷市场和货币市场是否参照的是同一个利率，市场参与者又应该参照哪个利率进行资产组合管理和投资交易，自然成了难题。

第四节 小　　结

综上所述，我国尚不存在一个可以供货币市场、资本市场和信贷市场共同参考的基准利率。虽然我国在各市场之间也存在连接的金融机构和金融产品，但是由于我国当前的融资结构、银行的资产负债结构以及债券市场的投资者结构等各方面原因，各市场之间的利率传导存在一定的时滞。其中，主要的根结在于资本市场与信贷市场的传导上，不论是从国债收益率变动后贷款利率的反应来看，还是从存贷款基准利率变动对债券市场的影响来看，国债收益率不足以成为贷款利率的参考利率，而存贷款基准利率也不再是市场基准。此外，原先的存贷款利率也因为利率市场化的推进以及商业银行在利率市场化进程中所做出的自身调整等因素，在存款利率完全放开后，央行对商业银行存贷款利率的可操作性也会逐渐下降。因此，如果要形成单一的或个别的能够可供央行和市场参考的基准利率，我国的金融环境还有待改善。

而对于国债收益率来讲，虽然尽快寻找一个基准利率极为迫切，但是如果资本市场与信贷市场之间的传导机制不通畅，从根本上来讲，国债收益率尚不具备成为基准利率的条件，最多只能算作市场基准，而在讨论市场基准之前，本书认为首先要明确的是市场的范围有多大。本书保守起见仅对债券市场基准利率进行论述。即便如此，国债收益率作为债券市场的基准利率仍有很多不足之处。本书将在下文中对国债收益率作为市场基准的条件及我国的现状进行分析。

第四章

美国国债收益率成为基准利率的历史

本章通过对美国国债收益率成为基准利率的历史进行梳理，并结合美国学者对基准利率的讨论，认为流动性是美国国债收益率能够成为基准利率的关键因素。发行规模、无风险性、庞大的回购市场和期货市场是形成高流动性的前提，而与其他价格的高相关性、成为金融产品的定价基准是国债拥有高流动性之后的表现。

第一节　20世纪70年代前：美国国债收益率并不作为基准利率[①]

1970年以前，因为持续的战争和没有实现持续定期的供给等因素，美国国债收益率的波动性很差，并且常有投机现象发生，短期国债收益率和长期国债收益率之间时常出现背离（1950年至20世纪70年代）。在1955～1979年这个较短的时期里，美国政府一年期债券和30年期债券的收益率有7年时间是朝着相反的方向发展的。

① 本节部分内容节选自悉尼霍曼和理查德西勒著：《利率史》（第四版），中信出版社2012年版。

一、20世纪50年代期间债券价格时常会出现飙升和骤降，投机泛滥

1953年7月，商业衰退，货币政策放松，债券市场开始回升。到了1954年4月，公司债券的平均价格恢复了12%，美国政府1967～1972年的2.5s从89.75上涨到了100.975。

但到了1956年4月，随着商业活动的恢复，债券市场开始了一轮更大幅度的下跌，一直持续到1957年年底。美国政府1978～1983年的3.25s的价格从1954年112.375的高点下跌到1957年92.375的低点，总跌幅接近18%。公司债券价格的下跌从1954年4月至1957年9月平均达到了22%，优质市政债券的价格下跌了大约21%。票据贴现利率更是从0.65%上升到了3.59%。

1957年期间，财政部总共发行了两笔新的长期债券，面值供给14亿美元。分别发行于1957年10月的“1969年的4s”和12月的“1974年的3.875s”。

1957年年底，债券市场的跌势突然之间大幅度扭转。股票价格下跌暗示经济复苏的态势正在衰退。11月，各美联储银行通过降低再贴现利率发出了一个政策转向的信号。在短端2～4个月之间，财政部1978～1983年的3.25s上升了12%，市政债券价格指数上升了13%，公司债券价格指数上升了12.5%，票据贴现率下跌了0.88%。1958年，财政部趁市场转好又分别于2月和6月发行了供给28亿元的政府债券。

债券市场在1957～1958年期间的飙升幅度大、时间短，虽然价格回升幅度与1953～1954年间相同，但是却是在2～4个月间实现的，而之前用了10个月。

1958年上半年的特征是，政府债券面临前所未有的投机。1958年5月和6月，商业回升的早期信号使债券投机商措手不及，短暂而大幅的债券市场飙升形势顿时坍塌。由于估计商业恢复阶段会出现大量财政赤字，国内出现了通货膨胀的预期、国外出现了美元贬值的担忧。投资人鉴于过去的教训，纷纷抛弃美元转向资产，抛弃债券转向股票。国债收益率从1958年年初的3.07%，跌到了1959年年末的4.42%。公司债券的平均价格下跌了大约18%，收益率达到了4.57%。此次下跌持续了1年5个月。它大幅度向下探底，直指自从1879年恢复铸币以来的市场历史低点（见图4－1）。优质公司债券和政府债券的收益率只有在1920年和1932年危机年份的前后才平均高出许多。如果计算免税的价值，优质市政债券的收益率已经达到了历史最高点。

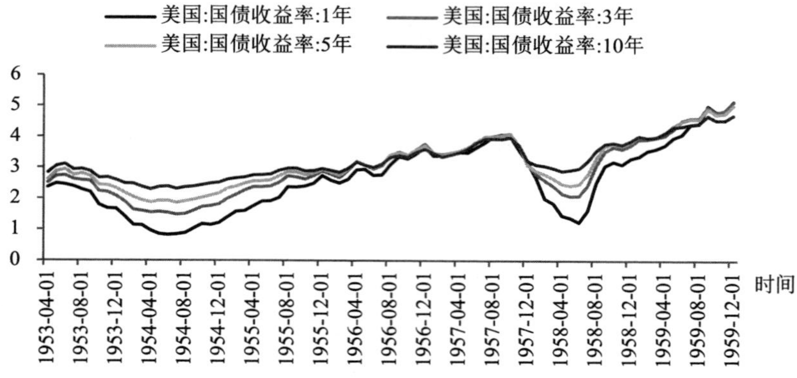

图 4-1　20 世纪 50 年代美国国债收益率走势

1959 年，再贴现率上升到 4%，也是 1930 年以来的高点，90 天期国库券上升到 4.57%，其中有些较长期品种远远超过 5%。短期债券和中期债券的收益率再次超过了长期债券。财政部认为自己受法律限制，长期融资的最高收益率上限为 4.25%。1959 ~ 1960 年间财政部发行了 3 只小规模的长期债券：1959 年发行的“1980 年的 4s”和“1969 年的 4s”，1960 年的“1975 ~ 1985 年的 4.25s”。

1959 年 10 月，公司债券和市政债券价格均达到了各自的低点，然后，掉头上行。政府债券价格在 1960 年 1 月掉头上行。价格上涨的不规律态势一直持续到了 1960 年年中，并在 1961 年年初恢复。1960 年后，价格回调的幅度几乎与 1958 年间一样大，但却没有像 1958 年年初那样的投机行为。市场已经懂得了如何预期高位、上升中的收益率，学会了如何将下跌中或者适度的收益率看作过渡性商业衰退的一种临时表现。尽管如此，1961 ~ 1962 年期间的商业回升并没有导致高收益率。

二、1960 年至 20 世纪 70 年代初：价格动荡，长短期价格数次背离

从 1961 年起一直到 1965 年，呈现出来的是战后阶段一种最不同寻常的稳定时期。优质公司债券的收益率在 5 年时间里保持了接近 4.5% 的水平。在 1960 年经历过大幅度下跌（3 月期票据从 4.52% 跌至 2.19%）的短期利率，在 1961 年开始上涨，并在 1963 年和 1964 年大幅度上升，但是长期债券的收益率并没有顺势大幅度上涨。在这些年里，财政部花了大力气延长其债券的期限，发售了大量长期债券，一律全面应税，其中许多是作为交换或者预融资。这是财政部 1971 年之前最后一批融资债券。在 1964 ~ 1971 年期间，财政部没有发行长期债券。此后，财政部便开始定期发行 30 年期的长期国债，所有期

限的国债逐渐都实现了全面发行。

在1965年至20世纪70年代中期，债券市场重新返回了持续动荡的状态。1965年的“伟大社会计划”使许多人认为不会再出现哪怕是轻微的衰退。除了轻微的通胀之外，越南战争也正在升级。1965年期间，短期利率在继续上升，3个月的国库券从3.81%上升到了4.47%，再贴现率也从3.50%上升到了1964年年末的4%。尽管如此，债券收益率直到该年的年末都一直保持几乎不变的水平。随后，突然之间，市场崩溃，带头大幅度下跌的是最近发售的财政部1987～1992年的4.25s，长期政府债券的收益率从4.22%上升到了4.50%，从而超过了20世纪50年代的峰值水平。随后，熊市的气氛笼罩整个债券市场。1966年国库券利息上升到了5.59%，市政债券收益率也大幅度飙升。1967年，债券价格持续下跌，长期政府债券从4.47%上涨到5.64%，新发售的公司债券从5.03%上升到6.90%。这些数据表明价格在一年之内下降了20%左右。

但1967年长期债券收益率的飙升并不是因为也没有造成短期利率的相应上涨，事实上，在1967年期间，贴现率临时从4.5%下降到了4%，联邦基金利率下降了100多个基点，而国库券利息先跌后涨，在1967年结束时几乎没有变化。问题主要是心理方面的。在这个时候，一股新生的市场力量亮相：私人投资者开始从机构撤出资金，转而购买高收益率的债券。他们注定要成为未来若干年的一股基本市场力量。而在当时，这种脱离金融机构的行为——后来的人们如此描述这种绕过金融机构的做法——是许多机构恐慌心理的一股反作用力。后来，这种脱离金融机构行为以更大的规模给这些金融机构及其监管部门造成了许多问题。

1968年是长期应税市场的一个迂回曲折的年份。收益率再次下跌、上涨、下跌、再上涨，在1967年结束的时候略微上升。长期市政债券的收益率上涨幅度超过了应税的政府债券，而短期利率则大幅度飙升。

1969年，所有收益率都大幅度上升——有些品种在上升基点数上达到了创纪录的最大涨幅。新发售的优质公用事业债券收益率从大约7%上升到大约9%，这在当时的美国长期债券市场历史上是个前所未有的高度。由于没有新发售品种，长期政府债券也被落在了后面，当时的收益率从6.59%上涨到了7.72%。这种市场大动荡的不利因素是危险重重的商业繁荣，遍及各地的投机炒作，以及通胀特别是通胀预期的大幅度上升。

1969～1970年的小规模衰退导致了短期利率的普遍下跌。这次下跌从1970年开始，几乎全年保持下跌的趋势，而所有短期利率的表现也基本相同，然而，1970 年的长期利率则呈现出一种不同的趋势，长期债券的收益率在上半年期间继续上涨，并在 1970 年 6 月份达到顶峰，然后掉头下行，年末时大大低于年初水平（见图 4－2）。

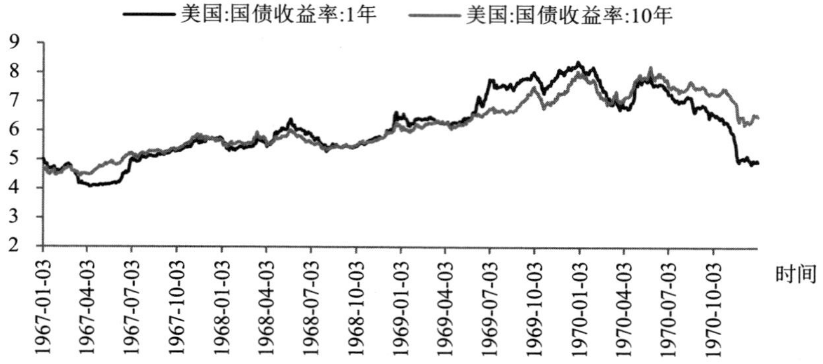

资料来源：Wind。

图 4－2　1967～1970 年间长短期国债收益率出现多次背离

1971～1972 年间短期利率再次走出不同于长期利率的形态，在 1971 年进一步下跌，在 1972 年年底开始再次上扬，在时间上稍微早于长期债券收益率。

而 1973 年开始的滞涨又使得债券收益率大幅上升。长期政府债券的收益率在 1973 年从 5.95% 上涨到了 7.97%，在 1974 年达到了 8.75% 的峰值。3 个月的国库券利息更是从 5.12% 上涨到了 9.74% 的高点。这一情况直到通货膨胀回落才有所改善。1975 年，短期国库券和长期国债又走出了不同的态势。国库券利息跌回到了 5% 的水平，但长期债券收益率依然保持着很高的水平（见图 4－3）。

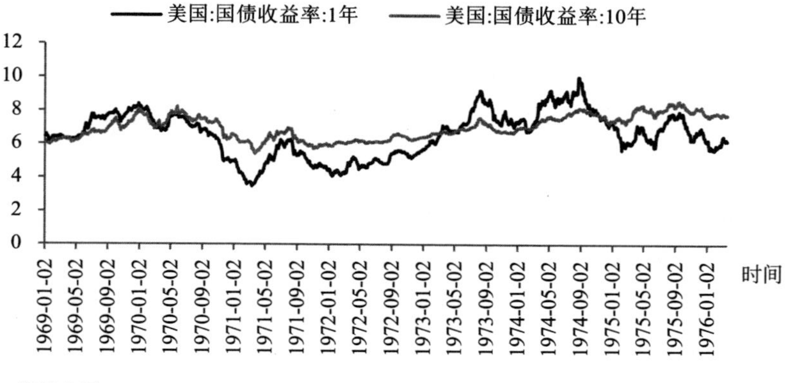

资料来源：Wind。

图 4－3　1969～1976 年间长短期国债收益率出现多次背离

三、20 世纪 70 年代前国债收益率不适合作为基准利率的原因

从 20 世纪 50 年代至 1970 年中期的美国国债走势的历史中，我们可以看出，这一时期美国国债收益率的波动幅度较大，经常会出现长短期利率倒挂的现象，并且市场上存在大量投机行为，国债发行也没有常态化、规律化，国债发行的目的仅仅是为了为财政融资。不论是从无风险利率的角度，还是从市场定价基准的角度，这个时期的国债收益率都不是最优的市场基准选择。

如果是从无风险利率的角度，市政债券由于不用交税，交易成本较低，因此，其收益率往往低于国债收益率，并且市政债券发行主体较多，不会面临这个时期的国债供给缺乏的现象，能够更好地反映市场无风险利率水平（在 1960～1970 年间，长期国债供给的匮乏也是导致长期国债和短期国库券走势经常背离的原因之一）。

如果是从市场定价基准的角度，当时优质的公司债券（铁路、通信产业的公司债）更适合成为市场参照的基准利率。由于市政债券是免税的，因此，作为市场定价基准可能偏低。而在 1950～1959 年间，高等级的优质公司债和政府债券之间的信用利差很窄，10 年平均利差只有 33bp，在 1960～1969 年间十年平均利差也只有 50bp。因此，在当时考虑应税和国债供给缺乏等因素，优质的公司债券比国债更适合成为市场参照。

第二节　20 世纪 70 年代中后期至 80 年代中期：逐步成为市场基准

一、政府财政赤字推动国债滚动式发行

在 20 世纪 70 年代中期，债券市场开始被一股新生的活跃力量主宰。联邦政府的赤字预算在 1975 年大幅度上升到 694 亿美元的历史水平。虽然财政赤字在 20 世纪 70 年代末有所下降，但是在 20 世纪 80 年代之后，财政赤字持续扩张，并没有因为经济的复苏和扩张而减少。1986 年，财政赤字上升到了 2069 亿美元的新纪录，并且在 20 世纪 80 年代一直维持高位。推动这一前所未有的形势的是 20 世纪 80 年代初期的大幅度削减税率，即里根政府推行的一项政策，同时并没有相应削减政府的开支。这些财政赤字造成的直接后果是，公

众手中的联邦债务从1974年的3400亿美元上升到了1980年的7090亿美元，1989年的22000亿美元。

如上文所述，在1964~1971年期间，财政部并没有发行长期国债。年度发债是从1971年开始的，随后逐步变成了季度和月度发债。但是未付可交易型政府债券在1974年期间事实上在继续减少，因为到期的债务多于新发行债务，而财政部越来越依赖较短期债券和票据，来为其当时比较适度的赤字提供融资。这一趋势在1975年发生了变化，当年未付可交易型长期政府债券开始增长。从1974年到1989年，随着国债总额的大幅度上升，债券在可交易品种中的比例从1/8上涨到了1/6，绝对数从330亿美元上升到了3000亿美元以上。

由于在1970~1989年间，财政部持续发债，频繁光顾债券市场，使得政府债券的息票率和新发行债券的收益率变化拥有了一个相当精确的画面，可以描绘出长期债券市场的波动情况。

为什么需要国债的滚动发行才能使得国债收益率成为市场基准？除了市场供求因素之外，这主要是由于在20世纪70年代之前，存量国债交易并不活跃，大部分投资者持有国债都是持有至到期，因此，只有通过新发国债的频繁交易才能获得反映当时市场供求的国债收益率。

二、石油危机和金融创新刺激了国债二级市场的流动性

20世纪70年代的两次石油危机及其引发的一系列经济和金融体制变化刺激了债券的交易。两次石油危机造成了很高的通货膨胀率，并导致当时的国际货币体系（布雷顿森林体系）的崩溃。在这种情况下，市场利率不仅出现了大幅度上升（相应的是债券价格大幅度下跌），而且波动极其剧烈（相应的是债券价格的剧烈变化），这种状况使得购买债券的风险迅速增加。两次石油危机另一个间接的结果是利率市场化、金融自由化和金融全球化迅速发展，这使得大量企业、地方政府开始主要依靠债券市场、而不是银行贷款来获得直接的债务性资金，其结果就是债券发行规模的迅速增长。债券价格风险的上升和发行量的增加从规避风险、提供流动性等两个方面对债券二级市场的发展提出了要求。此外，美联储执行货币政策也要求有一个较为发达的债券二级市场，以便于公开市场业务操作①。

① 荣艺华和朱永行：“美国债券市场发展的阶段性特征及主要作用”，《债券》，2013年5月。

三、公司债和市政债市场的式微

几乎在同时，20 世纪 70 年代初期，优质公司债券所产生的收益率非常高，使得低评级的风险债券市场几乎被忽略。此外，20 世纪 70 年代中期宾夕法尼亚地方政府的破产和纽约市丧失清偿能力所表现出来的严重的清偿力风险，更使投资者采取保守态度。到了 20 世纪 70 年代末、80 年代初，长期公司债券市场从整体上丧失了其重要性，尤其相对于美国政府债券市场而言（充斥后者的是日益上升的财政赤字）。此外，公司债券的质量分布情况也在走下坡路，能够评上高等级的品种越来越少，中低等级品种越来越多。20 世纪 80 年代中后期的低收益率或多或少让公司债市场恢复了活力，但却远远不同于 20 世纪 60 年代之前的传统的高级公司债市场。公司债券和州债券、市政债券一起，越来越依赖于短期、中期筹款等形式，牺牲了长期债券市场。

因此，在 20 世纪 70 年代中期之后，由于美国政府财政赤字的扩张、国债的滚动式发行、国内外各种因素对发达的国债二级市场的要求以及公司债和市政债的衰落，美国政府的长期国债收益率逐渐成为市场基准利率（见图 4－4）。

资料来源：Wind。

图 4－4 1975～1998 年间长短期国债收益率走势

第三节 20 世纪 80 年代中后期：为何国库券没有成为短期基准

值得注意的是，短期国债也就是国库券拥有和长期国债一样的信用资质，并且比长期国债的发行更加频繁和稳定，为什么短期国债没有成为市场基准呢？在 1970 ~ 1980 年之间，国债在每个期限上都可以是基准利率。但是，如今只有在中长期限上，国债才是市场的基准利率。原因在于，在 20 世纪 70 年代末，欧洲美元同业拆借利率（LIBOR）取代了国库券在货币市场的基准利率地位。到了 20 世纪 80 年代中期，欧洲美元期货市场已经完全成为货币市场上套利和交易的首要选择。而到了 20 世纪 80 年代末，联邦基金利率在货币政策传导效率中也超越了短期国库券（Benanke，1990）。那么，为什么货币市场的基准利率会被 LIBOR 取代呢？Lou Crandall（2000）给出了解释：

首先，国库券利率几乎不会受到供给的冲击，国库券供给对利率基本上是无弹性的。因此，国库券市场并没有其他固定收益市场的市场有效性高，因为其他市场的需求和供给都会对利率做出反应。当然，缺乏弹性的供给问题同样也存在于中长期固定收益市场上。在国库券市场上，国库券的供给弹性更因为国库券规律性的发行而进一步恶化。例如，如果年末发行，今年税收情况很好，那么下一年春季的国库券发行就有可能减量，这就使得国库券的供给和私人部门的利率之间的关系更为减弱。由于这种供给的不确定性，因此，只要货币市场上出现了流动性更好的私人部门的短期证券，国库券作为基准利率的地位就会发生动摇。

其次，需要指出的是，我们平常所说的信用利差（也就是信用债收益率和国债收益率之间的差额）其实是不完全的信用利差。由于国债发行是定期的，而企业债的发行是与经济运行相关的，国债供给对利率的弹性不敏感，这对国债价格产生了一些干扰，自然也就影响了信用利差的大小。

最后，根据 Fleming（2000）的观点，相对于其他固定收益类产品来讲，国债并不是很好的套期保值工具，因为国债和其他债券并没有一致的风险属性。在货币市场上，LIBOR 和欧洲美元期货作为套期保值工具相对于国债来讲，自然更加优越，因为他们体现了风险溢价。

以上观点均是从市场供求角度进行解释，由于国库券利率对供给没有弹性，因此，市场上只要出现了能够提供充足流动性的短期证券，国库券作为基准利率的地位就会发生动摇。

而另一种观点是从流动性角度进行说明为什么 LIBOR 和欧洲美元市场在 1970 年年末开始会迅速取代国库券市场成为市场基准利率市场。

首先一个原因是价格透明度，价格透明度和流动性的相关性很高，在前文分析国债成为基准利率的历史的时候就有所提及。欧洲美元市场会公布 LIBOR（美元）这样的参考利率，这一利率是普遍被市场接受的，而短期国债的交易价格并没有 LIBOR 这么透明，投资者大多只知道做市商和经纪商的报价，而不知道最终每一笔交易的实际成交价格。另一个原因便是欧洲美元期货合约是现金结算合约，而不是交付实现合约。之前商业票据期货、国内 CD 期货均失败了，因为交付环节的混乱。对于欧洲美元来讲，欧洲美元期货市场的成功给现货市场带来了巨大的流动性。

因此，由于出现了比国库券更具有流动性、价格更加透明的、风险不高的金融产品，在货币市场上，国库券利率就失去了市场基准利率的地位。

然而，中长期国债收益率在 20 世纪 80 年代却没有失去基准利率的地位，尽管它和国库券存在众多类似的特点。这主要有两个原因：流动性和缺乏有深度的可替代的市场。首先，中长期国债的发行都尽可能规律化，规律性的发行使得国债规模在保持稳定的同时不断扩大，从而增加了国债的交易量，因而，有助于增加债券的流动性。而私人部门的中长期债务是不大可能像国债一样实现滚动式发行的。因此，在中长期券种上，国债的流动性远好于其他固定收益类产品的流动性。而另一个中长期国债在 20 世纪 80 年代没有失去基准利率地位的原因是当时并没有有深度的可替代市场。虽然越来越多的私人部门也可以发行中长期的固定收益产品，信用债的规模日益扩大，但是其信用资质的差别较大，市场流动性也远不如国债市场。

综合以上分析，总结短期基准利率被 LIBOR（美元）取代的原因，本书认为核心原因主要有两点：

（1）国库券利率由于受规律性供给的影响，其利率对供给的弹性较差。国债供给主要与财政收入有关，财政收入较高时，供给规模可能减少，而财政部的国库券供给与私人部门的资金需求、货币市场的利率状况的关联性不大，因此，在反映市场供求方面，国库券利率反而因为其规律性的供给受到了限制，不如 LIBOR（美元）对市场供求的敏感度。

（2）国库券市场的透明度不如欧洲美元市场。虽然国库券市场由于大规模的发行以及强大的回购和期货市场，拥有的流动性很高，但是欧洲美元市场由于其期货市场的成功，也具备很高的流动性。然而，相对而言，欧洲美元市场比国库券市场拥有更高的市场透明度。前文我们在分析美国债券市场的交易体系时也已经提到，TRACE 法案并不要求交易商上报国债的报价利率，而国债几乎都在场外市场交易，对于大额交易的投资者来讲市场透明度并没有那么重要，但是对于中小投资者来讲，及时准确地了解最新交易信息有助于其判断市场实际供求状况，有助于市场投资者形成一致预期，有助于价格发现的及时准确。

因此，综合以上原因，导致了货币市场的市场基准利率在20世纪80年代被LIBOR所取代。

第四节 20世纪90年代末至21世纪初：长期国债基准受到质疑

由于美国国债承载的是美国政府的信用，因此，它们没有违约风险。因为国债收益率是无风险收益，这就使得其可以作为其他固定收益类产品定价的依据。经济学家、宏观经济模型、政策分析者、金融分析师、投资银行家以及其市场参与者均把美国国债收益率作为市场基准（例如，Brealey和Myers，2004；Ho和Lee，2004）。在1970年之后，长期国债的基准利率地位一直没有动摇。但在20世纪90年代末至2001年年初，长期国债的基准利率地位受到了一段时间的质疑。起因是由于政府财政盈余，并且打算继续巩固财政盈余，因此，导致长期债券的供给减少、供给频率降低。

2001年年初，经济发达的国家开始巩固预算盈余，这一事件对债券市场有着显著影响。IMF、美联储、国际清算银行和其他机构都相当关注这一事件，因为美国如果巩固财政盈余的话，将会导致美国国债供给缩水，甚至没有供给（Fleming，2000；Schinasi等，2001）。1999年议会预算办公室（Congressional Budget Office，CBO）研究表明美国的预算盈余将持续10年。美国财政部领导了这一计划，财政部停止发售3年期、4年期、7年期、15年期和20年期国债。其他期限的国债和政府债券发行的频率也相应地减少。1999年，公众持有美国国债36亿美元，这一数量预期将出现下降（财政部年报，2004年，Table FD-1，Treasury Bulletin）。

这一事件之所以备受瞩目，很大一个原因是正在发行的美国国债的收益率实际上是基准利率（Fabozzi，2001）。由于美国国债代表的是政府信用，没有违约风险，因此，国债收益率是无风险收益率。这种无风险的特性使得美国国债可以作为其他固定收益产品定价的基准，也可以成为其他风险相对较高的产品的风险对冲工具。基准利率的地位不仅仅增强了国债的需求，并且对公司债、联邦机构债券、抵押式证券和利率互换等市场有着关键性的作用。所有这些金融产品的收益率相对于国债均有一个利差（Fleming，2000）。

财政盈余的原因要从克林顿时期的经济政策说起。克林顿政府主要采取紧缩的财政政策和宽松的货币政策。1992 年，克林顿当选美国总统，为了获得全球投资者对美国债券市场的信心，亟须促进长期利率下降。美国政府计划削减结构性财政赤字，并计划加税，主要是针对富人，削减国防开支，并严格限制非国防开支。随后，1997 年的预算平衡计划使得克林顿的这一系列政策得以实现。其结果是联邦财政赤字占 GDP 的比重明显下降，由 1992 年 4.7% 下降到 1997 年的 0.3%。在强劲的经济增长和蓬勃的股票市场的支持下，1998 年联邦财政出现了盈余。并且财政盈余占 GDP 的比重从 1998 年 0.8% 一直上升到了 2000 年的 2%。

20 世纪 90 年代，由于联邦政府在资本市场的融资需求下降，伴随着融资成本的下降，企业和住房的融资活动如雨后春笋般发展，同时高科技企业投资和住房投资者活动也相当活跃。过度紧缩的财政政策虽然给私人借贷提供了空间，但是使得国债收益率成为基准利率缺乏必要的流动性支持。原则上，企业债、资产证券化产品、贷款利率都应该跟随国债收益率的波动而波动。但是也有的时候，这种“跟随”会被打破。

1998 年金融危机，私人部门去杠杆。国债收益率在收缩的供给和宽松的货币政策的支持下依然保持低位，但是信用债收益率、抵押贷款利率等均上升。信用利差不断扩大。

1998 年下半年，亚洲金融危机使得投资者更加追求安全性高的资产，例如，美国国债，这就使得国债在当时价格上升，收益率下降。1998 年 8 月至 1998 年 10 月期间，十年期国债收益率下行 125bp，至 4.19%（见图 4-5）。

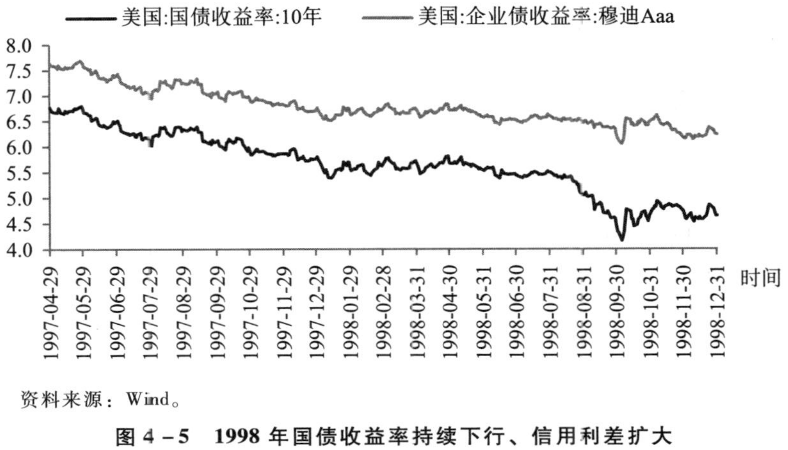

资料来源：Wind。

图 4-5　1998 年国债收益率持续下行、信用利差扩大

金融危机带来的影响之一是“flight to quality”，这导致了国债和其他固定收益类产品之间的信用利差扩大，因为金融危机使投资者更愿意持有美国国债这种安全性较高的产品，国债需求上升，收益率下降，而信用债等固定收益产品的需求下降，收益率上升，信用利差扩大。

另一个影响便是市场流动性的减少。因为投资者风险偏好程度的下降，风险规避程度的上升，使得投资者持券和做市意愿减弱。金融危机也使得回购市场的交易成本上升，伴随着资金利率的上升，流动性较好的国债和流动性差的国债之间的利差扩大①。

流动性的减少使得国债作为无风险利率、定价和套期保值的基准利率的吸引力下降。流动性的减少使得市场预期不能迅速达成共识，市场还是纠结到底无风险利率水平应该在什么位置上。流动性的减少同时还提高了投资者的交易成本，使得投资者不能在最小的价格影响下对仓位进行调整。虽然亚洲金融危机对债券市场的流动性产生了一些影响，但是相对而言，相对于其他固定收益类市场，国债市场依然保持了相对较高的流动性，其受金融危机的影响也较小。

但到了1999年年末至2000年年初，国债收益率作为基准利率受到了更为严重的质疑。尽管美联储在2000年2月至4月连续加息50个基点，30年期国债收益率却下跌了75个基点，主要归因了财政部对国债供给的收缩。同时，随着美联储加息，私人部门借贷成本普遍保持稳定或上升。例如，十年期Aaa级公司债和十年期国债的信用利差在2～4月初之间扩大了80bp，主要原因是由于国债收益率的下降。十年期国债收益率的下降除了受30年期的影响以外，也受供给下降的影响。2000年1月财政部推出的300亿美元的国债回购计划，主要对象就是长期国债。

其实，面对财政盈余，融资需求的减少，美国财政部从1997年就开始缩减债务规模。1997年3月便开始大规模缩减国库券规模。例如，3个月国库券规模从110亿～140亿美元缩减至60亿～85亿美元。1998年5月，美国财政部决定进一步减少国库券发行，并且减少国债发行的频率。财政部将5年期和3年期国债发行的频率由一月一次改为了一季度一次。1999年8月，财政部宣称要将30年期的国债发行频率由一年3次改为一年两次，并且同时考虑减少一年期国债和两年期国债的发行频率。

① Fleming, M. The benchmark U.S. Treasury market: Recent performance and possible alternatives. FRBNY Policy Review, April 2000, p129－145.

为了保证大规模的国债招标和一级市场的流动性，财政部在 1999 年提出了债务购买计划，并在 1999 年 11 月提出对原始发行折扣规则进行修正。国债购买计划从 2000 年 1 月开始，财政部将赎回现仍在市场上流通的未到期的国债。原始发行折扣规则的改变将使得财政部可以在一年内重启最近的发行计划，而无须担心过度发行会导致国债价格下跌。

政策和经济环境的变化意味着国债规模的缩水。虽然财政部为了维持大规模的流动性充足的一级市场做出了努力，但是由于财政状况的明显改善，发行规模和频率不得不缩减，市场规模也相应大规模缩水。

存量国债规模的减少和新增国债发行规模和频率的减少将对国债的一些基准利率属性产生影响。Fleming（2000）指出，在这段时间内，市场可能会变得缺少流动性，买卖价差会扩大，市场深度会受到影响，交易活动不再活跃。发行规模和频率可能会降低回购市场可借出的国债供给，因此，提高回购市场的交易成本。并且由于流动性的下降，国债发行利率的波动性也明显增加，尤其是长期国债。在决定价格时，个券之间流动性的差别可能会变得十分重要。最明显的变化是，交易活跃的国债和交易不活跃的国债之间的市场表现有了很大差别。不同流动性的国债之间收益率的差别扩大会导致不同水平的无风险利率，这就产生了一个问题：到底哪只国债的收益率才是无风险利率呢？这种不同也导致了其他固定收益类产品不同的市场表现，导致国债收益率和其他固定收益类产品的收益率之间的相关性下降，信用利差也可能出现分化。

第五节　国债成为市场基准利率的条件

Fleming（2000）认为国债之所以能够作为定价基准，首先，是由于国债有一些特质，例如，国债价格的趋势和其他金融产品的价格高度相关。其次，作为对冲或者套期保值工具，能够以较低的成本在回购市场上借入国债也是非常重要的。最后，国债市场的流动性相当重要。因为套期保值者必须要能够以最小的交易成本在国债市场上买入和卖出大量的国债（Fleming，2000；O'Hara，2003；Elton 和 Green，2003）。

很多特征使得美国国债收益率成为基准利率。美国国债由美国政府信用背书，因为在一个国家的范围内被认为是无风险利率。美国国债的信用和供应量使得美国国债在二级市场上拥有极高的流动性，交易活跃，买卖利差窄。并且美国国债拥有一个相当活跃的回购市场，在国债回购市场中，市场参与者可以通过借出国债为自己融资。同时，美国国债还拥有一个活跃的期货市场，在国债期货市场中，市场参与者可以为了未来的交付当期买入或者卖出国债期货。

国债收益率作为基准利率可以作为预测利率、通货膨胀率和其他重要的经济指标。信用债的表现也可以通过其信用利差的大小进行比较判断。同时，信用利差也可以对经济运行的状况进行预测。

同时，国债收益率作为基准利率还承担着为其他固定收益类证券进行定价的功能。

此外，在美元市场上作为套期保值工具。国债的套期保值功能也增加了交易者持有其他产品的意愿，因此，也提高了其他市场的流动性。

虽然国债的无风险性对国债收益率成为无风险利率极为重要，但是其流动性和国债市场的有效性对其作为无风险利率也同样重要。一个高流动性的国债市场确保交易形成的国债价格已经接近了其均衡价格，而价格的变动反映了市场预期的变化。一个有效率的市场保证了国债的收益率所隐含的无风险利率密切地反映了市场对无风险利率的看法，并且其价格只是最低限度地被个券在供给、需求和流动性的不同所影响。

如果国债收益率是作为其他证券品种定价的基准利率和套期保值工具，那么国债的市场表现、相应的期货市场和回购市场的发达以及高度的流动性就显得尤为重要。为了成为一个良好的定价基准，国债收益率必然要和其他固定收益类产品收益率有着较高的关联性。这也才能使得国债成为良好的套期保值工具。

因此，国债收益率作为基准利率需要满足的条件也取决于基准利率需要满足的什么样的条件。

如果基准利率仅作为无风险利率的替代指标，国债收益率作为基准利率就必须要有良好的国家信誉以及一个流动性良好的有效的国债市场。这时候和其他证券品种之间的关联性就不重要，活跃的期货市场和回购市场很重要，因为其有助于国债市场的流动性。当然，在理想情况下，基准利率应该拥有相应的期货市场并且在回购市场上的交易活跃（David M. Jones，2000）。

如果基准利率还需要成为其他固定收益产品的定价基准，那么和其他证券价格的关联性、活跃的期货市场和回购市场以及国债市场的流动性就都很重要，在这种情况下，信誉和市场有效性只有在影响到流动性和相对市场表现时，才显得重要。

但不难发现，不论基准利率需要满足多少条件，国债收益率作为基准利率的前提中都包括的核心条件是：国债市场必须要拥有高度的流动性。而活跃的期货市场、回购市场、国债的信誉、国债的持续供给以及市场的有效性等因素，都是辅助国债市场拥有高度流动性的条件，而国债作为市场定价基准的条件（与其他债券品种价格的关联性）的前提也是一个拥有高度流动性的市场。

本书在下面两章将从与其他价格的关联性以及市场流动性的角度，分析国债收益率作为债券市场基准利率的效果如何。

第五章

国债收益率与其他市场利率之间的传导效果[①]

本章通过国债收益率与其他券种收益率的时间序列、差分序列间的相关系数衡量国债收益率与其他利率之间的相关性，从而衡量国债收益率作为债券市场的基准利率的效果。结果表明，中长期国债收益率更适合作为市场基准。此外，本章还通过 VAR 方差分解检验国债收益率变化对其他利率变化的贡献度，结果同样显示长期国债收益率的变化对同期限其他券种收益率变化的贡献度更高，并且传导时滞也较短。

第一节　国债收益率与其他利率之间的相关性检验

由于国债拥有良好的政府信用，被诸多研究资产定价的学者默认为无风险利率，作为金融产品定价的基准（Brealey 和 Myers，2004；Ho 和 Lee，2004），并且由于其低风险特征，国债常被当作套期保值工具。此外，许多金融交易都按照国债收益率水平进行净现值的计算（Fleming，2000；Fabozzi，2001）。因此，国债收益率水平对企业债、市政债、资产证券化产品以及利率互换产品的定价有着非常关键的作用，所有这些固定收益产品的收益率与相似期限的国债

---

① 本章成文于 2015 年 4 月。章节末尾对 2014 ~ 2024 年的实证结果和对利率传导效果和基准利率的作用进行了补充。

收益率之间都存在价差（Duffee，2003）。同时 Fleming（2003）指出，国债收益率之所以能够成为市场的定价基准，是因为国债收益率和其他固定收益产品的收益率之间存在高度相关性。基准利率的变动将会迅速传导到其他金融市场上，导致其他金融产品价格的变动。基准利率是整个利率体系的核心，会引导其他利率和资产价格，一般来讲，其他固定收益类产品收益率等于国债收益率加上风险溢价。因此，研究国债收益率和其他固定收益类产品收益率之间的时间序列相关性，对判断国债收益率是否成为市场基准就显得尤为重要。

一、数据选取和检验方法

（一）数据选取

本书选取中债国债、国开债、企业债 AAA 级、资产支持证券 AAA 级各期限（3 个月、6 个月、1 年、3 年、5 年、7 年、10 年、15 年）每日收益率，时间区间为 2007 年 5 月 24 日至 2015 年 2 月 11 日。资料来源为 Wind 金融数据库。

（二）实证检验方法

大多数论文中分析国债和国开债、信用债、资产支持证券等固定收益类产品收益率之间的关系时，通常采用序列相关性检验、协整检验和格兰杰因果检验对原时间序列进行统计分析，结果多显示极高的相关性，但是由于收益率序列大多数都为非平稳序列，时间序列跨度均持续十年以上，在这种时间跨度的背景下，各收益率序列呈现出极高的相关性并不足为奇。因此，本书认为仅对原序列进行检验仍存在一定的缺陷。本章在原时间序列的相关性检验基础上，对差分序列（同时也是收益率每日变动的时间序列）进行相关性检验，并对国债收益率和其他固定收益类产品的收益率之间的结构性关联进行 VAR 方差分解，以期对国债收益率与市场上其他固定收益类产品的收益率之间的关系进行更为精确地判断。

二、关于国债收益率的描述性统计

表 5－1 所示的描述性统计结果显示了各期限国债收益率在时间序列上的基本特征，其中最小的最小值为 3 个月期国债的最小值 0.7989，最大值也出现在最长期的国债 30 年期国债收益率上。平均数随着期限的增加不断增加，标

准差均在1以下，并且随着期限的增加，标准在逐渐减少，3个月期的标准差为0.89，30年期的标准差仅0.34。各期限国债的峰度相差不大，均在2.4左右，但是偏度有正有负，随着期限的增加，偏度也由负转正，如果剔除一年期以下的国债收益率，总体来讲，呈递增趋势。

表5-1　　　　国债收益率的描述性统计

国债	平均数	中位数	最大值	最小值	标准差	偏度	峰度
3个月	2.5905	2.7673	5.1132	0.7989	0.8940	-0.4043	2.4692
6个月	2.6451	2.7886	4.3744	0.8183	0.8600	-0.5458	2.3439
1年	2.7435	2.8921	4.2503	0.8871	0.8396	-0.6173	2.3753
2年	2.9545	3.1048	4.4190	1.0700	0.8006	-0.5924	2.4555
3年	3.1210	3.2120	4.5003	1.2437	0.7025	-0.4934	2.5515
5年	3.3861	3.4096	4.5293	1.7342	0.5767	-0.2522	2.3946
7年	3.5952	3.5542	4.6698	2.1223	0.5093	-0.1675	2.4619
10年	3.7691	3.6799	4.7222	2.6711	0.4449	0.1565	2.1191
15年	4.0442	3.9702	4.9095	3.1960	0.3656	0.4804	2.4497
30年	4.3290	4.2039	5.1988	3.5184	0.3409	0.5878	2.6338

同时，本书对国债收益率的原序列和一阶差分序列进行平稳性检验。ADF检验显示各期限国债收益率的原序列均存在单位根，为非平稳序列，而对应的一阶差分序列均拒绝单位根检验，为平稳性序列（见表5-2）。

表5-2　　　　国债收益率及其差分序列平稳性检验

国债	原序列ADF	P值	一阶差分序列ADF	P值
3m	-1.8234	0.3693	-22.0177	0.0000
6m	-1.6761	0.4433	-19.5482	0.0000
1y	-1.5054	0.5309	-24.4195	0.0000
2y	-1.2988	0.6323	-32.0471	0.0000
3y	-1.4775	0.5451	-32.1941	0.0000
4y	-1.5678	0.4989	-31.7737	0.0000
5y	-1.7501	0.4057	-33.7734	0.0000
7y	-1.7230	0.4195	-34.7965	0.0000
10y	-1.8623	0.3505	-34.3795	0.0000
15y	-1.9947	0.2894	-30.6462	0.0000

三、国债收益率与企业债收益率

（一）企业债收益率的描述性统计

从企业债 AAA 级收益率的描述性统计（见表 5－3）中可以推断出，短端的收益率曾出现了倒挂的现象，因为虽然企业债收益率最大值中的最大值在最长期的 30 年期收益率中，但在 3 个月至 2 年期的收益率中，最大值却出现在 3 个月期的企业债收益率上，并且随着期限的增加，最大值出现了递减的情况。而在最小值方面，企业债收益率的情况相对更为正常，最小值中的最小值出现在最短期的 3 个月的企业债收益率中。平均数和标准差的特征与国债基本一致，即平均数随着期限的增加而增加，标准差随着期限的增加而减小。

表 5－3　　企业债 AAA 级收益率的描述性统计

企业债 AAA	平均数	中位数	最大值	最小值	标准差	偏度	峰度
3 个月	3.5227	3.7283	6.4277	1.4833	1.1612	－0.0812	2.2609
6 个月	3.8253	4.0582	6.3327	1.6600	1.1258	－0.2938	2.1939
1 年	3.9948	4.1883	6.2866	1.7504	1.0624	－0.2963	2.2449
2 年	4.2422	4.3976	6.2499	2.2744	0.9218	－0.2023	2.2871
3 年	4.4599	4.5538	6.2584	2.5200	0.8225	－0.2699	2.5512
5 年	4.7974	4.8374	6.3074	3.3054	0.6740	－0.1945	2.4767
7 年	5.0304	5.0296	6.3415	3.6569	0.5924	－0.1631	2.3851
10 年	5.2155	5.1837	6.4280	4.0800	0.5357	－0.0148	2.2989
15 年	5.4390	5.4229	6.6176	4.4440	0.4843	0.0270	2.5166
30 年	5.7267	5.7815	6.9198	4.6230	0.4808	0.0052	2.6620

在峰度方面，与国债类似，各期限企业债的峰度差距不大，在 2.4 左右。在偏度方面，也呈现和国债收益率类似的情况，有正有负，但和国债收益率序列不一样的是，企业债收益率序列的偏度在大部分期限上均为负，只有在 15 年、30 年期的长端收益率上偏度为正，并且整体偏度和 0 的差距明显比国债要小。

在平稳性检验方面，ADF 检验显示各期限企业债（AAA 级）收益率的原序列均存在单位根，为非平稳序列，而对应的一阶差分序列均拒绝单位根检验，为平稳性序列（见表 5－4）。

表 5 -4 企业债 AAA 级收益率序列及差分序列的平稳性检验

企业债	原序列 ADF	P 值	一阶差分序列 ADF	P 值
3m	-1.9746	0.2983	-39.0387	0.0000
6m	-1.5821	0.4916	-22.5637	0.0000
1y	-1.4355	0.5662	-22.4146	0.0000
2y	-1.5833	0.4910	-16.4439	0.0000
3y	-1.7672	0.3972	-16.3584	0.0000
4y	-1.9307	0.3182	-16.4012	0.0000
5y	-1.8804	0.3418	-22.9057	0.0000
7y	-1.8567	0.3532	-29.9081	0.0000
10y	-2.0326	0.2729	-24.8549	0.0000
15y	-2.8599	0.0504	-8.0420	0.0000

（二）序列相关性检验

首先，对原序列之间的关系进行相关性分析，本书仅选取 3 个月、6 个月、1 年、2 年、3 年、4 年、5 年、7 年、10 年和 15 年等关键期限作为代表进行相关性分析，表 5 -5 为检验结果，从这张相关性矩阵表中可以看出：

（1）相关性最大值为 0.95，最小值为 0.45，对角线上方的最小值为 0.71。相关性的最大值并不是出现在同期限的国债收益率和企业债收益率之间，最大值为 0.95，该数值为 3 个月期的国债收益率和 6 个月期的企业债收益率之间的相关性。最小值 0.45，为 15 年期国债收益率和 3 个月期企业债收益率之间的时间序列相关性，该数值从逻辑上来讲并没有过多的含义。如果按照国债收益率影响企业债收益率、短期利率带动长期利率变化的逻辑，本书应该着重考察国债收益率与同期限企业债收益率以及更长期限的企业债收益率之间的相关性。从这一角度出发，本书应该只关注相关性矩阵对角线上方的数值。在对角线上方的相关性数值中，最小值为 0.71，为 3 个月期的国债收益率与 15 年期企业债收益率之间的相关性。

（2）同期限的国债收益率和企业债收益率的相关性也并不如预想的一样高，差异性较大。其中，最大值为 0.94，6 个月期至 5 年期的国债和企业债收益率之间的相关性均在 0.94 左右，但在 7 年期及以上的国债和企业债收益率之间的相关性程度并不高，其中 10 年期国债和企业债收益率之间的相关性为 0.84，15 年期的国债和企业债收益率之间的相关性为所有期限中的最小值，仅有 0.77。与发达国家的数据相比，有相当大的差距。美国十年期国债与穆迪 Aaa 级企业债收益率的相关系数为 0.917[①]，远高于我国的 0.84。

（3）本书通过对相关性矩阵对角线上方的数据进行分析，以期对比不同期限的国债收益率与同期限和更长期限的企业债收益率之间的相关性。仅观察对角线上方的数据可以看出，相关系数在从左向右逐渐递减，也就是说，对于特定期限的国债来讲，国债收益率与同期限的 AAA 级企业债收益率之间的相关系数最高，随着企业债期限的增加，国债收益率与更长期限的企业债收益率之间的相关系数逐渐减弱。从表 5－5 中最后两列可以看出，较短期限的国债收益率与长期限的企业债收益率之间的相关系数并不高，其中最大值为 0.89，为 4 年期、5 年期国债收益率与 10 年期企业债收益率之间的相关性，最后一列的最大值为 0.84，该数据为 4 年期国债收益率与 15 年期企业债收益率之间的相关性。而在最后一列，超过一半的相关系数均在 0.8 以下，除了较短期限国债收益率与长期限的企业债收益率的相关系数较低以外，10 年期、15 年期国债与 15 年期的企业债收益率之间的相关性也在 0.8 以下。

（4）总体来讲，同期限国债和企业债收益率之间的相关系数大多数（除 10 年期和 15 年期）都在 0.9 以上，相对于不同期限的国债和企业债之间的相关系数，同期限的相关系数几乎均为相关系数矩阵中每一行的最高值。而长期国债收益率不论是与相同期限，还是与更长期限的企业债收益率之间的相关系数都不高，均在 0.8 左右。相对而言，3 年期至 7 年期等中间期限的国债收益率与各期限的企业债收益率之间的相关系数表现较好，同期限的相关系数在 0.94 左右，不同期限的相关系数也在 0.8 以上。

表 5－5　国债收益率和企业债 AAA 级收益率之间的相关性

	CB3M	CB6M	CB1Y	CB2Y	CB3Y	CB4Y	CB5Y	CB7Y	CB10Y	CB15Y
TB3M	0.92	0.95	0.94	0.92	0.89	0.87	0.84	0.80	0.76	0.71
TB6M	0.90	0.94	0.94	0.92	0.90	0.88	0.86	0.82	0.78	0.72
TB1Y	0.88	0.93	0.94	0.93	0.91	0.90	0.88	0.84	0.80	0.74
TB2Y	0.85	0.91	0.93	0.93	0.93	0.92	0.91	0.87	0.83	0.77
TB3Y	0.81	0.87	0.90	0.92	0.93	0.94	0.93	0.90	0.87	0.81
TB4Y	0.77	0.83	0.87	0.90	0.92	0.94	0.94	0.92	0.89	0.84
TB5Y	0.72	0.79	0.83	0.86	0.90	0.92	0.93	0.91	0.89	0.83
TB7Y	0.68	0.74	0.79	0.83	0.87	0.90	0.91	0.90	0.88	0.83
TB10Y	0.55	0.63	0.68	0.73	0.79	0.83	0.86	0.85	0.84	0.78
TB15Y	0.45	0.52	0.57	0.64	0.71	0.76	0.79	0.80	0.81	0.77

① 该数据根据 Wind 中的数据计算而得。

从差分序列的相关系数矩阵表（见表5-6）中可以看出，与原序列的相关系数相比，差分序列的相关系数普遍比较低。其中，最大值为0.63，为15年期国债和企业债的差分序列之间的相关系数，其次为0.62，为3年期国债与6年期企业债的差分序列之间的相关系数。在矩阵的对角线上方，最小值为0.23，为3个月期国债和10年期企业债的差分序列的相关系数。同期限的国债和企业债收益率的差分序列的相关系数，除3个月期的相关系数以外，均在0.5以上。从特定期限国债与更长期限企业债的差分序列的相关系数来看，相对而言，中长期国债与长期企业债的差分序列的相关性依然较好，尤其是4年期国债和长期企业债的差分序列的相关系数均在0.5以上。

表5-6　　国债收益率和企业债AAA级收益率差分序列的相关性

	D(3M)	D(6M)	D(1Y)	D(2Y)	D(3Y)	D(4Y)	D(5Y)	D(7Y)	D(10Y)	D(15Y)
D（TB3M）	0.43	0.62	0.49	0.36	0.35	0.32	0.28	0.27	0.23	0.24
D（TB6M）	0.40	0.60	0.54	0.43	0.40	0.38	0.35	0.34	0.28	0.28
D（TB1Y）	0.32	0.51	0.51	0.45	0.42	0.39	0.39	0.38	0.33	0.36
D（TB2Y）	0.30	0.49	0.52	0.50	0.47	0.46	0.44	0.44	0.41	0.44
D（TB3Y）	0.26	0.45	0.48	0.50	0.51	0.52	0.49	0.48	0.47	0.47
D（TB4Y）	0.25	0.46	0.49	0.50	0.52	0.55	0.54	0.52	0.50	0.50
D（TB5Y）	0.22	0.40	0.43	0.44	0.46	0.49	0.50	0.49	0.46	0.47
D（TB7Y）	0.19	0.33	0.36	0.38	0.44	0.48	0.47	0.50	0.49	0.49
D（TB10Y）	0.18	0.33	0.37	0.39	0.44	0.47	0.47	0.48	0.52	0.51
D（TB15Y）	0.17	0.33	0.36	0.38	0.41	0.44	0.44	0.47	0.51	0.63

四、国债收益率与资产证券化产品收益率

（一）资产支持证券收益率的描述性统计

表5-7所示的描述性统计结果显示，各期限资产支持证券收益率在时间序列上的基本特征，其中最小的最小值2.88，为6个月期的资产支持证券收益率，最大的最大值7.70，为30年期的资产支持证券收益率中的最大值。平均数随着期限的增加不断增加，标准差也呈现随着期限增加不断减少的趋势。各期限资产支持证券收益率序列的偏度均为负，并且随着期限的增加，绝对值逐渐增大，可见随着期限的增加，收益率的分布形态越来越呈现左偏的状态。在峰度方面，资产支持证券的收益率分布也和国债、企业债有所不同，国债和企业债收益率在各期限的峰度基本一致，相差不大，但是资产支持证券各期限

收益率序列的峰度并不一致，随着期限的增加，峰度也在不断增加，6个月期的资产支持证券的收益率峰度最小，为2.12，小于正态分布的峰度3，而10年期的资产支持证券的收益率峰度已为3.41，大于正态分布，30年期收益率序列的峰度为4.97，明显大于3。因此，随着期限的增加，资产支持证券收益率的分布越来越有尖峰厚尾并且左偏的特征。

表5-7　　资产支持证券收益率的描述性统计

	平均数	中位数	最大值	最小值	标准差	偏度	峰度
6M	4.7914	5.1027	7.0202	2.8842	1.0425	-0.2197	2.1203
1Y	4.9628	5.2199	7.1134	2.9804	0.9771	-0.2510	2.2459
2Y	5.2238	5.4084	7.0867	3.4079	0.8470	-0.2617	2.2980
3Y	5.4584	5.6256	7.1626	3.6243	0.7535	-0.4333	2.6305
4Y	5.6413	5.7939	7.1737	3.8868	0.6771	-0.4683	2.7154
5Y	5.8009	5.9089	7.1835	4.0200	0.6260	-0.5093	2.7834
6Y	5.9403	6.0670	7.2051	4.1097	0.5927	-0.5813	2.9417
7Y	6.0453	6.1774	7.2406	4.1747	0.5702	-0.6488	3.1068
8Y	6.1265	6.2543	7.2936	4.2471	0.5528	-0.6704	3.2303
10Y	6.2347	6.3397	7.3978	4.3767	0.5314	-0.6731	3.4133
15Y	6.4679	6.5751	7.5099	4.4973	0.5016	-0.9796	4.2593
20Y	6.6449	6.7884	7.6119	4.5864	0.5123	-1.1289	4.5237
30Y	6.7710	6.9016	7.7022	4.6785	0.5068	-1.2538	4.9709

在平稳性检验方面，短期的资产支持证券的收益率序列存在单位根，为非平稳序列，而长期的资产支持证券的收益率序列不存在单位根，为平稳序列，这与大多数资产价格的时间序列为非平稳序列是相异的。在差分序列的平稳性方面，各期限的差分序列均为平稳序列（见表5-8）。

表5-8　　资产支持证券收益率序列平稳性检验

ABS	原序列ADF	P值	一阶差分序列ADF	P值
6m	-2.1176	0.2378	-23.2227	0.0000
1y	-1.9613	0.3043	-23.6975	0.0000
2y	-2.2327	0.1948	-20.6461	0.0000
3y	-2.8595	0.0504	-16.9728	0.0000
4y	-2.6712	0.0793	-35.3332	0.0000
5y	-2.7745	0.0622	-25.3075	0.0000
7y	-2.9619	0.0388	-35.0625	0.0000
10y	-3.1559	0.0229	-35.6381	0.0000
15y	-3.4680	0.0090	-36.3321	0.0000

（二）序列相关性检验

因资产支持证券的收益率数据缺少3个月期的数据，因此，本节选取选取6个月、1年、2年、3年、4年、5年、7年、10年和15年等关键期限作为代表进行相关性分析，表5-9为检验结果，从这张相关性矩阵表中可以看出：

（1）总体来看，相关系数较低。从对角线上方的数据来看，最大值为0.86，为6个月期的国债和资产支持证券收益率之间的相关系数；最小值为0.38，为15年期国债和资产支持证券收益率之间的相关系数，这一数据远小于企业债和国债收益率之间的相关系数。因此，可以推出，国债市场和资产证券化市场之间可能存在一定的分割现象，而由于在与企业债的相关系数并未出现如此低的现象，因为可以推测，这种市场分割的原因可能更多来自于资产支持证券市场。我国资产支持证券发展较迟，虽然在2014年发行量大爆发，但是总体来讲，规模较小，流动性较差，交易不透明。

表5-9　　资产支持证券收益率和国债收益率的相关性检验结果

	ABS6M	ABS1Y	ABS2Y	ABS3Y	ABS4Y	ABS5Y	ABS7Y	ABS10Y	ABS15Y
TB6M	0.86	0.86	0.82	0.78	0.73	0.67	0.59	0.51	0.42
TB1Y	0.84	0.85	0.83	0.78	0.74	0.69	0.61	0.52	0.42
TB2Y	0.81	0.83	0.82	0.79	0.75	0.70	0.62	0.54	0.43
TB3Y	0.75	0.79	0.79	0.78	0.75	0.71	0.64	0.56	0.46
TB4Y	0.71	0.75	0.76	0.76	0.75	0.71	0.64	0.56	0.47
TB5Y	0.66	0.70	0.72	0.72	0.75	0.69	0.62	0.55	0.45
TB7Y	0.61	0.65	0.68	0.70	0.72	0.68	0.61	0.54	0.45
TB10Y	0.47	0.53	0.56	0.59	0.73	0.60	0.54	0.48	0.38
TB15Y	0.36	0.42	0.47	0.51	0.70	0.54	0.50	0.45	0.38

（2）同期限的资产支持证券和国债收益率之间的相关系数最高的为6个月期的相关系数，随着期限的增加，同期限的资产支持证券和国债收益率的相关系数逐渐减小。对比相关系数矩阵对角线上方的数据，通过不同期限的国债收益率与同期限和更长期限的资产支持证券收益率之间的相关系数，同样发现具有相关系数从左向右递减的特征。通过对比相关系数矩阵最后两列的数据，依然是中长期国债收益率与长期资产支持证券收益率的相关系数稍高一些。

（3）资产支持证券收益率与国债收益率的差分序列之间的相关系数同样较低，在相关系数矩阵（见表5-10）中，最大值为0.57，最小值为0.26，前者为6个月期国债收益率的差分序列与6个月期的资产支持证券收益率的差分序列的相关系数，后者为6个月期的国债收益率与15年期资产支持证券收益率各自的差分序列间的相关系数。

表5-10 资产支持证券收益率和国债收益率的差分序列的相关性检验结果

	D(6M)	D(1Y)	D(2Y)	D(3Y)	D(4Y)	D(5Y)	D(7Y)	D(10Y)	D(15Y)
D（TB6M）	0.57	0.50	0.38	0.37	0.34	0.32	0.30	0.27	0.26
D（TB1Y）	0.46	0.45	0.36	0.35	0.32	0.31	0.29	0.27	0.26
D（TB2Y）	0.45	0.46	0.41	0.39	0.37	0.36	0.33	0.32	0.32
D（TB3Y）	0.43	0.45	0.44	0.46	0.46	0.43	0.40	0.40	0.38
D（TB4Y）	0.45	0.47	0.46	0.49	0.50	0.48	0.45	0.44	0.42
D（TB5Y）	0.40	0.42	0.41	0.43	0.45	0.45	0.42	0.42	0.39
D（TB7Y）	0.32	0.34	0.34	0.40	0.42	0.40	0.41	0.40	0.37
D（TB10Y）	0.31	0.34	0.34	0.38	0.40	0.40	0.39	0.42	0.38
D（TB15Y）	0.34	0.37	0.37	0.40	0.42	0.41	0.43	0.46	0.50

（4）不论是从原序列间的相关系数，还是从差分序列间的相关系数来看，各期限的国债收益率在作为基准利率的效果均不佳。相对而言，中长期国债收益率作为基准利率的效果略好一点。

五、国债收益率与国开债收益率

（一）国开债收益率的描述性统计

表5-11所示的描述性统计结果显示，各期限国开债收益率在时间序列上的基本特征：最大值中的最大值为30年期国开债收益率，最小值中的最小值为3个月期国开债收益率。平均数和标准差的特征与国债基本一致，即平均数随着期限的增加而增加，标准差随着期限的增加而减小。

在峰度方面，各期限的峰度没有明显的规律，总体来讲，在正态分布的峰度3左右徘徊，最小为2.38，最大为3.24。在偏度方面，呈现和国债收益率类似的趋势，有正有负，并且随着期限的增加，偏度逐渐增大。结合峰度和偏度的特征可以看出，随着期限的增加，逐渐呈现尖峰厚尾、右偏的特征。

通过比较各期限的国债和国开债均值之差，最小的信用利差也出现在短端，3个月期的信用利差为0.47%，虽然短端的信用利差随着期限的增加有所上升，但是在3年期及更长期的国开债收益率上，与国债的信用利差基本保持在0.65%左右，远小于企业债的信用利差。

表5-11　　　　国开债收益率序列的描述性统计

期限	均值	中位数	最大值	最小值	标准差	偏度	峰度
3M	3.0653	3.2648	5.5451	1.0432	1.0218	-0.3959	2.4171
6M	3.1791	3.2989	5.4697	1.0842	1.0317	-0.4016	2.3842
1Y	3.3497	3.4624	5.5538	1.1131	1.0151	-0.4071	2.4918
2Y	3.6349	3.7025	5.8238	1.3600	0.9450	-0.2984	2.6030
3Y	3.7842	3.8405	5.8492	1.5019	0.8933	-0.2597	2.6864
4Y	3.9450	3.9868	5.8535	1.7165	0.8108	-0.1398	2.7655
5Y	4.0536	4.0648	5.8910	1.9700	0.7474	-0.0376	2.7826
7Y	4.2385	4.2449	5.9042	2.4149	0.6668	0.1555	2.7545
10Y	4.4050	4.3518	5.9211	3.0894	0.5849	0.3428	2.5823
15Y	4.6886	4.6302	6.0759	3.6060	0.5039	0.5053	3.0454
20Y	4.8612	4.7894	6.2855	3.7691	0.5050	0.5814	3.2496
30Y	4.9728	4.9217	6.3696	3.9663	0.4997	0.6334	3.2351

在平稳性检验方面，国开债各期限收益率的原序列均存在单位根，为非平稳序列，与国债一致，其一阶差分序列也为平稳序列（见表5-12）。

表5-12　　　　国开债收益率序列的平稳性检验

国开债	原序列 ADF	P值	一阶差分序列 ADF	P值
3m	-1.8243	0.3689	-27.3383	0.0000
6m	-1.4977	0.5348	-23.2165	0.0000
1y	-1.2247	0.6658	-24.2789	0.0000
2y	-1.1772	0.6864	-33.7069	0.0000
3y	-1.2754	0.6431	-32.7450	0.0000
4y	-1.3830	0.5921	-31.6810	0.0000
5y	-1.5293	0.5187	-31.6650	0.0000
7y	-1.5081	0.5295	-32.6178	0.0000
10y	-1.5211	0.5229	-32.8137	0.0000
15y	-1.8106	0.3757	-17.2995	0.0000

（二）序列相关性检验

从相关系数矩阵（见表5-13）中可以看出，国开债收益率和国债收益率之间的相关性比较高，大部分的相关系数都在 0.95 以上。

表 5 - 13　　国开债收益率和国债收益率的相关性检验结果

	3M	6M	1Y	2Y	3Y	4Y	5Y	7Y	10Y	15Y
TB3M	0.98	0.98	0.96	0.94	0.91	0.88	0.85	0.81	0.76	0.68
TB6M	0.97	0.97	0.97	0.95	0.93	0.89	0.87	0.83	0.78	0.70
TB1Y	0.96	0.97	0.97	0.96	0.94	0.91	0.89	0.85	0.81	0.73
TB2Y	0.95	0.96	0.97	0.97	0.96	0.94	0.92	0.89	0.86	0.78
TB3Y	0.91	0.93	0.96	0.97	0.97	0.96	0.96	0.93	0.90	0.84
TB4Y	0.88	0.91	0.94	0.96	0.97	0.97	0.97	0.95	0.93	0.88
TB5Y	0.84	0.87	0.91	0.93	0.95	0.95	0.96	0.95	0.93	0.88
TB7Y	0.80	0.83	0.87	0.90	0.93	0.94	0.95	0.95	0.95	0.90
TB10Y	0.69	0.73	0.78	0.82	0.85	0.87	0.90	0.91	0.92	0.88
TB15Y	0.58	0.62	0.68	0.73	0.77	0.81	0.84	0.86	0.90	0.89

（1）相关性最大值为 0.98，对角线上方的最小值为 0.68。与企业债一样，最大值也出现在短端收益率的相关系数上，3 个月期的国债和 3 个月、6 个月的国开债收益率的相关系数为 0.98。最小值也出现在短期国债收益率和长期国开债收益率序列间的相关系数上。

（2）同期限的国开债收益率和国债收益率的相关系数普遍较高，其中最高的为 0.98，最低的为 0.89，为 15 年国开债和国债收益率之间的相关系数。除 15 年期的相关系数外，其余期限的相关系数均在 0.9 以上。6 个月至 4 年期的国开债收益率和国债收益率的相关系数均为 0.97，5 年期的相关系数为 0.96，7 年期的相关系数为 0.95，10 年期的相关系数为 0.92。

（3）本书通过对相关性矩阵对角线上方的数据进行分析，以期对比不同期限的国债收益率与同期限和更长期限的国开债收益率之间的相关性。仅观察对角线上方的数据可以看到，相关系数在从左向右逐渐递减，也就是说，对于特定期限的国债来讲，国债收益率与同期限的国开债收益率之间的相关系数最高，但是和企业债不同的是，随着期限的增加，相关系数的减少并不是特别明显，尤其是中长期的国债和国开债收益率的相关系数。例如，3 年期的国债和国开债同期限的相关系数为 0.97，随着国开债期限的增加，3 年期国债和 4 年期、5 年期的国开债的相关系数为 0.96，虽然与同期限相比有所减少，但是仍较高。

从表 5 - 13 中最后两列可以看出，国债收益率与长期限的企业债收益率之间的相关系数差异较大，其中最后两列的最大值为 0.95，为 7 年期国债收益率与10年期企业债收益率之间的相关系数。最后一列的最大值为0.90，该数据为4年期国债收益率与15年期企业债收益率之间的相关性。从最后一列的数值看出，3年期以后的国债与长期国开债的相关系数均在0.85以上。

（4）总体来讲，相比于企业债和资产支持证券，国债和国开债收益率之间的相关系数较高，同期限的相关系数均为相关系数矩阵中每一行的最高值。相比较而言，不论是同期限，还是不同期限，中长期国债收益率与国开债收益率的相关系数均较高。

此外，国开债和国债的差分序列的相关系数虽然比原序列的相关系数要低，但相比于前文中差分序列的相关系数，国开债与国债的相关性也相对较高，各期限的相关系数的情况和原序列的相关系数基本一致，即中长期国债收益率与国开债收益率的差分序列的相关系数较高（见表5-14）。

表5-14　国开债收益率和国债收益率的差分序列的相关性检验结果

	D(3M)	D(6M)	D(1Y)	D(2Y)	D(3Y)	D(4Y)	D(5Y)	D(7Y)	D(10Y)	D(15Y)
D（TB3M）	0.72	0.62	0.47	0.40	0.37	0.36	0.34	0.33	0.30	0.25
D（TB6M）	0.51	0.66	0.56	0.49	0.45	0.44	0.41	0.41	0.36	0.31
D（TB1Y）	0.40	0.54	0.57	0.53	0.50	0.47	0.46	0.46	0.44	0.40
D（TB2Y）	0.34	0.52	0.55	0.61	0.59	0.57	0.56	0.57	0.53	0.50
D（TB3Y）	0.34	0.47	0.53	0.60	0.66	0.65	0.63	0.60	0.58	0.53
D（TB4Y）	0.33	0.46	0.54	0.62	0.68	0.71	0.69	0.68	0.64	0.59
D（TB5Y）	0.27	0.42	0.50	0.57	0.63	0.66	0.69	0.69	0.63	0.57
D（TB7Y）	0.24	0.37	0.45	0.54	0.61	0.65	0.67	0.72	0.67	0.61
D（TB10Y）	0.27	0.37	0.45	0.54	0.60	0.65	0.67	0.69	0.73	0.65
D（TB15Y）	0.23	0.34	0.44	0.56	0.59	0.62	0.64	0.66	0.68	0.80

从上文序列之间的相关系数矩阵的实证结果中，可以看出：

（1）首先，在银行间债券市场中，国债收益率处于整个利率体系的最低位，且国债由于拥有国家信用背书在一国之内具有无风险性，因此，其他固定收益类产品收益率都等于国债收益率加上信用利差。信用利差从小到大依次为国开债、AAA级企业债、AAA级资产支持证券。

（2）中长期国债收益率与其他固定收益类产品收益率的相关性较高，短期国债收益率与较长期的固定收益类产品的收益率相关性都相当低，只有0.2~0.3左右。从收益率之间的相关系数角度来讲，中长期国债作为市场基准的效果较好。

（3）各固定收益产品收益率与国债收益率之间的相关系数也有差异，具体情况为国开债高于 AAA 级企业债，AAA 级企业债高于 AAA 级资产支持证券。这一差异与各券种之间流动性的差异是一致的（后文对流动性的检验发现，国开债的流动性高于企业债和资产支持证券）。

第二节　国债收益率变动对其他利率变动的贡献度——基于 VAR 方差分解的结果

假设国债收益率作为债券市场上的市场基准，其他固定收益类产品的收益率都等于国债收益率加上信用利差，那么其他固定收益产品的收益率变动有多少是由国债收益率贡献的，又有多少来自于自身信用利差的变动，本书将在该节进行进一步分析，以判断各期限国债收益率作为市场基准的效果。本书选取关键期限 6 个月、1 年、3 年、5 年、7 年、10 年的数据，对国债收益率变化对同期限的固定收益类产品的收益率的变化的贡献度进行分析。

因为 VAR 方差分解要求变量均为平稳序列，或者非平稳序列间存在协整关系，由于各券种收益率原序列的平稳性在不同的债券品种之间存在一定的差异，但其收益率的差分序列均平稳，因此，本书均用原序列的差分序列进行方差分解，而差分序列同时也衡量了收益率的日变动情况，所以本节利用 VAR 方差分解来分析国债收益率的变动对信用品收益率的变动的贡献度。表 5－15、表 5－16 和表 5－17 为 VAR 方差分解结果①。

表 5－15　国债收益率变动对国开债收益率的贡献度

滞后期/期限	6m	1y	3y	5y	7y	10y
1 天	38.98	27.47	38.93	43.61	48.53	50.10
2 天	40.30	31.06	43.29	49.77	52.78	54.13
3 天	41.24	31.84	44.10	50.45	53.70	54.40
4 天	41.39	32.03	44.18	50.49	53.79	54.42
5 天	41.44	32.08	44.19	50.49	53.80	54.42

① 因本书主要考察的是国债收益率的变动对其他券种收益率的影响，因此，在 eviews 软件中输入变量顺序（变量顺序会对结果产生影响）时，将国债收益率的变动放在前面。从经济意义上来讲，应该是国债收益率变动后，其他券种的收益率才随之变动，也应该将国债收益率的变动这一变量放在前面。

续表

滞后期/期限	6m	1y	3y	5y	7y	10y
6 天	41.45	32.09	44.19	50.49	53.80	54.42
7 天	41.45	32.09	44.19	50.49	53.80	54.42
8 天	41.45	32.09	44.19	50.49	53.80	54.42
9 天	41.45	32.09	44.19	50.49	53.80	54.42
10 天	41.45	32.09	44.19	50.49	53.80	54.42

表 5－16　　国债收益率变动对企业债收益率的贡献度

滞后期/期限	6m	1y	3y	5y	7y	10y
1 天	32.56	21.26	21.05	21.08	22.39	24.18
2 天	33.56	23.50	26.26	27.06	27.57	31.77
3 天	35.00	25.70	28.82	29.73	29.70	34.88
4 天	36.09	27.42	30.50	31.67	31.28	36.71
5 天	37.03	28.84	31.78	33.20	32.59	38.02
6 天	37.84	30.05	32.87	34.51	33.78	39.10
7 天	38.57	31.12	33.85	35.69	34.90	40.04
8 天	39.25	32.09	34.76	36.79	35.97	40.90
9 天	39.89	32.99	35.62	37.83	37.01	41.71
10 天	40.50	33.84	36.46	38.83	38.04	42.49

表 5－17　　国债收益率变动对资产支持证券收益率的贡献度

滞后期/期限	6m	1y	3y	5y	7y	10y
1 天	30.50	17.57	18.19	16.74	14.04	16.84
2 天	31.26	18.87	21.00	19.64	16.50	19.41
3 天	31.80	20.01	21.80	20.60	17.08	19.98
4 天	31.92	20.28	21.92	20.78	17.19	20.03
5 天	31.96	20.36	21.93	20.81	17.21	20.03
6 天	31.97	20.38	21.93	20.82	17.21	20.03
7 天	31.98	20.39	21.93	20.82	17.21	20.03
8 天	31.98	20.39	21.93	20.82	17.21	20.03
9 天	31.98	20.39	21.93	20.82	17.21	20.03
10 天	31.98	20.39	21.93	20.82	17.21	20.03

首先，从方差分解的结果来看，国债收益率的变动对国开债收益率的变动

影响最大，均在50%左右，企业债次之，在40%左右，对资产支持证券的收益率变动贡献度最小，仅为20%。这一结果与相关系数的结果保持一致。这也证实了国债收益率与资产支持证券收益率的相关性较低的原因，更多来自于资产支持证券市场本身。

其次，从该方差分解的实证结果还可以看出国债收益率变动对各券种的传导速度。从表5－15、表5－16和表5－17中看出，国债收益率变动对国开债收益率的传导速度也最快，在滞后两期后，中长期国债收益率变动对国开债收益率变动的贡献度基本保持稳定。而企业债对国债收益率的变动稍有时滞，其贡献程度随着滞后期的增加不断增加，在滞后一周后才保持相对稳定。

此外，从国开债收益率变动的方差分解表中可以看出，中长期国债收益率变动对同期限国开债的收益率变动的贡献度明显大于短期国债收益率变动对同期限其他券种的收益率变动的贡献度。而在企业债收益率变动的方差分解表中，在滞后期较短时，短期国债收益率变动对短期企业债收益率变动的贡献度大于长期国债收益率变动对长期企业债收益率变动的贡献度，这可能是因为短期国债和短期的高等级企业债通常被当作质押品进行债券回购交易，进行流动性管理，因此，货币市场资金利率的高低会同时影响国债和高等级企业债的收益率变动，所以在滞后期较短时，会在计量上呈现出短期国债收益率变动对短期企业债收益率变动贡献度较高的情况。但同时也观察到，随着滞后期的增加，国债收益率变动对企业债收益率变动的贡献度趋于稳定后，与国开债方差分解表中的情况相同，中长期国债收益率变动对同期限企业债的收益率变动的贡献度明显大于短期国债收益率变动对同期限企业债的收益率变动的贡献度。

因此，从国债收益率变动对其他券种收益率变动的贡献度来看，中长期国债作为市场基准的效果要好于短期国债。

第三节　利率市场化已经基本实现了“形得成”“调得了”

作者还就2014年9月至2024年9月的各市场利率数据通过同样的方法检验了各市场利率之间的联动情况。或因为该时间区间内外部环境变化较快、国内各项改革也取得了明显进展，因此，该时间区间内的利率传导情况较2014年之前反而更加复杂。根据VAR脉冲响应，本书认为当前中国利率传导效果基本如下：

一是各市场利率之间能够实现有效的传导。在此基础上，市场利率之间的传导还呈现出以下特征：各市场内部的利率传导效果好于跨市场的利率传导效果、货币市场利率对短期债券收益率的影响明显高于其对长期债券收益率的影响、同业存单收益率对债券收益率的传导效果要好于货币市场利率向债券收益率的传导效果。

二是市场利率与贷款利率之间的传导并不稳定。从季度数据的相关系数来看，贷款利率与市场利率依然保持了一定的相关性；但从 VAR 脉冲响应的结果来看，根据历史数据做出的结果显示部分市场利率会对贷款利率产生了持续的负向冲击，市场利率向贷款利率的正向传导并不稳定。这可能与人民银行利率调整的时间有关系，市场利率未必能够正确地走在政策利率的前面。

三是不同的央行政策利率对不同市场利率的传导效果不一。具体而言，央行的短期政策利率（央行 7 天逆回购利率）能够有效地传导至货币市场利率、但对债券收益率的传导效果较弱；但央行的中期政策利率（本书以 6 个月期的 MLF 利率为例）能够对短期和长期的债券收益率均进行有效传导；贷款基准利率和改革后的贷款基础利率（LPR）对商业银行贷款利率的传导迅速、有效且在中长期稳定，而央行逆回购利率对贷款利率的影响则较小。

结合长时间的实证检验数据，本书认为国债收益率可以作为债券市场的基准利率，但其对贷款利率的传导效果并不稳定；央行短期政策利率（7 天逆回购利率）对货币市场利率的传导效果较好，但对中长期融资品种的传导效果均较弱；LPR 正在发挥贷款市场基准利率的作用。如果仅从利率传导效果看，我国尚没有形成一个能够迅速向各市场传导的基准利率。这一点从各融资市场（货币市场、债券市场、贷款市场）各自的定价基准不同中也可以看出。

然而，如果从央行利率调控的角度来看，人民银行是可以通过其丰富的政策利率体系对货币市场、债券市场、信贷市场利率实现有效传导的。

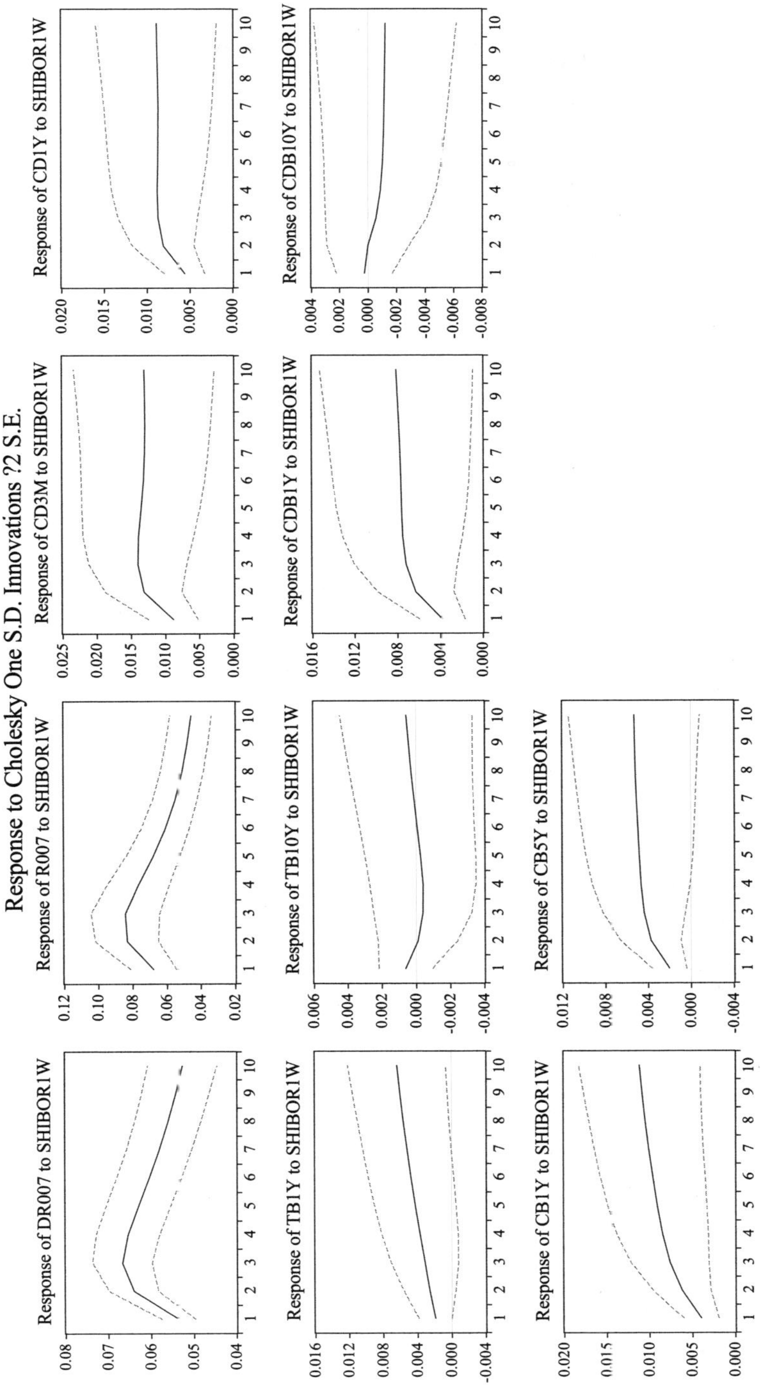

图 5－1　各市场利率对 shibor1w 变动的脉冲响应

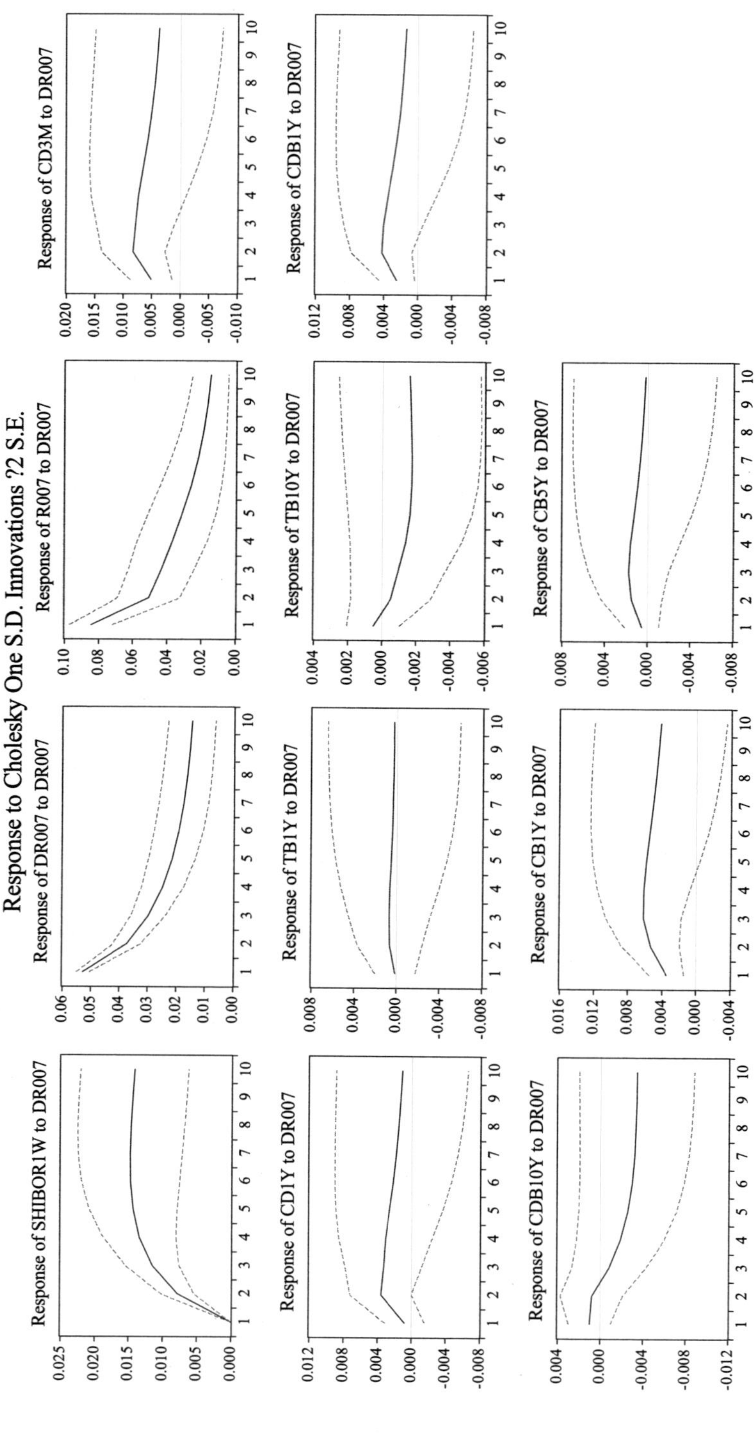

图 5－2　各市场利率对 DR007 变动的脉冲响应

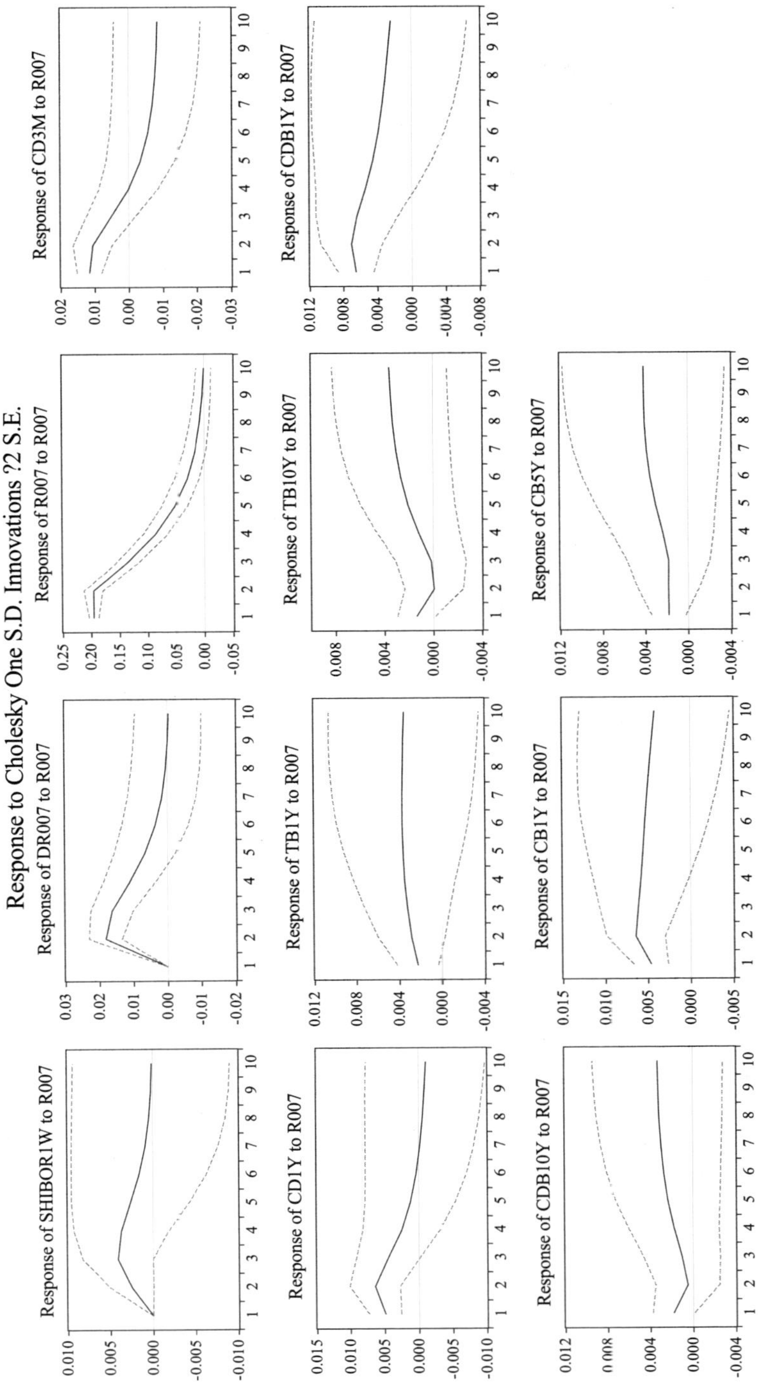

图 5－3　各市场利率对 R007 变动的脉冲响应

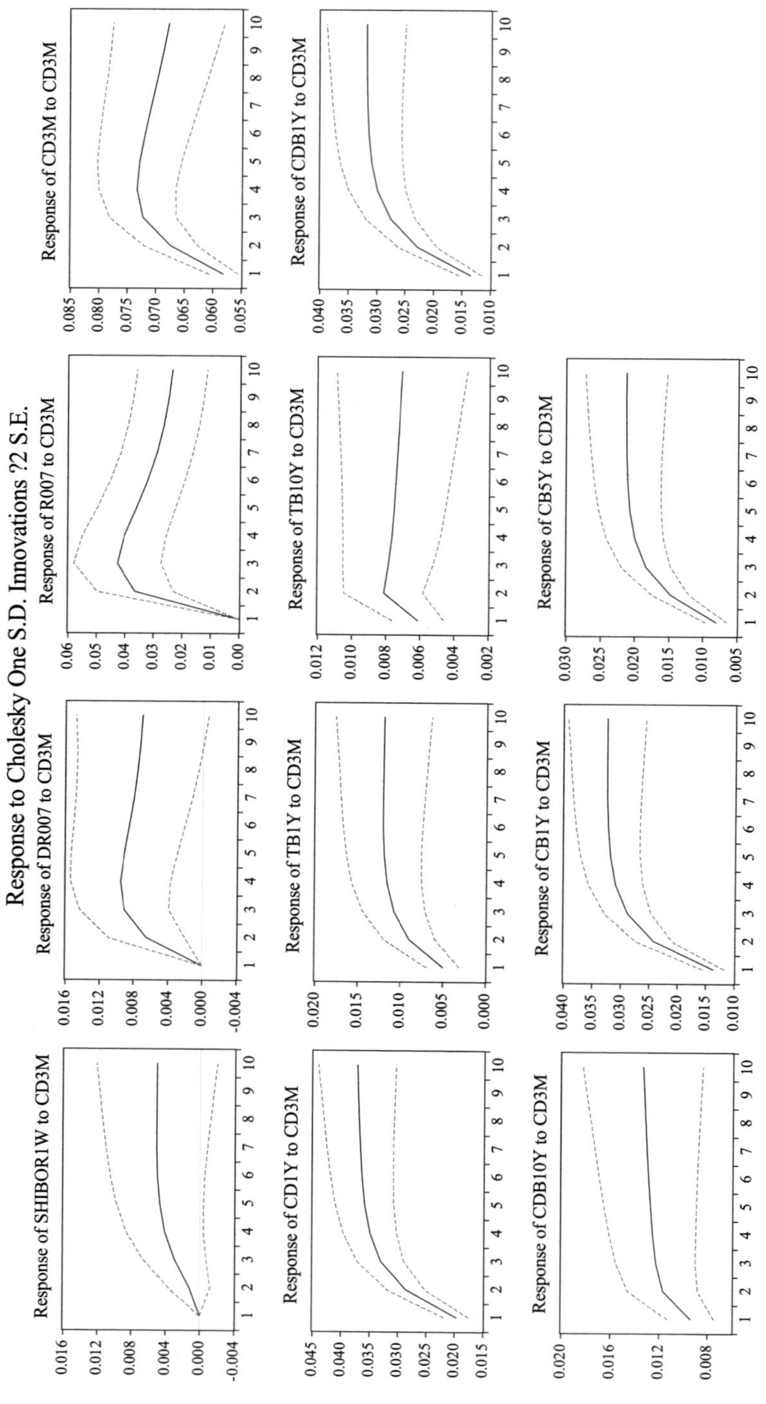

图 5-4　各市场利率对 3 个月期同业存单收益率的脉冲响应

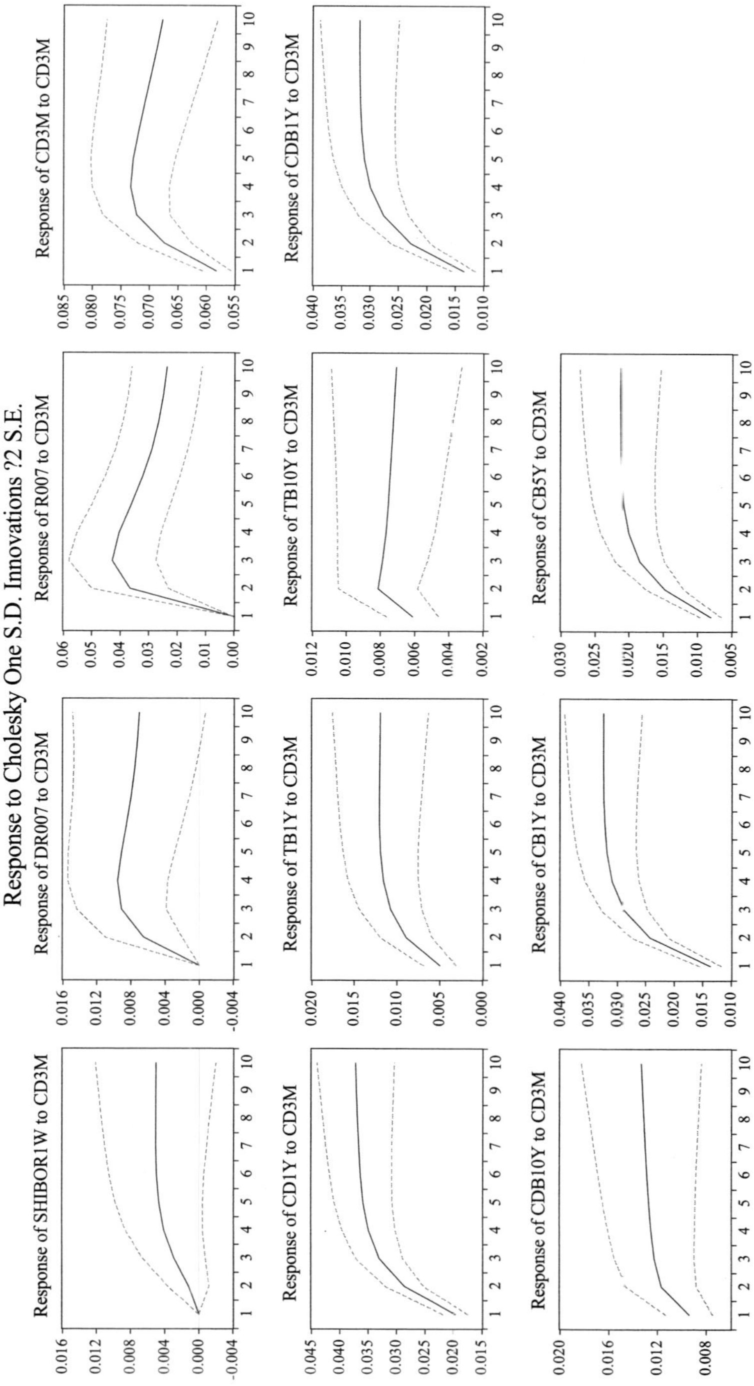

图 5－5　各市场利率对 1 年期同业存单收益率的脉冲响应

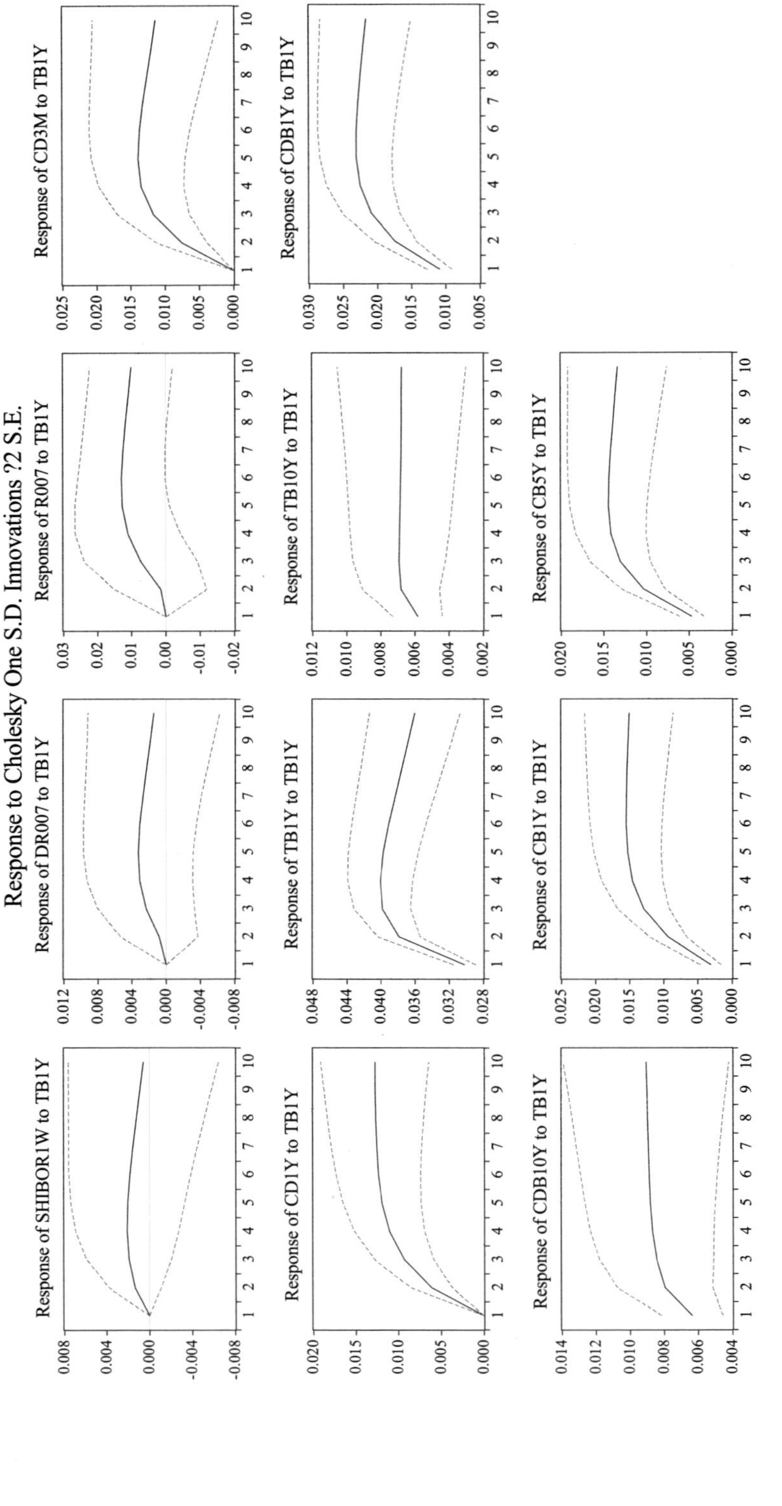

图 5-6 各市场利率对 1 年期国债收益率的脉冲响应

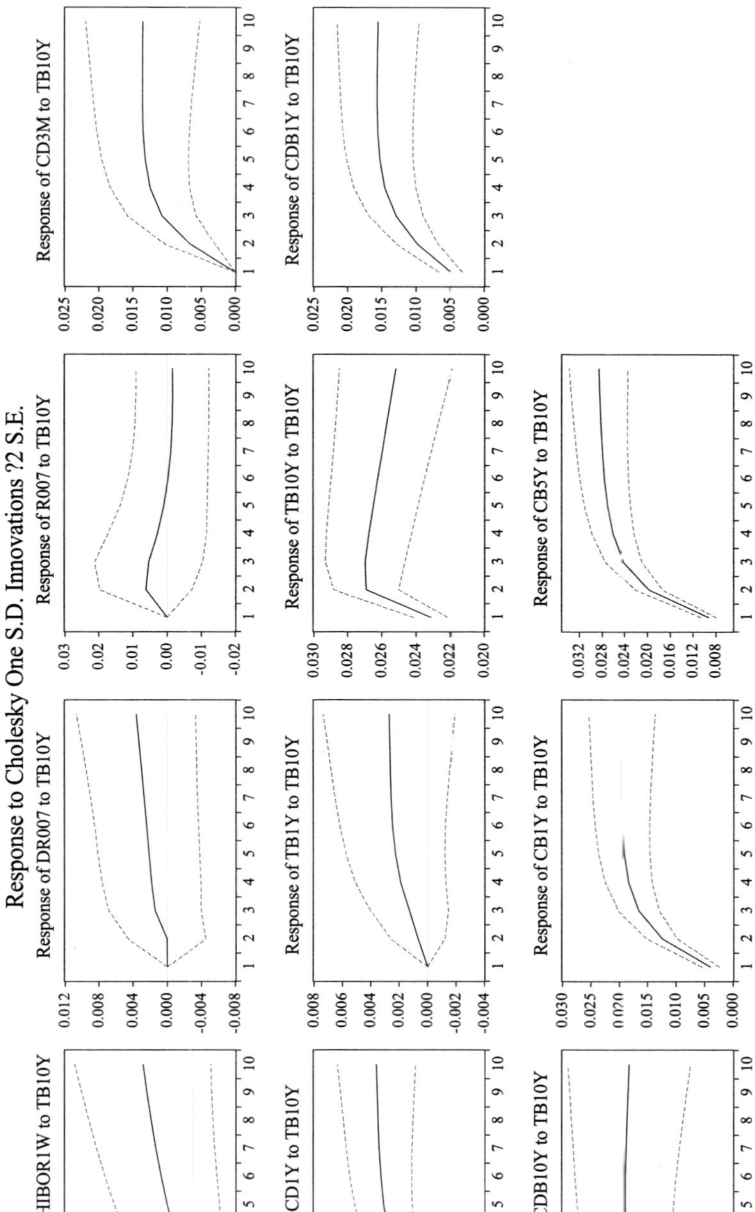

图 5-7 各市场利率对 10 年期国债收益率的脉冲响应

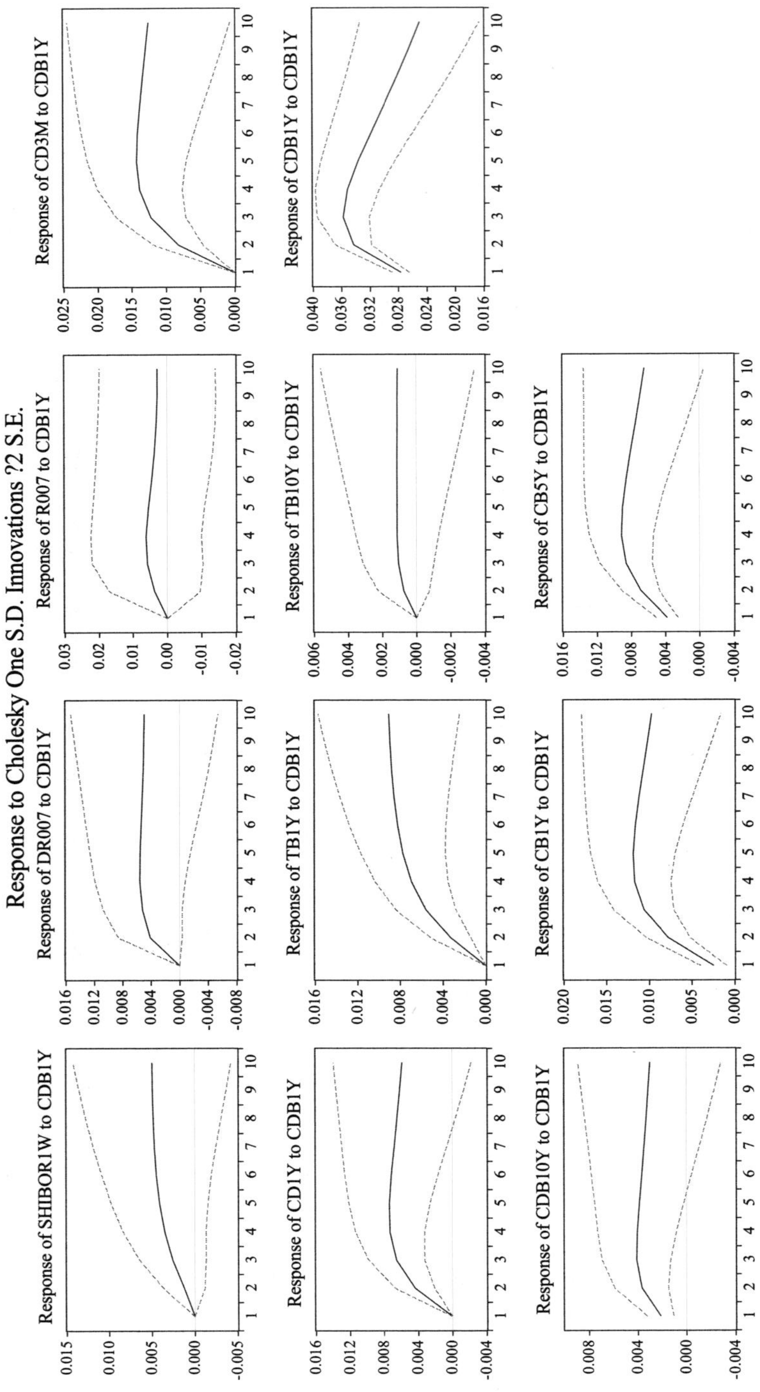

图 5－8 各市场利率对 1 年期国开债收益率的脉冲响应

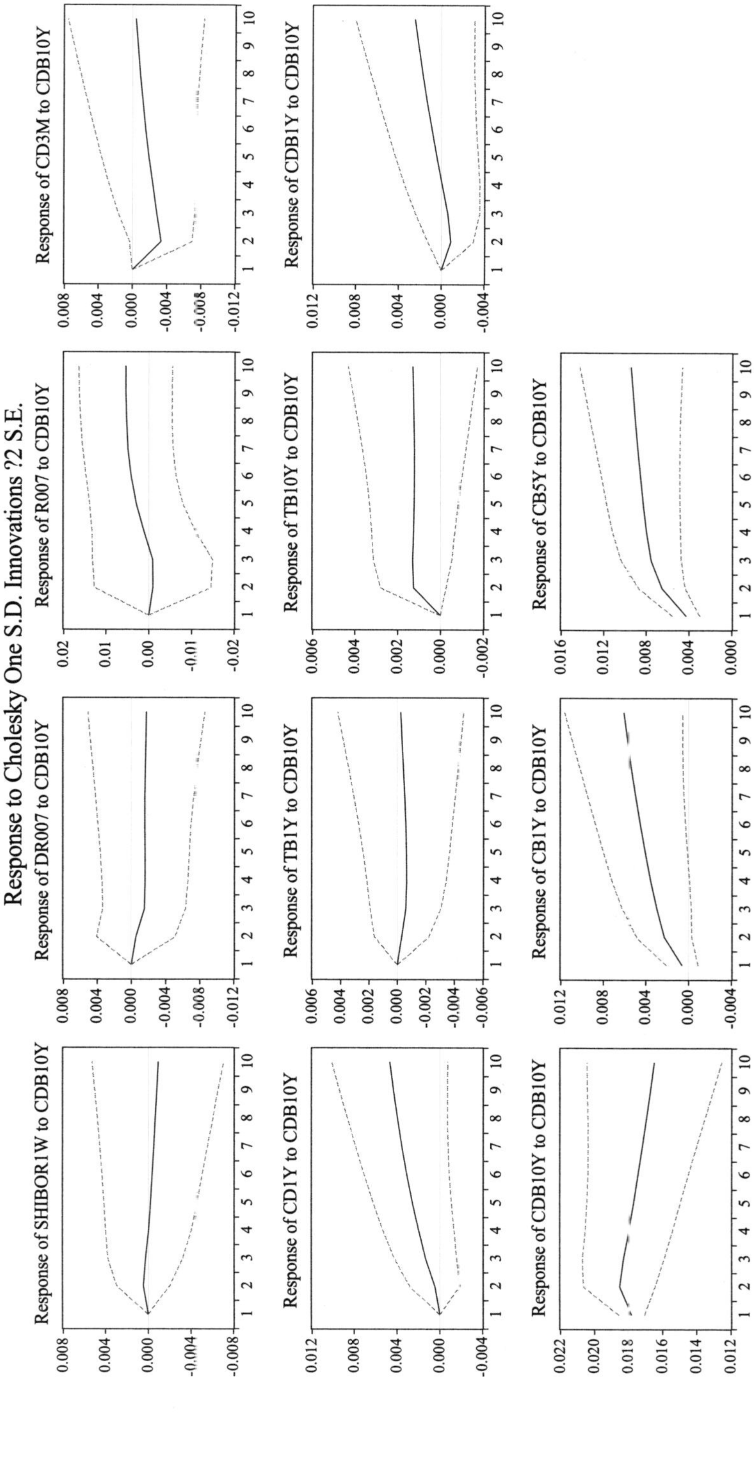

图 5-9 各市场利率对 10 年期国开债收益率的脉冲响应

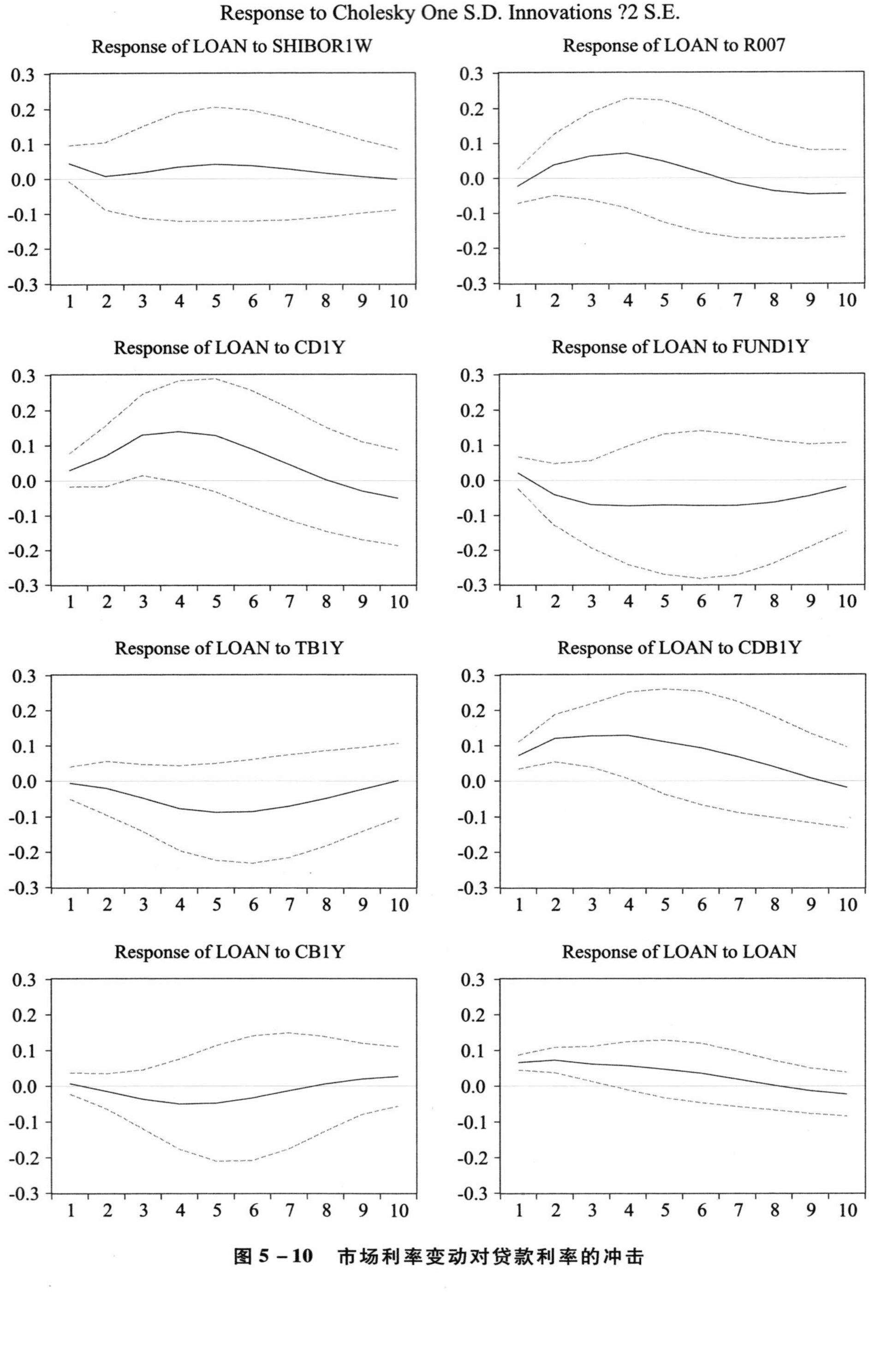

图 5－10 市场利率变动对贷款利率的冲击

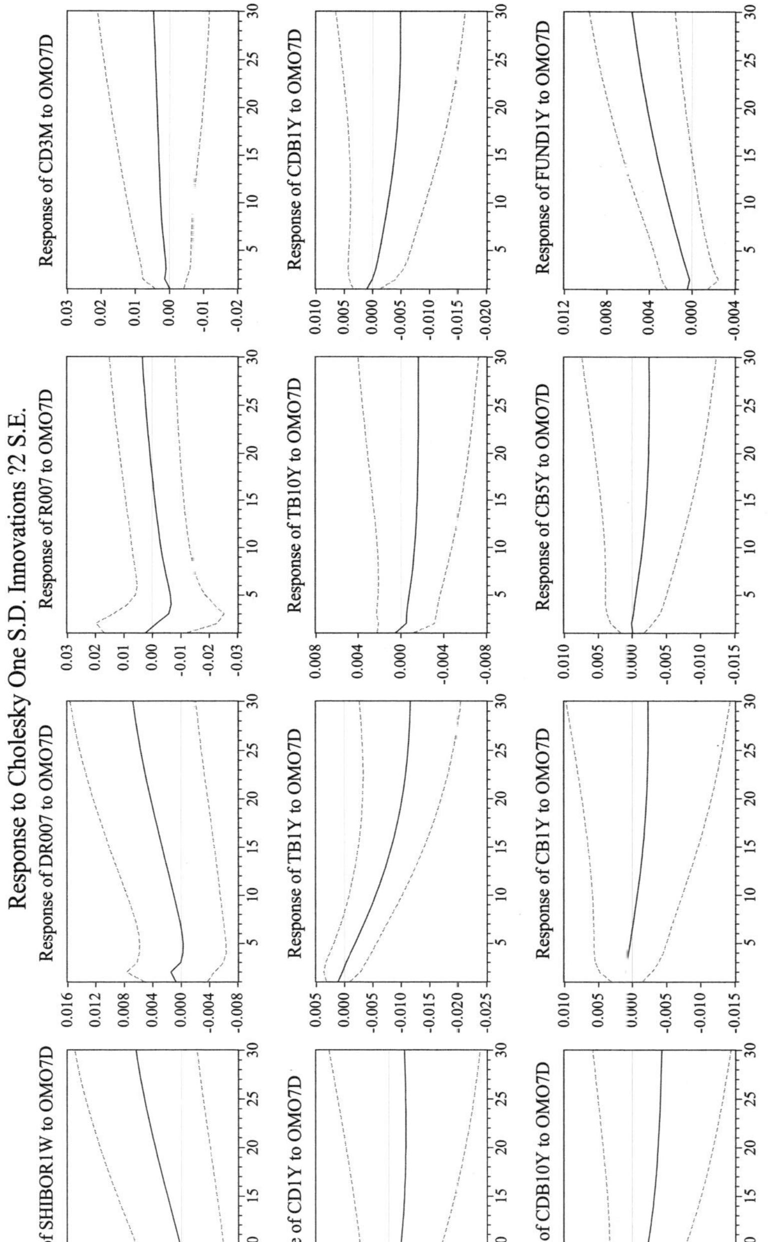

图 5-11　7 天逆回购利率变动对市场利率的冲击

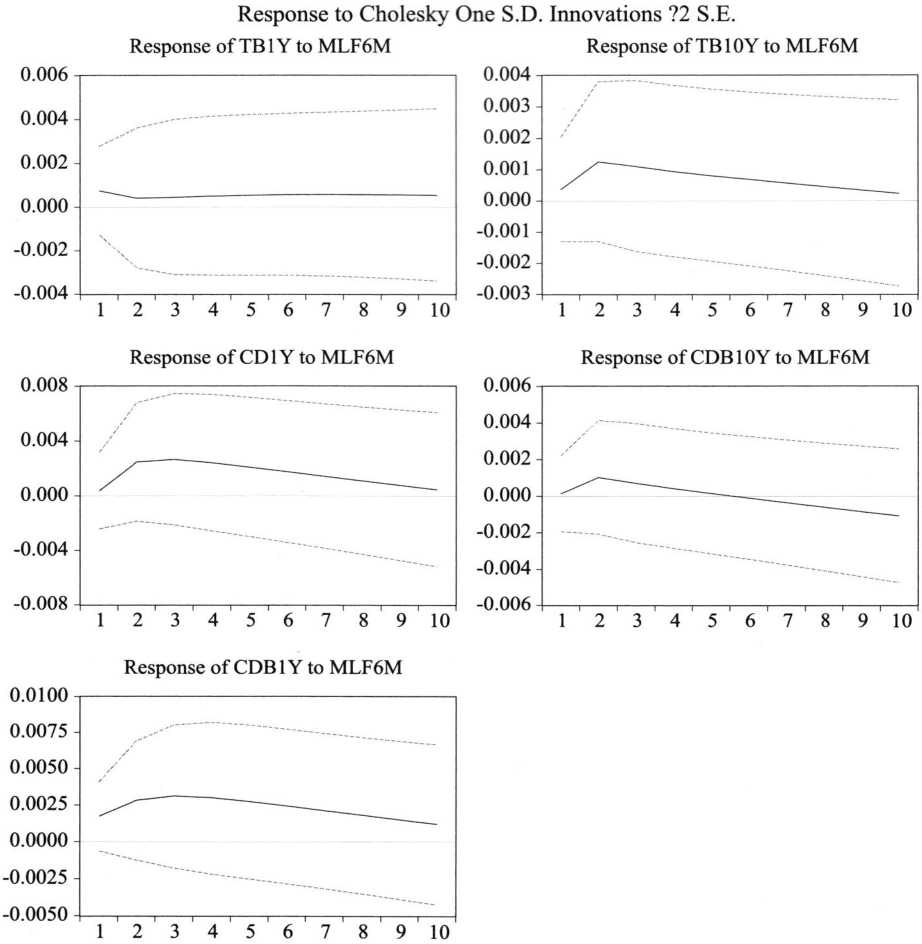

图 5－12　MLF 利率变动对中长期市场利率的冲击

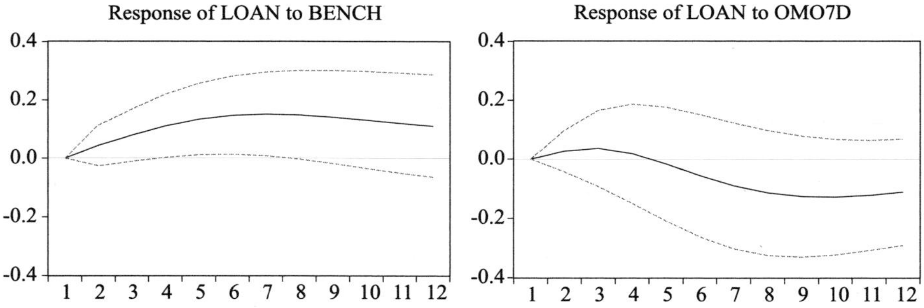

图 5－13　贷款基准利率、7 天逆回购利率变动对贷款利率的冲击

第六章

中国国债市场的流动性检验

本章首先阐述了流动性的定义、衡量指标以及市场流动性对国债收益率成为基准利率的重要性，其次，本章从换手率、买卖价差、即时交易成本 3 个角度衡量了银行间国债市场的流动性，结果表明，整体来看，我国银行间国债市场的流动性较差，与发达国家存在很大差距。此外，不同期限的国债在流动性上也有差异。从交易成本角度来看，长期国债的交易成本较低，流动性明显高于短期国债，长期国债更适合作为市场基准，这一结论与上一章的结论也较为吻合。再次，本书从交易费用、投资者偏好、发行规模和做市商结构等方面，对长期国债的交易成本较低的原因进行了分析。最后，本书从流动性、与其他价格的相关性、回购市场的偏好、发行规模和频率等方面，对国债和国开债进行了比较，认为国开债拥有成为市场基准的潜质。

第一节 债券市场流动性概述

一、流动性的定义

流动性这一概念是由 Demsetz（1968）提出，以解释投资者行为，首次从交易成本角度研究了买卖价差产生的原因，提出了交易的即时性。随后，Garman（1976），Stoll（1978），Ho 和 Stoll（1981），Amihud 和 Mendelson（1986，1988）又进一步拓展了其概念。O'Hara 和 Oldfield（1986），Grossman 和 Miller（1988），Biais（1993），Madhavan 和 Smidt（1993）将流动性纳入到市场微观

结构理论的范畴内[①]。到目前为止，学术界对流动性的定义并没有达成共识。

O'hara（1997）对流动性的定义是，如果一种证券的交易能够及时地、低成本地完成，那么该证券就具有很好的流动性。Black（1971）认为一个流动性市场应具有以下4个特征：对于少量证券的买卖总是买价和卖价，买卖价差总是很小，在较长时间内可以交易大额有价证券，且交易价格不会发生很大变化，大额交易能够立即完成。根据国际清算银行（1999）的定义，市场流动性是指市场参与者能够迅速进行大额金融交易，并且这种大额交易不会导致资产价格发生显著变动。国内学者朱世武和许凯（2004）结合国外文献对于流动性的定义，将流动性分为两个层面：（1）单个投资者持有的证券可以迅速变现，并且价格偏离均衡价格的幅度要低，相应的交易成本也就更低；（2）市场短时期内在某一特定的价格水平即便有大额交易，其对该证券的市场价格也只能产生较小影响，即使大额交易使市场价格发生了改变，该市场价格也会尽快回归到证券的均衡价格[②]。

二、流动性对基准利率形成的重要性

O'Hara（2003）详细阐述了流动性在价格发现中的作用。他认为，市场在提供流动性的同时，也在进行着价格发现过程。流动性和价格发现互相之间有所联系，但并不是一致的概念。流动性指的是买家和卖家的匹配。买卖双方一般不会同时报出相同价格，流动性与价格发现之间并没有必然联系。举个极端的例子，假设所有买家均在周一报价，所有卖家均在周二报价，双方可能对资产价格都有一致判断，但是在这种失去流动性的市场里，市场价格并不能够轻易确定。由于卖家的缺失，周一并没有交易发生，除非买家一直待到周二，要不然周二也不会有交易发生。在这样的市场环境下，中间人就产生了。中间人在周一将资产出售给买家，在周二从卖家那里买入资产。为了提供这种流动性，买卖双方报出的价格中就产生了价差，以弥补中间人。

这种因流动性产生的买卖价差就是交易者的交易成本。这种交易成本能够在多大程度上影响资产价格的确定，学术界一直有所争论。一部分学者认为因流动性产生的交易成本对资产价格的影响仅具有二阶效应，因为相对于均衡水平下的风险溢价来讲，流动性成本实在是太小了。持有这一观点的学者主要有

① O'Hara. Presidential address: Liquidity and price discovery. Journal of Finance, vol. 58, 2003, p1335-1354.

② 朱世武和许凯："银行间债券市场流动性研究"，《统计研究》，2004年第11期。

Constantinides（1986），Aiyagari 和 Gertler（1991），Heaton 和 Lucas（1996），Vayanos（1998），Vayanos 和 Vila（1999）。而以 Amihud 和 Mendelson（1986，1988）为代表的经济学家（Brennan、Chordia 和 Subrahmanyam，1998；Chalmers 和 Kadlec，1998；Chordia、Roll 和 Subrahmanyam，2000；Pastor 和 Stambaugh，2001；Amihud，2002），对这一观点提出了质疑，这些学者对资产价格及价格发现过程与流动性的各种衡量指标（例如，市场深度、买卖价差和交易量）之间的联系进行了实证检验，发现资产价格确实反映了流动性成本[①]。

在这种情况下，流动性成本与税收或者交易费用等交易成本类似。如果这些成本足够大，那么就会对资产价格产生负面影响，因为交易成本会影响投资者的净收益。如果能够通过改进交易机制减少交易成本，那么就会对资产价格的形成产生正面影响[②]。市场的微观结构确实对市场的流动性有所影响，如果这些影响足够大，那么市场的微观结构和流动性将会影响资产回报。流动性越高的市场，其交易成本就越低，证券的最终交易价格也就越接近于均衡价格。

债券市场的价格发现有两个作用：一是价格反映市场供求水平，债券市场的价格也要反映债券市场的供求水平；二是通过国债市场形成的市场价格可以描绘出比较完整的无风险收益曲线。前文在分析美国国债作为基准利率时，本书已经提到流动性的减少会导致市场无法迅速地判断无风险利率的水平所在。进一步来讲，如果国债市场的流动性不足，市场的交易价格就不能迅速并真实地反映不同投资者对利率的预期，也就不能够迅速地达成反映市场供求的均衡利率水平，交易价格离市场均衡价格的偏差较大，国债收益率就无法为投资者及市场提供无风险定价的基础，进一步也不能够为企业融资等金融市场行为提供可供参照的资金成本。如果市场中所有个券都面临流动性不足的现象，那么市场就不能即时发现真实反映市场供求的国债收益率水平；如果市场中的个券因为各自资质问题，其流动性存在明显差异，那么投资者就无法判断到底哪个国债收益率水平才是基准利率水平。

而对于银行间债券市场来讲，流动性的充足与否还决定了做市商制度对市场价格发现的作用，如果债券的流动性不足，做市商的库存成本就会上升，做

---

① O'Hara. Presidential address：Liquidity and price discovery. Journal of Finance，vol. 58，2003，p1335 - 1354.

② Christie 和 Huang（1994），Bessembinder（2003）对市场机制的变化对交易价格的影响有所研究，Amihud、Mendelson 和 Lauterbach（2003）研究了交易场所的变化对交易价格的影响。

市商制度的推进在这个时候反而不能增加市场透明度，促进债券的流动性，相反会提高做市商的交易成本，从而更加降低流动性不足的债券的流动性。

因此，国债市场的流动性对国债收益率作为基准利率的效果有着关键的作用。

三、流动性的度量

Kyle（1985）和 Harris（1990）指出，做市商市场的流动性可以从市场宽度、深度、弹性、即时性和市场影响力方面度量，使实证考察流动性成为可能。

在市场宽度方面，交易成本常常以买卖价差来衡量。Harris（1990）给出了市场价差的 4 种观测方法，一是报价差，即做市商报出的买卖价差，包括绝对价差和相对价差；二是实际价差；三是有效价差[①]；四是定位价差。其中买卖报价差是衡量流动性的一个最基本的指标，代表了做市商为市场提供流动性服务的补偿。

在市场深度方面，是从成交量的角度去衡量流动性的。深度指标可以有市场深度[②]、成交深度、成交率和换手率等。深度指标的主要不足是，做市商或竞价市场的流动性提供者通常不愿意披露其愿意在该价位上进行交易的全部数量。因此，买卖最佳报价上的数量并不能真实地代表市场的深度。

在交易弹性方面，用流动性比率衡量交易量和价格变化的关系，其基本原理是：如果少量的交易引起了市场价格发生了较大变化，则说明市场流动性较差；如果大量的交易并没有使得市场价格发生较大变化，则说明市场流动性较高。其中最常用的是 Amivest 流动性比率和 Martin 流动性比率。

国外学者在对债券市场流动性进行实证研究时，选择了各种各样的具体度量指标：收益率差（Sarig 和 Warga，1989；Crabbe 和 Tumer，1995）、买卖价差（Schultz，1998）、交易规模或交易量（Kamara，1994；Alexander、Edwards 和 Ferri，2000）。此外，还有一些学者采用交易频率、报价规模、价格变化受交易量的影响（即用价格变化量作为被解释变量、净交易量作为解释变量回归得到的系数，Kyle（1985））等指标来度量债券市场流动性[③]。

---

① 实际价差即所执行的买价和卖价的加权平均后的差额，有效价差即做市商报价以后实际成交的买价和卖价之间的差额。

② 市场深度即在某个特定价位（通常是最佳买卖报价）上的订单数量，深度 =（最高买价上订单总数量 + 最低卖价上订单总数量）/2。

③ 参见朱世武和许凯："银行间债券市场流动性研究"，《统计研究》，2004 年第 11 期。

一般来讲，在其他因素不变的情况下，价差越小，交易时间越短，市场深度越大，价格恢复均衡水平的速度越快，市场的流动性就越好。

第二节　中国银行间国债市场的流动性检验

一、我国债券市场流动性概况

我国债券市场的交易方式主要有现券交易和回购交易。现券交易的活跃程度是衡量债券市场流动性的主要指标，国外文献均以现券交易的情况来衡量市场的流动性，因此，尽管目前市场上现券交易的规模与回购交易的规模相比仍然较小，但是仍把现券交易量作为衡量我国债券市场真实流动性的重要指标。

从交易额和交易笔数（见表6－1）来看，在2012年之前，债券交易金额和交易笔数都是呈逐年上升的趋势，但是在2013年、2017年出现了骤减，说明市场收益率水平对成交额有着明显影响，收益率上升或央行货币偏紧时，债券的交易金额会出现明显下降，交易热情骤减。

表6－1　　　　债券市场成交额和成交笔数

日期	成交笔数	成交笔数增减	成交额（亿元）	成交金额增减（亿元）
2020年	3153064	748455	2348660.7681	222133.1934
2019年	2404609	865427	2126527.5747	624542.2033
2018年	1539182	387912	1501985.3714	466119.5527
2017年	1151270	－133439	1035865.8187	－210296.0226
2016年	1284709	452585	1246161.8413	402534.2746
2015年	832124	386319	843627.5667	446763.9264
2014年	445805	36024	396863.6403	－12526.3509
2013年	409781	－141154	409389.9912	－331464.6358
2012年	550935	170284	740854.6270	107178.5270
2011年	380651	76826	633676.1000	2134.9230
2010年	303825	111807	631541.1770	170337.2918
2009年	192018	33796	461203.8852	89772.3821
2008年	158222	77916	371431.5031	215219.7741

资料来源：Wind。

此外，银行间债券市场主要的交易来自于债券回购交易，回购交易占交易总额的数量占85%，但是由于债券回购并不直接影响债券价格，且国外对于债券市场流动性的研究都是针对现券交易市场。因此，尽管我国债券回购的交割量更大，但是本书着重研究现券市场的流动性及其影响因素（见表6－2）。

表6－2　债券市场现券与回购交易量

年份	现券（亿元）	现券比重（%）	回购（亿元）	回购比重（%）	总成交额（亿元）
2024年	4163807.68	15.97	21906576.14	84.03	26070383.82
2014年	389123.24	14.79	2242391.95	85.21	2631515.19
2013年	404256.09	20.36	1581662.41	79.64	1985918.50
2012年	737933.12	34.24	1417002.52	65.76	2154935.64

资料来源：Wind。

本书按照年换手率＝年交易量/年末未清偿余额的计算公式从换手率角度衡量银行间债券市场整体的流动性水平。总体来看，我国银行间国债市场的换手率在近十年来有所提高。其中，国债现券交易的换手率提高幅度较大。2014年银行间国债现券的换手率仅0.63；2024年这一数值已经提高至3.35。具体如图6－3和图6－4所示。

表6－3　2014年银行间各券种换手率

类别	债券余额（亿元）	交易量（亿元）	换手率
国债	95319.23	60224.41	0.63
地方政府债	11623.50	1054.99	0.09
央行票据	4222.00	1147.51	0.27
同业存单	8966.60	0.00	0.00
金融债	122668.83	196189.93	1.60
企业债	29476.47	45348.76	1.54
中期票据	34390.51	53652.16	1.56
短期融资券	18450.93	60981.79	3.31
国际机构债	31.30	0.96	0.03
政府支持机构债	10175.00	5166.00	0.51
资产支持证券	3093.04	0.00	0.00
合计	364762.56	423766.51	1.16

资料来源：Wind。

表 6－4　　2024 年银行间各券种换手率

指标名称	债券余额（亿元）	交易量（亿元）	换手率
短期融资券	6047.1317	85360.29	14.12
政策性银行债	238246.20	1053143.943	4.42
国债	338549.67	1134172.312	3.35
商业银行债券	54802.39	97883.56	1.79
非银行金融机构债券	3727.70	5821.027	1.56
中期票据	111735.65	162602.84	1.46
企业债券	19232.67	8602.3826	0.45
地方政府债	473676.12	189354.3174	0.40
其他债券	301.16	85.1	0.28
信贷资产支持证券	11311.82	1640.5068	0.15
政府支持机构债	15833.20	1550.09	0.10
总额	1155801.82	2492253.239	2.16

资料来源：Wind。

一般发达国家国债的换手率都在 5—10 倍之间，本书根据 2014 年美国债券市场的数据计算得到美国债券市场的换手率在 14.8 倍[①]左右（2024 年受美联储高利率影响，这一数值降至 10.6 左右），债券市场的流动性很高。而我国债券市场的换手率在近十年的发展中尽管有所提高，但与美国市场相比仍有较大差距。

二、银行间国债市场流动性分析

本书从换手率、买卖价差和即时交易成本三个角度来衡量银行间国债市场的流动性。

（一）换手率

从表 6－3 和表 6－4 中可以看出，在银行间的各券种当中，换手率最高的为短期融资券，这主要是和其期限短、发行规模小、受资金面波动的影响较大有关系，评级较高的短期融资券经常被机构投资者作为流动性管理工具。在长期券种中，国债的换手率不如政策性银行债。2014～2024 年，国债和政策性

① 该数值根据 wind 金融数据库中的美国债券市场数据计算得出

银行债的换手率均有明显提高，但政策性银行债的换手率依然明显高于国债。十年间发生变化的是国债和企业债的换手率。2014 年，企业债的换手率超过 1，远超过国债。但 2024 年，企业债的换手率仅为 0.54，即年交易规模不及债券余额。本书认为原因如下：

一方面，公开募集的债券刚性兑付打破，企业债流动性下降。在 2014 年，我国出现了第一起企业债违约（“超日债”，但在 2014 年年底这只债券的本息均被刚性兑付）。但此事件标志着我国企业债刚性兑付开始打破。2014 ~ 2024 年，信用债市场均有一定数量的债券出现本金或利息的违约。2019 年、2020 年和 2021 年，或受新冠疫情冲击影响，我国信用债市场违约数量明显增加；这 3 年信用债分别违约 224 只（1746.78 亿元）、183 只（1896.65 亿元）和 179 只（1835.71 亿元）。在刚性兑付未打破之前，高评级的企业债可以视为无风险利率，对于风险偏好程度较高的交易型投资者来说，企业债与国债等无风险券种拥有同样的交易需求。而同样的交易需求却面临着不一样的债券供给，因此，在这种情况下，企业债从交易总量上来看也许流动性不高，但是从换手率上来说，企业债市场的换手率在大部分情况下都是要优于国债的。但在刚性兑付打破之后，企业债不再是隐形的无风险债券，其本身的信用风险溢价和违约风险也在交易价格中体现。在违约风险上升的情况下，投资者交易风险溢价上升、交易价格下跌的债券的意愿下降，企业债流动性大幅下跌。

另一方面，2014 年企业债当中有较大一部分为城投债，债务置换和地方政府债务压力使得城投债的流动性也在下降。在 2014 年，城投债经历了“拥有政府隐性担保可以当作是无风险利率”到“未被纳入政府债务的且不够评级的城投债将清理出回购质押库”的变化，从机构加杠杆增持城投债到 43 号文之后城投债大量被抛售，因此，2014 年企业债的交易量较大，换手率也在 1 以上。自 2015 年至 2024 年年底，我国已经启动五轮地方政府债务置换。第一轮为 2015 ~ 2018 年，用地方债置换“纳入预算管理的非政府债券形式的政府存量债务”，涉及债务规模 12.2 万亿元。第二轮为 2019 年，建制县隐债化解试点，涉及债务规模 1579 亿元。第三轮为 2020 年底至 2022 年 6 月，发行特殊再融资债置换隐性债务（建制县隐债化解试点、全域无隐债试点），涉及债务规模 11170 亿元。第四轮为 2023 年 10 月至 2024 年 9 月，发现特殊再融资债和特殊新增专项债置换隐性债务、偿还政府拖欠企业账款，规模约 2.6 万亿元。2024 年 10 月 12 日，财政部提到“拟一次性增加较大规模债务限额，置换地方政府存量隐性债务，特别提到是近年来出台的支持化债力度最大措施”。在几轮债务置换之后，企业债中主体评级AAA级高评级债券比例仅占约50%。城投债非标违约事件的增加也使得城投债不再是高收益率的无风险债券，也影响了该类债券的流动性。

从换手率来看，银行间债券市场上流动性最好的是国开债和短期融资券，国债的流动性不及这两类券种。由于国外有实证研究表明，在流动性较差的债券市场，换手率作为流动性的衡量指标并没有说服力①。银行间市场均是大额交易，公司债发行规模小，单笔交易额大的情况下，也会使得计算出来的换手率偏高。因此，换手率在流动性较差的市场不具有更多的说服力，下文将主要讨论从交易成本角度进行度量的流动性。

（二）买卖价差②

从报价频率来看，国开债在2015年2月的做市商报价信息供1067条，稍多于国债的749条报价信息，从买卖价差的平均数和中位数上看，国开债的买卖价差的平均数为56.7749bp，中位数为30bp，均高于国债的平均数36.6149bp、中位数25bp。总体来讲，国开债的交易成本略高于国债（见表6－5）。

表6－5　2015年2月银行间债券市场各券种的买卖价差　（单位：bp）

	信息数量	平均数	中位数	1年以下	1～3年	3～5年	5～7年	7～10年
国开债	1067条	56.7749	30	57.8143	89.6305	59.5155	34.3027	22.8979
国债	749条	36.6149	25	62.3355	29.4004	22.8518	30.0886	22.5527
企业债	255条	80.0530	57	94.8968	143.6366	51.2162	60.9783	70.0715

资料来源：Wind。

实际上，从显性交易成本来看，国债确实是银行间债券市场中交易成本最低的产品，虽然每个券种所处的市场环境和交易机制是完全相同的，但是投资我国国债所产生的利息是免税的，而其他券种均需要应税，而税收也是交易成本，在交易时均会在场外市场的询价交易中隐含在投资者的报价中，因此，从交易成本的角度分析，国债确实应该拥有比其他债券更低的买卖价差。

在各个期限上，基本也符合国债的买卖价差小于国开债、国开债小于企业

① Manhanti et al.（2008）研究证实，虽然交易的即时性衡量指标与交易量相关程度较高，但是交易量不能很好地衡量流动性的其他方面。另外，一般认为在流动性较差的新兴股票市场，换手率不能很好衡量流动性。在流动性更低的公司债券市场，换手率作为流动性衡量的有效性值得置疑。

② 考虑到中央结算公司已不再公布不同券种的日内做市商报价数据，以及国开债的流动性优于国债、中长期券种流动性差异较小的结论未变，此部分实证未做更新。

债的结论。但在1年期以下的券种中，出现了国开债的买卖价差小于国债的情况，这可能与我国短期国债发行频率不高有关。并且在中长期债券上，国债和国开债的买卖价差的差距已经很小。对于7~10年期债券，两者的价差差距仅为0.3bp。说明在长期债券上，国债和国开债在交易成本上的差距较小，流动性差异也很小。

此外，可以明显看出，中长期债券的买卖价差要略小于短期债券的买卖价差。这与前文国债与各券种之间相关性的结论很类似。而为什么会有这样的现象，中长期国债的交易成本为何较低，本书将在下节流动性的影响因素中进行详细分析。

第三节　市场流动性的影响因素

本节首先对相关文献及研究进行了一定梳理，学者对流动性的影响因素的讨论除了交易机制和交易费用本身以外，主要集中在以下几个方面：交易规模或发行规模、市场透明度以及做市商等。其次，再结合我国债券市场的实际情况，分别从交易规模、投资者结构、做市商结构等方面，分析了长期债券的交易成本低于短期债券的原因。

一、流动性的影响因素

（一）交易规模和发行规模

在做市商交易制度下，流动性不足，存货成本就会提高。于是从做市商的角度，交易量小的债券可能会使得做市商面临更高的存货成本，进而投资者承担更大的交易成本。从流动性的衡量指标来看，不论是交易量小，还是交易成本高，都意味着低流动性。发行规模也是影响债券流动性最重要的因素。从投资者的角度，Sarig和Warga（1989）认为小规模发行债券更容易被某些投资机构购买并持有至到期，导致该债券在市场上的流通量下降和流动性减少。Crabbe和Turner（1995）认为小规模发行债券的信息散布范围小，导致更高的信息成本。因此，从理论上来讲，交易规模越大，发行规模越大，债券流动性越高。

在实证研究方面，Chakravarty和Sarkar（2003），Hong和Warga（2000）

研究了公司债的交易成本与债券发行之间的关系，认为发行规模越大、发行时间越近，则交易成本就越低。Edwards、Harris 和 Piwowar（2007）研究发现随着交易规模的扩大，交易成本明显下降。Robins 和 Simonsen（2013）对加拿大的市政债交易进行研究，同样发现交易规模的扩大有助于降低交易成本。Paul Schultz（2001）研究发现每 100 美元面值的公司债其相应的交易成本大概为 0.27 美元，交易规模越大，交易成本越低。并且，资产规模较小的投资者将支付比大额投资者更高的交易成本。Harris 和 Piwowar（2006）通过对美国市政债券的交易成本进行实证分析，同样发现市政债券的交易成本随着交易规模的增加而下降，小额交易比大额交易要支付更高的交易成本，并推断这一现象的原因是，不成熟的小投资者很难对其在不透明的市政债券市场上的交易成本做出估计。

朱世武和许凯（2004）对银行间债券市场的国债交易进行实证研究，发现发行规模是影响流动性的主要因素，买卖价差随着发行规模的增加而减小，对于个券来讲，发行规模越大，流动性越好。

（二）市场透明度

透明度对交易成本的影响一直是公司债和市政债的研究者和投资者关注的话题。大部分学者认为提高市场透明度将有利于避免价格操纵、提高市场定价效率同时增加市场竞争，因此，透明度的提高有利于降低交易成本。Grossman 和 Stiglitz（1980）认为，由于信息不对称的存在，做市商由于无法区分交易者是否占有信息优势，于是会通过扩大价差的方式保护自己免受逆向选择的伤害。

Alexandere（2000）发现透明度高的高收益率债券拥有更好的流动性。Bessembinder（2006）通过实证研究发现，在 2002 年 7 月 TRACE 法案实施后，保险公司交易公司债券的交易成本降低。Goldstein（2006）通过对 BBB 级公司债按照最小交易规模配对分析发现由于市场透明度的提高，债券的交易成本下降。Edwards 等（2007）研究发现流动性较高的债券拥有较低的交易成本，并且在 TRACE 法案公布后，公司债的交易成本整体下降。Chakravarty 和 Sarkar（2003）研究发现市政债的交易成本高于国债和公司债，他们将原因归结为市政债交易的透明度较低。Naik、Neuburger 和 Viswanathan（1999）的研究也表明不断提高的透明度能够更好地分散存货风险，由此降低存货维持成本。Edwards、Harris 和 Piwowar（2007）的研究也证实交易透明度增加会明显降低交易成本。

时文朝（2008，2009）通过对银行间债券市场的交易数据进行面板数据的实证检验，认为透明度的提高有助于提高银行间债券市场的流动性。

（三）做市商

O'Hara 和 Oldfield（1986）在 Demsetz 基础上进一步分析了价差的形成，主要从存货成本角度解释价差的形成。他们将交易成本主要分为两个部分：指令处理成本和存货控制成本。指令处理成本主要包括交易费用、税收以及其他达成交易所需的显性成本。存货控制成本则是源于做市商对未来指令流、资产价格及资产配置的不确定性，这些不确定性使得做市商对所需存货产生了不确定性，因此，如果市场流动性不足，未来市场价格波动较大，做市商的存货风险就会提高，做市商就会通过扩大买卖价差的方式进行风险补偿。由于指令处理成本在短期内一般不会发生变化，因此，很多对于做市商买卖价差的研究都集中在对存货成本的研究上。

也有很多学者研究了做市商数量和做市商结构对流动性的影响。Stoll（1983）研究发现在竞争性的市场中，随着做市商数量的增加，买卖价差会收窄。Tinic 和 West（1974）通过考察加拿大和美国的场外市场，Klock 和 McCormick（1999）通过考察 NASDAQ 市场，均得出了做市商数量与买卖报价价差负相关的结论。

但也有学者认为并非做市商数量越多、竞争越激烈，交易成本就越低。这与市场环境有关。如果市场本身价格波动性不大，竞争性的做市商可以通过竞争减少买卖价差，降低交易成本，但如果市场本身流动性较差，价格并不稳定，各做市商对未来价格的判断根据掌握信息的不同会有很大差异，这个时候做市商的增加可能并不利于交易成本的下降①。

Glosten（1989）认为在信息不对称较为严重的市场，垄断做市商机制会更有利于减小价差，增加市场流动性。如果垄断做市商占有信息优势，将有利于降低买卖价差，从而降低投资者的交易成本，而在竞争性做市商制度下，由于相互之间的激烈竞争，没有信息优势的竞争性做市商可能会因为蒙受损失而停止报价。Dennert（1993）也持有相似观点，认为竞争做市商制度将加大做市商风险，提高不知情交易者的交易成本。Anand 和 Weaver（2007）通过实

---

① 《做市商概念》，百度文库 http：//wenku. baidu. com/view/681e5b86bceb19e8b8f6。

证发现芝加哥期权交易所（CBOE）在1999年引入垄断做市商制度以后，买卖价差减小，成交量和流动性均有所提高。Bessembinder等（2007）也认为垄断做市商制度在市场的配置效率和价格发现速度方面，比竞争做市商制度更具优势。

另外，对于市场流动性影响因素的问题还有一些其他研究。例如，Borio（2000）认为金融产品的流动性与交易对手风险也有关系。Mohanty（2002），McCauley与Remolcna（2000）均认为经济规模有助于债券市场流动性的提高。Muranaga和Shimizu（1999）通过研究发现投资者的风险偏好程度对流动性也有影响，如果参与者的平均风险厌恶程度较高，市场的流动性将会下降。

综合以上文献，本书总结出影响流动性的因素主要有：发行规模、做市商的数量、做市商的组成结构、交易量、市场透明度等。本书将基于这几个因素来分析各期限交易成本差异以及国开债的流动性优于国债的原因。

二、各期限交易成本差异的原因

本书在上文中发现中长期债券的交易成本要低于短期债券的交易成本，本节将从交易费用和不同投资者偏好、交易量与发行规模、做市商的数量和构成等方面，分析这一现象产生的原因。

（一）交易费用和投资者持券偏好

1. 交易费用

银行间债券市场完成交易，需要分别向银行间同业拆借中心和中央国债登记结算有限责任公司支付交易和结算费用；交易所债券市场的债券交易佣金规定了一定范围，设定了上下限。具体如表6-6所示。

表6-6 国债现券交易相关收费标准

收费项目	场所	类别	收费对象	单位	收费标准
交易手续费	银行间同业拆借中心	现券买卖	交易双方	交易额	百万分之二点五
现券过户服务费	中债登	现券过户	结算双方	笔	100元
		DVP、PAD、DAP	结算双方	笔	150元
交易终端使用费	银行间同业拆借中心	专线方式接入	交易终端使用者	每月每台	3000元
		互联网方式接入	交易终端使用者	每月每台	1000元

续表

收费项目	场所	类别	收费对象	单位	收费标准
佣金	上海证券交易所	现券买卖	交易双方	成交额	成交金额的0.0001%（双向），单笔最高不超过100元（自2022年7月1日起至2025年12月31日暂免）。

资料来源：中国货币网、中国债券信息网、上海证券交易所。

从表6－6中可以看出，我国债券交易的收费项目较多，在交易、托管、结算各个环节均有收费，并且收费标准和收费单位并不统一。对于银行间债券市场而言，交易手续费按照交易额的百万分之二点五收费，这一收费标准并不高。但同时银行间债券市场的市场参与者还需要向中债登缴纳现券过户服务费，收费对象为结算双方，收费标准按照每笔100元或150元缴费。

按照这一收费标准，在银行间债券市场，对于同样的交易量，单笔大宗交易的交易费用一般会低于多笔分次交易的交易费用。因此，在银行间市场，单笔债券交易额往往很大，其收费方式并不利于资金规模较小的机构投资者。例如，如果现券过户按照每笔100元收费，中小机构投资者单笔交易100万元，共需缴纳费用102.5元，对于大型机构投资者，例如，大型商业银行之间单笔交易1000万元，共需缴纳费用125元。后者的交易规模是前者的10倍，但所需承担的交易费用不到前者的1.25倍。

本书根据银行间各类机构的交易量和交易笔数对其所需缴纳的交易费用进行了粗略的计算。在2014年，银行间债券市场全年净价成交额389123.24亿元，而同年交易所债券市场的成交额仅14135.36亿元，银行间债券成交额占全部债券成交额的比重为96%。近十年，交易所市场发展迅速、成交量增速较快，但与银行间市场仍有很大差距。2024年，银行间债券市场全年净价成交额3747463.24亿元，而同年交易所债券市场的成交额仅416344.44亿元，银行间债券成交额占全部债券成交额的比重为90%（见表6－7）。

表6－7　2024年银行间和交易所债券交易额

起始日期	截止日期	银行间净价成交额（亿元）	交易所成交额（亿元）	银行间成交额占全部成交额的比重
2024年1月1日	2024年12月31日	3747463.24	416344.44	90%

资料来源：Wind金融数据库。

由于债券交易市场几乎全部由银行间市场主导，因此，本书假设所有债券交易均在银行间市场完成，按照每百万分之二点五的交易费用和每笔100元的现券过户费用，对各机构所需缴纳的交易费用进行了粗略计算。计算结果如表6－8所示。

表6－8　　各机构平均交易费用

机构	交易笔数	交易量（亿元）	平均每笔交易金额（亿元）	交易费用（元）	平均每亿元的交易费用（元）
国有商业银行	24761	28506.75	1.1513	9602787.5	336.8601
股份制商业银行	85470	116069.81	1.3580	37564452.5	323.6367
城市商业银行	156810	214694.74	1.3691	69354685	323.0386
外资和合资机构	116963	101683.39	0.8694	37117147.5	365.0267
农村商业银行和合作银行	66210	79391.37	1.1991	26468842.5	333.397
其他机构	441396	266784.41	0.6044	110835702.5	415.4504

注：该表根据2014年数据计算。因银行间债券市场的费用未做调整，各机构间平均每笔交易费用的差距也未发生较大变化。

资料来源：Wind金融数据库。

从交易笔数来看，其他机构（包括基金、券商、信托等）的交易活跃，其次是城市商业银行和外资合资机构。其他机构的交易笔数远高于商业银行，是城商行的3倍多，是股份制商业银行的5倍，是国有大型商业银行的十几倍，但其交易金额和交易笔数并不匹配，仅仅略高于城市商业银行。

从交易金额来看，其他机构、城市商业银行和股份制商业银行交易金额较大。值得注意的是，城市商业银行的交易笔数远远落后于其他机构，但交易金额紧随其他机构其后，差距并不大。其他机构全年交易金额为266784亿元，城市商业银行的全年交易金额为214694.74亿元。

从平均每笔交易金额来看，商业银行（包括国有商业银行、股份制商业银行、城市商业银行和农村商业银行等）的平均每笔交易金额均在1亿元以上，其中股份制商业银行和城市商业银行的平均每笔交易金额较大，在1.35亿元以上。外资合资机构和其他机构的平均每笔交易金额较低，后者仅为6000万元。

从交易费用来看，全年交易费用总额为2.9亿元，其中费用支出最大的为其他机构，超过了1亿元。其后为城市商业银行，全年共支出约7000万元的交易费用。可见，由于每笔交易金额的差异，在差距不大的交易金额下，每笔交易金额较小的其他机构须承担更高的交易费用。

本书用各机构全年的交易费用除以交易金额得出平均每亿元交易各机构所需承担的交易成本，明显可以看出其他机构的交易成本远高于各类商业银行。其他机构每亿元的交易金额须交纳415元的交易成本，而商业银行普遍只有330元左右的交易成本。

因此，从交易费用角度来看，在银行间债券市场，大宗交易更有利于降低交易费用，资金规模较大的机构投资者在交易费用方面更占优势。同时，这也可能导致投资者之间出现分层，即大型机构投资者为了降低其整体交易费用，在债券交易时，也愿意选择同样资金雄厚的对手，而不是分笔与中小机构投资者进行交易。如果商业银行的风险偏好程度依然较低，在新券到手后就转至持有至到期账户，而基金、券商等其他机构依然频繁交易获取资本利得，那么债券二级市场将会出现明显的交易盘和配置盘的分化。

此外，除了在显性的交易费用方面商业银行等大型金融机构更能够享受较低的交易成本之外，我国银行间债券市场的投资者结构也使得其他中小金融机构面临更高的隐性成本。这主要是由市场透明度不高所产生的信息不对称造成的。由于商业银行的资产配置行为对债券的价格具有显著影响，因此，很多情况下，中小机构经常处于被动投资者的状态。由于银行间债券市场为询价交易，如果商业银行不通过做市商双边报价或者通过电子报价平台进行报价的话，中小投资者就无法及时获知商业银行对市场价格的判断情况，在此时，中小投资者对于未来债券的价格和资产组合都具有较高的不确定性，其隐性交易成本就会上升。

根据O'hara（1986）的存货模型，流动性是市场中即时达成交易的能力。证券市场的微观结构导致市场上存在着天然的流动性供给和需求之间的相对不平衡，从而出现流动性相对不足现象。隐性成本是交易者为获得即时交易而支付的代价，为了使交易需求并不迫切的供应方或需求方不再观望，成为自己的交易对手，那些交易需求迫切的需求方或供应方必须向观望者提供更优惠的价格，否则，他们只好等待。也就是说，卖方立即卖出的价格更低了，买方立即买进的价格更高了，他们都支付了额外的交易成本。这种价格上的优惠实际上就是交易需求迫切的交易者等待的一种隐性成本（机会成本）。

因此，由于交易收费的设置问题以及市场透明度有待提高等问题，不论从显性成本还是隐性成本来看，在银行间债券市场上，单笔交易额较小的基金、信托、券商等其他机构的交易成本均高于单笔交易额较大的商业银行。

2. 投资者的持券偏好

基金公司、证券公司以及信托公司等机构（下文简称交易型投资者）投资国债的目的是为了获得资本利得，而商业银行、保险公司、社保基金等（下文简称配置型投资者）投资国债的目的是为了风险管理。其目的不同决定了其资产配置行为的不一致。交易型投资者对债券的流动性要求更高，因此，其更愿意配置流动性较高的短期国债，只有在牛市时，才会为了获得更高的收益增长资产组合的久期。而配置型投资者对债券的期限并无特别的偏好，其配置国债是为了降低资产组合的风险。对于商业银行来讲，对债券的期限更加没有特殊的偏好，其可以通过短期国债进行流动性管理，也可以通过配置长期国债降低资产端的风险。

本书通过对 2014 年第三季度的基金季报进行整理，发现全国所有的公募基金公司在 2014 年第三季度主要持仓的国债仅 56 只，其中包括 13 只 2014 年的新发国债。在这 56 只债券中，其中 20 只在 1 年期以下，3 年期以下的共 29 只，超过了 1/2，而 7～10 年的长期国债仅 8 只。在新增国债中，对比则更加明显，根据基金第三季度季报显示，主要持仓的国债仅 13 只，其中 8 只为 1 年期以下的国债，仅 1 只债券为 10 年期国债。而我国 2014 年面对银行间市场共发行 10 年期国债 11 只，1 年期国债 8 只（见表 6－9）。

表 6－9　　2014 年基金公司主要持有的国债数目　　（单位：只）

期限	国债数目	新增国债数目
一年期以下	20	8
一年至三年	9	—
三年至五年	4	—
五年至七年	12	4
七年至十年	8	1
十年期以上	3	1

资料来源：Wind 金融数据库。

2024 年，全国所有的公募基金公司主要持仓的国债仅 64 只，其中包括 35 只 2024 年的新发国债。与 2014 年相比，短期国债依然受基金公司青睐，但基金公司交易中长期债券的比重上升，共 29 只国债剩余期限在 5 年以上。共有 14 只十年期以上的超长期国债成为基金公司交易的活跃券种，这可能与超长期国债在 2024 年发行数量较多且收益率在二级市场上有更大的下行空间有关（见表 6－10）。并且与 2014 年相比，交易的债券类型不再集中在当年新发行的债券，接近一半的债券为非当年发行的旧券。

表 6－10　　2024 年基金公司主要持有的国债数目　　（单位：只）

期限	国债数目	新增国债数目
一年期以下	17	8
一年至三年	4	2
三年至五年	14	8
五年至七年	2	2
七年至十年	13	7
十年期以上	14	8

资料来源：Wind 金融数据库。

虽然通过已有数据尚且无法对各期限国债的投资者组成有一个明确的结构，但通过基金公司的持券偏好，大致可以发现交易型投资者一直偏好短期国债，这就可以解释为何短期国债拥有较高的换手率的同时也拥有着较高的交易成本。

（二）交易量和发行规模

本书对 2014 年新发附息国债的期限、交易量、发行额和发行次数进行了统计，如表 6－11 所示。

表 6－11　　2014 年银行间新发附息国债的期限、交易量、发行额和发行次数

期限	交易量（万元）	发行额（亿元）	发行次数	换手率
1 年	39996100	1689.1	8	2.3679
2 年	19353000	743.9	3	2.6016
3 年	64386480	1406.9	5	4.5765
5 年	27777870	1510.4	6	1.8391
7 年	56083600	3182.9	12	1.7620
10 年	30777550	3070.1	11	1.0025

资料来源：Wind。

从交易量来看，2014 年我国银行间短期国债的交易量小于中长期国债。两年期以下国债的交易量总额共计 5934.9 亿元，而中长期（7～10 年）的国债在 2014 年全年的交易额共计 8686.115 亿元，明显高于短期国债。

从发行规模来看，长期国债的发行规模更是显著高于短期国债。2014 年，共发行 7 年期国债 3182.9 亿元，10 年国债 3070.1 亿元，1 年期国债 1689.1 亿元，2 年期国债 7342.9 亿元，3 年期和 5 年期国债各 1500 亿元左右。从发行频率来看，包含首次发行和续发，长期国债的发行频率与其他期限相比也是比较高的。7 年期和 10 年期国债几乎做到了按月发行，相对而言，短期国债不但发行规模小，发行频率也略逊于长期国债。

从换手率来看，长期国债的换手率并不如短期债券，换手率最高的为 3 年期国债，换手率在 4.5 倍左右，短期国债的换手率在 2.5 倍左右，而中长期国债的换手率均低于 2。因此，本书认为，长期国债之所以拥有较高的交易量，其主要原因来自于新券发行规模的增加。

根据上文的分析，由于交易量与发行规模、流动性均为正相关关系，即交易量越大，发行规模越大，流动性越大，因此，长期国债拥有更大的交易量和发行规模，也可以作为长期国债拥有较低交易成本和较高流动性的理由之一。

但近十年来，为完善国债收益率曲线，财政部增加了国债发行的期限和频次。2024 年，在所有发行期限中，1 年期及以下国债发行只数最多、发行规模最大，其次为 10 年期及以上的长期国债和超长期国债（见表 6－12）。由于个券的交易规模数据已经无法获得，因此，作者无从得知当前各期限国债新券的换手率情况。但是，从当前的发行结构来看，发行规模已经不是解释各期限债券流动性差异的主要原因。

表 6－12　2024 年银行间新发附息国债的期限、发行额和发行只数

发行期限	发行数量（只）	发行规模（亿元）
1 年及以下	90	41942.2
2 年	12	13496.3
3 年	21	14547.4
5 年	21	14086.6
7 年	12	11610.1
10 年	13	16155.7
10 年及以上	29	12910

资料来源：Wind 金融数据库。

（三）做市商结构①

在做市商对流动性的影响的问题上，国外文献普遍认为在竞争性市场中，

① Wind 金融数据库现已不再公布做市商报价数据，但大银行报价能力强、对市场定价引导更加精准的情况仍在延续。

做市商数目的增多可以增加市场的流动性，但在市场不透明程度较高的市场中，垄断性做市商制度比竞争性做市商更有利于减少买卖价差。

本书将通过分析2015年2月各期限国债双边报价的做市商构成，来分析长期限国债的买卖价差差距缩小和做市商构成之间的关系。本书按照国债双边报价的买卖价报价商的机构种类，对十年期及以下国债的做市商进行了统计，并用大型商业银行、股份制银行、城商行、国开行的报价数目之和除以总的报价数，算出了国内商业银行占报价数目的比重，如表6-13所示。

表6-13　银行占做市商的比重和各期限平均买卖价差

	大型商业银行	股份制银行	城商行	外资银行	其他机构	国开行	国内银行报价占所有报价的比重	平均价差
1年以下	92	126	123	96	12	25	0.7575	62.3355
1~3年	26	75	119	53	9	5	0.7705	29.4004
3~5年	109	56	52	8	29	6	0.7840	22.8518
5~7年	58	100	57	22	96	8	0.8588	30.0886
7~9年	11	25	38	7	50	0	0.5682	38.6111
9~10年	27	68	14	10	10	13	0.8592	8.4944
共计	323	482	406	199	207	57	0.7575	36.6149

资料来源：Wind金融数据库。

从表6-13可以看出，各做市商做市的活跃性，股份制商业银行做市的活跃性最高，外资银行主要集中在短期限报价，这与外资银行有一部分主要的盈利来源来自于银行同业拆借市场有关，因此，外资银行对受资金面影响较大的短期国债有较大的报价热情。外资行和其他机构对长期债券并没有很大的报价热情。在5~9年的债券中，其他机构的报价数量突然有了提高，经查询数据，该报价均来自同一个证券公司（2015年2月，东海证券对这一期限的国债共贡献84条双边报价）。从国内银行报价占所有报价的比重来看，国内银行在做市商报价中基本上还是处于主导地位，这除了因为做市商群体中商业银行数量本来就很庞大之外，还由于股份制和城商行对金融市场业务的依赖。前文已经提到股份制银行和城商行全年的债券交易量是所有机构投资者中最大的。

从图6-1可以更直观地看出做市商构成和买卖价差之间的关系。从图6-1中更可以看出，两者明显呈反向变化趋势。国内银行报价数目所占比重越大，双边报价差就越小，也就是债券的流动性越好。虽然各做市商参与某一期限的报价具有一定的随机性，未必会呈现期限越长，银行做市商比重就越大的情

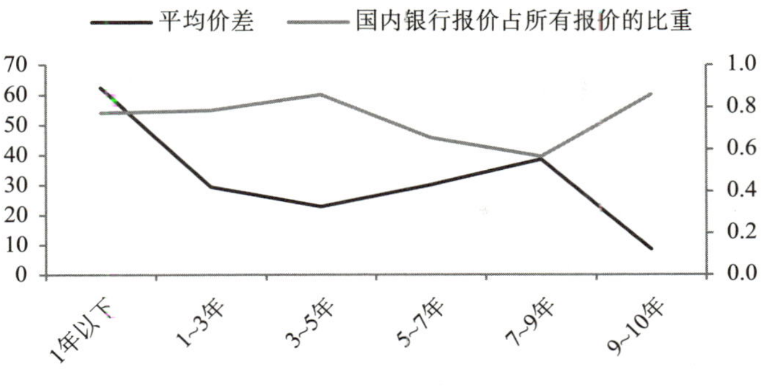

资料来源：Wind。

图6-1 国内银行占做市商的比重和各期限平均买卖价差

况，但是可以看出买卖价差与对应期限的做市商结构确实有一定的关系。

同时，本书还注意到虽然机构对短期国债的报价热情很高，报价比较活跃，但是其买卖价差未必因为做市商数量的增加而减少，长期国债的做市商数量较少，但其买卖价差反而收窄。可见在我国的银行间债券市场，未必做市商数量越多，债券的交易成本就会越低，相反因为机构投资者不具有同质性，对市场的供求状况的了解程度有所差异，交易成本较高的机构投资者成为做市商之后，在加大做市商竞争的同时，也因为信息不对称等因素反而会加大债券的交易成本（见图6-2）。

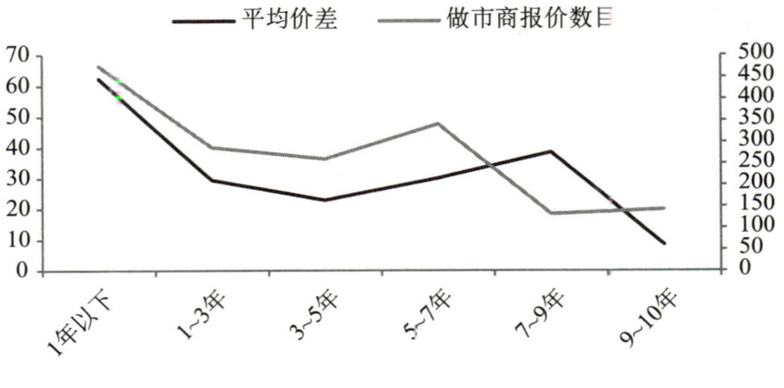

资料来源：Wind。

图6-2 做市商报价数据与平均价差

因此，从各期限国债的做市商结构中可以分析得出，我国银行间市场尚不适合竞争性做市商的情况，并非做市商报价数目越多，交易成本就越小。在市场透明度不高的情况下，对于不同期限的债券来讲，其平均买卖价差与国内商业银行报价占报价比重负相关。由于外资银行和其他机构对长期债券的投资欲望有限，报价意愿也会相应减少，国内商业银行报价占长期国债报价数目的比重就会增加，因此，对于长期国债来讲，以做市商买卖价差衡量的交易成本就会下降。

三、小结

影响国债流动性和交易成本的原因如下：

（一）交易费用和投资者偏好

从交易费用角度来讲，大额交易比小额交易拥有更低的交易费用。从年度交易笔数和交易额的数据中，本书发现国内银行的平均单笔交易额超过 1 亿元，而外资银行、券商、基金等其他机构平均单笔交易额仅 6000 万元左右。从平均每亿元的交易费用来看，国内银行的交易费用明显低于外资银行及其他机构。

从投资者偏好角度来讲，本书分析了各类投资者的投资目的和投资者偏好，并结合公募基金的持券明细进行研究发现，基金、券商等其他投资者持有长期债券的比例较低，而同时银行间市场 90% 的债券均被商业银行所持有，大量的长期债券被商业银行持有，而同时商业银行的交易费用明显低于其他机构。

因此，结合交易费用和投资者偏好等因素，长期国债的交易成本低于短期国债，流动性优于短期国债。

（二）交易量和发行规模

由于交易量和发行规模和流动性均为正相关关系，而长期国债在交易量、发行频率、交易量方面均优于短期国债，因此，也就拥有了更低的交易成本。同时，也注意到长期债券的换手率并没有部分短期国债高，可见长期国债的交易量很大一部分来自于新券的供应。其中，7 年期和 10 年期国债几乎实现了按月发行。

（三）做市商数量和做市商结构

中国银行间市场尚不适合竞争性做市商的情况，并非做市商报价数目越多，交易成本就越小。可能由于在市场透明度不高的情况下，做市商数量的增加会使得报价信息更加分散，增加债券的交易成本。而同时本书也注意到，对于不同期限的债券来讲，其平均买卖价差的减少与国内商业银行报价占报价比重的增加有一定关系，这可能与商业银行本身也拥有更低的做市成本有关。

第四节　国开债收益率也是市场基准的选择

2014 年以来，随着国开行回归政策性银行，市场上越来越多的机构将国开债收益率作为债券市场的基准利率计算信用债的信用利差，也有学者（徐忠，2015）提出国开债成了中国金融市场收益率曲线的基准①。此外，2015 年 4 月 24 日，首只以国开债收益率为基准利率的浮息债发行②。因此，本书在该节从流动性、发行规模和频率、与其他价格的相关性以及回购市场的偏好等几个方面，检验国开债是否具备成为市场基准利率的条件。近十年来，国债和国开债的发行规模、流动性均有了明显提高。但根据 2024 年的数据，国开债的流动性依然略胜于国债。

一、流动性

（一）买卖价差

从买卖价差的角度来看，虽然短期国开债和短期国债一样拥有较高的买卖价差，但是 10 年期国开债的买卖价差和 10 年期国债的买卖价差差距不大，其中对于 7 ~ 10 年期的债券，国开债的买卖价差仅比国债高出了 0.34bp（见表 6 – 14）。

表 6 – 14　各期限国开债与国债的买卖价差

	平均数	中位数	1 年以下	1 ~ 3 年	3 ~ 5 年	5 ~ 7 年	7 ~ 10 年
国开债	56.7749	30	57.8143	89.6305	59.5155	34.3027	22.8979
国债	36.6149	25	62.3355	29.4004	22.8518	30.0886	22.5527
差额	20.1600	5	– 13.9347	60.2301	36.9019	4.2140	0.3452

资料来源：Wind。

① 参见徐忠："中国债券市场发展中热点问题及其认识"，《金融研究》，2015 第 2 期。

② 广西玉柴机器集团国开基准浮动利率中期票据于 2015 年 4 月 24 日正式发行。该票据以 3 年到期国开金融债二级市场收益率为基准，在银行间市场公开发行。这一产品的发行，标志着我国债券市场第一单以国开债为基准的浮息信用债券的出炉，也意味着在现有的 1 年定存、贷款基准利率、SHIBOR（上海银行间同业拆放利率）和回购利率之外，国开债也有望跻身银行间市场基准利率行列。

（二）换手率

在换手率方面，2014 年政策性银行债的换手率明显高于国债的换手率，是国债换手率的 3 倍左右；2024 年，国债和政策性银行的换手率均有了明显的提高，但依然是政策性银行债的换手率较高（见表 6－15）。

表 6－15　　国债与政策性银行债的换手率

类别	换手率（2014 年）	换手率（2024 年）
国债	0.63	3.35
政策性银行债	1.90	4.42

资料来源：Wind。

二、发行规模和发行频率

本书在简述美国国债收益率成为基准利率的历史过程时，提到国债的滚动式发行的重要性。本书在分析了国开债和国债在债券发行上的差别后认为，导致国开债的流动性反超国债的主要原因在于国开债的发行频率和发行机制不同于国债。

2014 年，财政部共发行各种类型的国债 78 次，其中续发 21 次，包括贴债、记账式附息国债、凭证式国债、储蓄式国债，其中在银行间流通的附息国债 51 只，贴现国债 8 只。发行规模共计 17745.01 亿元，其中记账式附息国债 13163.30 亿元。记账式国债平均每次每只发行 258.10 亿元（见表 6－16）。

表 6－16　　国债和国开债的发行对比

2014 年	国债	国开债
发行次数	78	226
发行规模（亿元）	17745.01	11715.50
平均发行规模（亿元）	227.50	51.84
2024 年	国债	国开债
发行次数	198	808
发行规模（亿元）	124748.31	56789.20
平均发行规模（亿元）	630.04	70.28

资料来源：Wind。

同年，国开行共发行国开债 226 次，其中续发 195 次，共发行国开债 31 只。发行规模共计 11715.5 亿元，续发规模 10034.42 亿元。2014 年，国开债平均每次每只发行 52.07 亿元，平均每只债券续发 6.29 次（见表 6－16）。

2024 年，国债和国开债的发行规模较十年前均有了明显提升。从发行规模来看，国债的发行规模是 2014 年的 7 倍，国开债的发行规模是 2014 年的 5 倍。从发行频次来看，2024 年财政部共发行 198 笔国债，是 2014 年的 2.54 倍；国开行共发行 808 笔国开债，是 2014 年的 3.58 倍（见表 6－16）。

2014 年两者在总体发行规模上差异并不大，但在发行频率上的差别很大；2024 年，国债的发行规模已经明显超过国开债，但发行频次则远低于国开债。因此，国债和国开债的平均每笔发行规模一直具有很大的差异。国开债采用小额多次的发行方式，虽然提高了发行成本，但是基于新券的流动性总是高于旧券，这种发行方式增加了债券的流动性。并且基本实现了关键期限券种能够按季甚至按月发行。因此，作者认为正是这种发行方式的差异导致了国开债的流动性要略好于国债。

三、与其他价格的相关性

从上文的分析中得知，国开债的流动性略好于国债。虽然长期限的国开债在交易成本上还略逊于国债，但是在换手率方面，国开债在各期限的换手率都很高，并且明显优于国债。如果流动性是基准利率标准中的核心要素，券种随着流动性的提高，其与其他券种的相关性就会提高。并且有市场分析认为，由于国债是免税的，而其他固定收益类产品均须应税，国债作为市场基准可能会低估市场基准的水平，而同样具有无风险资质的国开债才应该是市场参考的基准利率水平。市场基准未必是市场利率体系中排在最低位的债券，美国市政债券由于免税效应，等级高的市政债的收益率时常会低于国债收益率。为了论证国债成为基准利率的可行性，下文将从国开债和企业债收益率之间的相关性以及银行间回购市场对国开债的偏好两个方面，论述国开债作为市场基准的可行性。

本书选取中债国开债、企业债 AAA 级各期限（3 个月、6 个月、1 年、2 年、3 年、4 年、5 年、7 年、10 年、15 年、30 年）每日收益率，时间区间为 2007 年 5 月 24 日至 2015 年 2 月 11 日，对国开债和企业债收益率之间的序列相关性进行检验。结果如表 6－17 所示。

表 6-17　　国开债与企业债收益率的相关系数分析表

国开债/企业债	CB3M	CB6M	CB1Y	CB2Y	CB3Y	CB4Y	CB5Y	CB7Y	CB10Y	CB15Y
3M	0.95	0.96	0.96	0.94	0.91	0.88	0.85	0.81	0.77	0.72
6M	0.94	0.97	0.96	0.95	0.93	0.90	0.87	0.83	0.80	0.75
1Y	0.92	0.96	0.97	0.97	0.95	0.94	0.91	0.88	0.84	0.79
2Y	0.89	0.93	0.95	0.96	0.96	0.95	0.94	0.91	0.88	0.84
3Y	0.86	0.90	0.93	0.95	0.96	0.96	0.95	0.93	0.90	0.86
4Y	0.83	0.87	0.90	0.93	0.95	0.95	0.95	0.94	0.92	0.88
5Y	0.79	0.84	0.87	0.91	0.94	0.95	0.95	0.94	0.92	0.89
7Y	0.76	0.80	0.83	0.88	0.91	0.93	0.93	0.93	0.92	0.90
10Y	0.71	0.76	0.80	0.85	0.89	0.91	0.92	0.93	0.93	0.91
15Y	0.65	0.70	0.74	0.80	0.85	0.88	0.89	0.91	0.93	0.93

资料来源：Wind。

从相关性分析表中可以明显看出，各期限的国开债收益率和企业债收益率的相关性都较高。同期限的国开债收益率和企业债收益率的相关性均在 0.93 以上。在短期国开债收益率与长期企业债收益率的相关性方面，最后两列大部分数值都在 0.8 以上。因此，可见国开债收益率与企业债收益率的相关性总体较高。

为了更明显地对比国开债和国债收益率在与企业债收益率之间相关性的高低，本书将国开债与企业债收益率相关系数矩阵中的数值，分别减去处在同一位置的国债与企业债收益率相关系数矩阵中的数值，得到以下可以反映两者与企业债收益率的相关性差异的矩阵（见表 6-18）。

表 6-18　　国开债和国债与企业债收益率的相关系数差异

	CB3M	CB6M	CB1Y	CB2Y	CB3Y	CB4Y	CB5Y	CB7Y	CB10Y	CB15Y
3M	0.03	0.01	0.02	0.02	0.02	0.01	0.01	0.01	0.01	0.01
6M	0.04	0.03	0.02	0.03	0.03	0.02	0.01	0.01	0.02	0.03
1Y	0.04	0.03	0.03	0.04	0.04	0.04	0.03	0.04	0.04	0.05
2Y	0.04	0.02	0.02	0.03	0.03	0.03	0.03	0.04	0.05	0.07
3Y	0.05	0.03	0.03	0.03	0.03	0.02	0.02	0.03	0.03	0.05
4Y	0.06	0.04	0.03	0.03	0.03	0.01	0.01	0.02	0.03	0.04
5Y	0.07	0.05	0.04	0.05	0.04	0.03	0.02	0.03	0.03	0.06
7Y	0.08	0.06	0.04	0.05	0.04	0.03	0.02	0.03	0.04	0.07
10Y	0.16	0.13	0.12	0.12	0.10	0.08	0.06	0.08	0.09	0.13
15Y	0.20	0.18	0.17	0.16	0.14	0.12	0.10	0.11	0.12	0.16

资料来源：Wind。

从相关性差异表中可以看出，表 6－18 中所有数据均大于 0。尤其在长期限的债券相关系数上，国开债与企业债收益率的相关系数明显高于国债与企业债收益率的相关系数。可见在与企业债的相关性方面，国开债是优于国债的。

四、银行间回购市场对国开债的偏好

市场基准利率往往拥有发达的回购市场和期货市场，因为发达的回购市场和期货市场有助于提高现券市场的流动性，而流动性的提高有助于债券的价格发现。债券回购本身对债券并不定价，债券只是作为质押品或者买断品，投资者按照货币市场的回购利率进行债券回购。但是债券回购交易会影响市场上的债券供求，而回购交易也同时是货币市场利率影响债券市场收益率的途径。当货币市场的资金利率降低时，交易者拆入资金的意愿增强，会选择向交易对手方质押债券拆入流动性，而资金利率的降低也使得交易者的交易成本降低，其持券意愿也会增强。因此，在回购利率降低时，债券市场上的供给减少，而需求增加，进而会使得债券的价格上升，收益率下降。当回购当期时，拆入资金方卖出债券，获取应该返回拆出资金方的资金的同时，也获取了所购买的现券的收益，同时拆出资金方将所代持的债券返还给拆入资金方，该债券在这段时间的收益也属于资金拆入方。如此，拆入资金方获得了两只债券的收益，而拆出资金方获得了以回购利率计价的利息。因此，债券回购交易使得投资者买卖现券的意愿增强，同时也促进了现券交易的流动性。

而我国的债券品种中仅国债拥有期货市场，因此，本节从回购市场的角度来分析国开债作为市场基准利率的可行性（见表 6－19）。

表 6－19　银行间市场质押式债券回购的券种结构

券种	2013 年		2014 年	
	债券交割量（亿元）	结算笔数	债券交割量（亿元）	结算笔数
合计	1528560.64	551437	2038066.27	735966
政府债券	602600.65	119403	340883.04	159502
央行票据	63932.62	7414	16373.17	1254
政策性银行债	571206.71	214571	391321.99	331051
国家开发银行	379687.12	131549	565320.69	190884
政府支持机构债券	42889.93	18137	50925.44	23760
商业银行债券	26038.24	9763	23512.25	10377
非银行金融机构债券	573.17	772	858.70	444

续表

券种	2013 年		2014 年	
	债券交割量（亿元）	结算笔数	债券交割量（亿元）	结算笔数
企业债券	100514.74	91198	371.65	599
资产支持证券	1.50	3	116746.95	116405
中期票据	120403.65	89330	0.00	0
集合票据	391.02	838	156.27	81
外国债券	0.00	0	96802.72	92194

资料来源：中国债券信息网（http：//www.chinabond.com.cn）。

从债券交割数量来看，银行间市场质押式债券回购的主要券种为政府债券和政策性银行债，两者在交割数量上的差距并不大，在 2014 年，政策性银行债的交割数量略高于国债。但是两者在结算笔数上有着很大差别，政策性银行债的结算在 2014 年的结算笔数是国债同时期结算笔数的两倍多，仅国开债的结算笔数就已经超过了国债。

买断式回购与质押式回购表现出完全不同的交易特征。买断式回购对政策性银行债的偏好明显高于对政府债券的偏好。从表 6 - 20 可以看出，不论是债券交割量，还是结算笔数，政策性银行债都远高于国债，国开债也明显高于国债。

表 6 - 20　　银行间市场买断式债券回购券种结构

券种	2013 年		2014 年	
	债券交割量（亿元）	结算笔数	债券交割量（亿元）	结算笔数
合计	60705.24	52022	97474.21	95521
政府债券	5756.67	3035	17892.21	8754
央行票据	152.14	42	0.00	0
政策性银行债	24791.24	12479	37145.92	27308
国家开发银行	17206.75	8745	26430.65	19894
政府支持机构债券	2225.06	1505	2497.82	1626
商业银行债券	710.82	423	823.67	534
非银行金融机构债券	13.50	24	36.40	37
企业债券	14841.97	20829	57.42	61
中期票据	12200.80	13648	26986.05	43077
集合票据	13.05	37	0.00	0

资料来源：中国债券信息网（http：//www.chinabond.com.cn）。

2024 年的回购市场的质押券结构与 2014 年类似，在发行规模已经不占优势的情况下，国开债依然是回购市场使用规模最大的质押券（见表 6－21）。

表 6－21 2024 年银行间市场债券现券和回购交易券种结构

	现券交易（亿元）	质押式回购（亿元）	买断式回购（亿元）
国债	1134172.31	5234393.26	45311.65
地方政府债	189354.32	822031.12	10492.09
央行票据	0.00	4610.28	0.00
政策性银行债	1053143.94	7011476.25	20262.33
政府支持机构债	1550.09	16410.07	0.00
商业银行债券	97883.56	572132.36	1993.07
非银行金融机构债券	5821.03	28504.94	0.00
企业债券	8602.38	42951.65	450.10
信贷资产支持证券	1640.51	3452.18	0.00
其他债券	85.10	779.97	13.80

资料来源：Wind 金融数据库

结合质押式回购和买断式回购的情况来看，政策性银行债已经和政府债券一起成为债券回购的主要品种。并且市场明显对政策性银行债更为偏好，尤其从交易笔数来看。仅从质押式回购的交割量来看，虽然国开债仍略低于国债，但从买断式回购的情况以及质押式回购的交易笔数来看，国开债明显拥有一个交易规模庞大的债券回购市场。

结合流动性、发行规模、与其他券种的相关性以及回购市场的情况，本书认为在作为市场基准方面，国开债收益率可以作为债券市场的基准利率，因为国开债拥有国家开发银行的信用背书，具有无风险利率的属性，同时在流动性、与其他券种的相关性以及回购市场的表现方面，当前国开债的表现均优于国债。

并且在 2014 年国开行有恢复政策性银行的迹象后，国开债的隐含税率[①]已经缩窄到 8% 左右，远低于证券投资所得税 20% 以及企业所得税 25%。也就是说，如果扣除税收，国开债收益率是低于国债收益率的。因此，可以说国开债具备成为市场基准利率的潜质，可以作为市场基准利率的选择。

① 隐含税率是指政策性金融债与国债之间的利差与政策性金融债收益率之间的比值。

第七章

对利率市场化和基准利率选择的进一步思考

党的十八大以来，利率市场化改革取得了明显进展。2015 年 10 月最后一次调整存贷款基准利率，并放开对存款利率的上下限要求（存款基准利率仍具有参考作用），标志着中国利率管制基本放开①。在 LPR 定价机制改革、利率走廊改革、利率自律机制等配套性的制度化改革完成后，中国已经形成比较完整的市场化利率体系，收益率曲线也趋于成熟（易纲，2021）。在市场化的利率体系中，什么样的利率适合成为基准利率一直是学术界和市场讨论的热点。而在这个时候，建立一条反映市场供求的国债收益率曲线也被适时地提出，一些学者和官员认为国债收益率以及期限结构能够成为基准利率以及央行货币政策参考，并且有关部门也陆续出台政策（国债期货重新上市、尝试做市商制度、财政部编制国债收益率曲线等）推动国债市场的发展。于是，本书以基准利率为主线，以国债收益率为切入点对基准利率问题开展讨论。

本书通过对相关研究进行归纳发现，之前大多数关于基准利率的研究都是根据各种表面的评价标准对诸多利率与市场中其他利率以及与宏观经济指标的关系进行计量检验，计量效果较好地则为基准利率。该类研究得出的结论五花八门，甚至和人民银行的政策意向有很大的关系，其结论也值得商榷。上述关

① 易纲，《我国的利率市场化改革历程与货币政策框架的演变》，https：//finance. sina. com. cn/money/smjj/smdt/2024 - 12 - 04/doc - incyhynp3846551. shtml 。

于基准利率选择的研究其实都包含了一个假定的前提，即假设当前的金融体系内存在唯一的可供市场和央行参考的利率。本书认为该类研究均忽视了基准利率问题的实质，即该前提假设是否成立。

一、中国尚不具备形成单一的基准利率的条件

从表面来看，这是由于短期利率对长期利率的传导效率较低以及资本市场与信贷市场的传导不通畅，因此，尚没有一种利率能够做到该利率的变动能够迅速地影响到所有市场的资金价格。

而导致传导效率低的原因，本书认为有以下几点：

（1）直接融资规模较小。虽然人民币新增贷款占社会融资规模的比重已经下降到60%左右，但企业债券、股票融资等直接融资所占比重依然较小。不论是货币市场的拆借回购利率，还是国债收益率，其最能够影响的就是企业债券的价格，从而影响实体经济的融资成本。但是企业债券的规模较小，每年新增企业债甚至都不到国债的1/10。究其原因，本书认为在于企业债的融资成本较高。一是因为票面利率高，其主要持有者并不是债券市场的大户（商业银行），而是基金、证券公司等对收益率要求较高的机构。而银行间债券市场是一个需求主导的买方市场，即便企业债的发行规模小，其票面利率依然很高。二是因为企业债的发行流程复杂，需要多部门审批，无疑增加了发行成本。

（2）商业银行的资产配置结构与国债市场的投资者结构不利于资本市场与信贷市场之间的价格传导。通过对比发现，中美两国的商业银行贷款占总资产的比重差异不大，均在50%左右。而美国商业银行的资产端持有国债、企业债、MBS等固定收益证券的比重在23%左右，其中，国债和机构债占20%；而我国大型商业银行可供交易的金融资产仅占8%。与之相对应的是美国商业银行仅持有5%的美国国债，而我国商业银行持有70%以上的中国国债。除了外国投资者以外，美联储是美国国债的最大持有者。

这种商业银行资产配置结构和国债市场投资者结构的差异，也就导致了美国商业银行在债券市场上的交易行为无法对价格产生实质性的影响，但美联储能够通过债券买卖影响国债收益率，国债收益率的变动又能够影响同在资产端的信贷市场的配给和价格，而在我国，并不是国债收益率影响银行资产配置和贷款价格，而是银行资产配置会对国债收益率产生很大影响。

（3）资产证券化产品的规模小、流动性差。资产证券化产品作为连接银

行贷款和资本市场的金融创新，其流动性和交易规模对资本市场和信贷市场的传导起着非常重要的作用。我国资产证券化产品总体来讲规模仍然较小，流动性也很差，更不要提能否产生均衡价格。而在美国，商业银行往往通过新发行的资产证券化产品的发行利率来对相应的贷款利率进行调节。通过资产支持证券以及相关利率衍生品进行的丰富的金融创新和风险对冲交易也使得货币市场、资本市场与信贷市场的价格传导更加迅速。

二、国债和国开债收益率均可以作为债券市场基准

讨论市场基准的前提是明确市场的范围有多大。本书通过对美国长期国债收益率成为市场基准的历史进行梳理，发现流动性是长期国债能够成为市场基准的关键，而国债的发行规模、庞大的回购市场和期货市场有助于国债市场的流动性，与市场中其他产品价格相关性高则是债券市场流动性高的表现。通过与其他券种价格的相关性以及市场流动性的考察，本书认为国债收益率可以作为债券市场基准的选择，中长期国债收益率对同期限信用债的传导效率更强。

本书还从流动性、与其他价格的相关性以及回购市场的规模等方面，对国开债收益率进行了考察，认为国开债具有成为市场基准利率的潜质。在当前，不论是从市场流动性、与其他价格的相关性以及回购市场规模方面，国开债均优于国债。

而国开债之所以能够在流动性等各方面优于国债，本书认为主要原因在于发行频率。两者在总体发行规模上差异并不大，但在发行频率上的差别很大，从而使得平均发行规模也有很大差异。国开债采用小额多次的发行方式，虽然提高了发行成本，但是基于新券的流动性总是高于旧券，这种发行方式增加了债券的流动性。并且基本实现了关键期限券种能够按季甚至按月发行。因此，作者认为正是这种发行方式的差异，导致了国开债的流动性要略好于国债。

与十年前相比，国债发行频率、投资者结构等问题均有明显的改善，我国已经能够形成一条完整的市场定价的国债收益率曲线。国开债现有的市场存量远不及国债现有的市场存量，并且随着债券市场的改革发展以及利率市场化进程的推进，未来国债收益率很有可能进一步加强市场基准的地位。仅当前的市场流动性和投资者选择来看，国债的基准地位较十年前有所改善，但国开债依然还是略优于国债。

三、没必要完全照搬西方以单一的利率作为基准利率

一些人云亦云的观点对利率市场化的理解存在一定误区，认为利率市场化就是所有的利率都是市场供求决定的，甚至央行政策利率是要完全跟随市场调整的。但利率市场化改革实际上包含两层含义：一是利率由市场供求决定；二是央行能够实现对利率的市场化管理和科学调控。我国目前已经实现货币市场、债券市场的利率由市场供求决定，贷款利率也是商业银行在 LPR 定价机制基础上参考市场供求自行与企业、居民进行议价。利率市场化改革的难点在于央行如何对利率实现科学调控上，也就是优化利率传导机制的问题。

在优化利率传导机制上，最常见的三个问题是：一是央行政策利率决定问题，到底是央行跟随收益率曲线，而是市场利率跟随央行利率变动；二是基准利率选择问题，我国现阶段依然没有适用于所有金融市场的基准利率，货币市场、债券市场、信贷市场有各自的基准利率以及由此带来的“利率双轨制”问题；三是一些利率不敏感主体的融资需求对利率调整不敏感，导致了利率传导的延时和阻滞。最后一个问题涉及的部门不仅仅是金融部门，因此，本书仅对前两个问题进行讨论。

对于央行政策利率的选择和决定问题，“央行利率是否要跟随收益率曲线”是各国央行均面临的主要问题。美联储的联邦基金目标利率也时常落后于收益率曲线变动。当实际经济运行数据尚没有展现出明显的需要加息或降息迹象时，国债收益率曲线往往会提前预示经济衰退或繁荣，此时中央银行可能不会立刻跟随曲线进行调整，而是会继续观察、按兵不动。此外，当央行拥有多个目标时，如果目标之间发生冲突，那么中央银行的政策利率往往很难跟随收益率曲线变动。还需要注意的是，随着交易型投资者占比的增加，国债收益率曲线也会出现超调，此时央行政策利率跟随曲线变动将更加谨慎。而利率市场化改革的要求是央行能够对利率体系进行市场化管理，即央行调整政策利率后，各主要融资市场利率能够跟随调整，而不是反其道而行之。诚然，不论是相机抉择还是单一规则，亦或者两者结合，中央银行的政策利率都需要科学调控，但一味跟随曲线变动既不是利率市场化改革的方向，也不是宏观政策科学调控的方向。

对于基准利率选择的问题，单一的基准利率形成与一个国家的融资结构有很大的关系。我国是以银行融资为主的间接融资结构，并且国有大行的市场占有率很高，在债券市场、信贷市场、存款市场均有很高的定价权。同时，存贷

款在国有银行资产负债表的占比也明显高于债券、同业存单等公开发行的融资工具。在这种情况下，商业银行有能力也有动力通过保持存贷款利率维持一定规模的利润，存贷款市场的定价完全可以与债券市场、货币市场存在一定程度的不同步甚至“双轨制”。为了政策利率、市场利率的变动能够向信贷市场有效传导，人民银行进行了 LPR 改革。LPR 改革既保持了政策利率与贷款利率的联动（2024 年 LPR 报价的基准利率也由 MLF 利率逐步换轨至央行 7 天逆回购利率，从制度上完成了“两轨并一轨”），也给予了商业银行自由加点的权限。但同时利率自律机制也在对 LPR 报价进行指导。2024 年，人民银行指导利率自律机制完善 LPR 报价制度，修订 LPR 报价指南，缩窄了 LPR 报价与实际最优惠客户利率的偏离，帮助 LPR 更好地发挥贷款市场基准利率的作用。

本书认为，我国没必要过度追求所有融资市场都参考同一个基准利率。当前，货币市场、债券市场、贷款市场的基准利率确实各不相同，但各市场的基准利率之间存在较强甚至较为明显的联动机制。我国已经能够实现短端政策利率传导至货币市场利率，进而传导至债券收益率曲线。短端政策利率变动也能带动 LPR 的变动，进而传导至商业银行的贷款定价。利率市场化改革的措施应该服务于改革的目的，需要看到我国当前利率市场化改革的阻点是利率传导效率有待提高、而非缺乏一个单一的基准利率，那就应该因地制宜，根据我国金融体系的结构性特征优化利率传导机制、提高利率传导效率，而非照搬西方单一市场利率模式。

利率市场化改革已经完成了“放得开、形得成、调得了”的改革目标，未来改革方向应该从“调得了”到“调得好”，在利率传导的各个阶段进行优化。例如，当前 LPR 需要基于短端政策利率加点，而非货币市场利率加点，其原因在于我国货币市场的波动较大，与美国、欧元区等成熟经济体的短端利率调控水平还存在差距。在从央行政策利率到货币市场利率的传导过程中，一要巩固央行 7 天逆回购利率的短端政策利率地位，二要将 DR007 培育成货币市场的基准利率，三要进一步完善利率走廊机制，降低货币市场利率的波动。在债券市场利率方面，货币市场利率向债券收益率的传导已经实现了完全市场化定价，但在市场基准选择上，国债收益率依然没有比国开债收益率有更为明显的优势，还需要进一步完善国债发行和交易机制，完善国债收益率曲线培育，巩固国债收益率的债券市场基准利率地位。而在政策利率向贷款利率传导方面，LPR 定价机制依然有很大的改善空间。优化利率传导机制一直是利率市场化改革的重要环节，也是进一步深化利率市场化改革的关键。

四、关于债券市场发展的政策建议[1]

（一）放宽投资者准入，优化投资者结构

首先要扩大中小金融机构和非金融机构的市场参与程度。同时也要尊重个人投资者的投资意愿，扩大柜台市场的发行规模，提高个人投资者的投资热情。更重要的是人民银行应该成为市场参与者，通过自身的市场行为，影响国债收益率的变动。

（二）降低直接融资门槛，降低企业债发行成本

我国债券市场债券结构配置不够合理，国债和政策性金融债的存量过高，而企业债和信用类债券存量过低。而中小企业对资金的使用效率远远高于政府和金融部门的资金使用效率。多头监管、多层审批的发行制度无疑增加了企业债的发行成本。应该降低企业债的发行门槛、缩减企业债的审批程序，使更多的中小企业能够在债券市场发行企业债券。

（三）发展资产支持证券，扩大规模，盘活存量

信贷资产支持证券是连接资本市场与信贷市场的重要金融工具。而在我国该产品规模小、流动性差，几乎没有价格发现能力。如果商业银行未来在资产端配置资产证券化产品，那么资产支持证券规模的扩大和流动性的提高将银行的资产端和负债端与资本市场紧密地绑在了一起。资产支持证券的发行票面利率是银行的负债成本，而该证券在资本市场上的市场利率是银行资产端的收益。因此，信贷资产支持证券有效地连接了资本市场与信贷市场，有助于市场利率的传导。

（四）提高国债市场流动性

一是优化做市商结构。在扩大做市商规模的同时，注意优化做市商的结构，提高城商行、股份制银行等交易成本较低、交易较活跃的投资者在做市商中的比重，这样有助于市场更快地找到均衡价格，有助于市场流动性的提高。二是增加国债的发行规模和发行频率，提高国债市场的流动性。

---

① 对于债券市场改革的政策建议于2014年提出。2024年重看这些政策建议，发现债券市场的改革和发展是一个持之以恒的过程，这些政策建议依然是适用的。

参考文献

中文文献：

1. ［美］悉尼·霍默、理查德·西勒著，肖新明、曹建海译：《利率史》，中信出版社 2010 年版。

2. ［日］富田俊基著，彭曦、顾长江等译：《国债的历史——凝结在利率中的过去与未来》，南京大学出版社 2011 年版。

3. ［欧］欧洲中央银行，徐诺金译：《欧洲央行货币分析工具及框架》，中国金融出版社 2014 年版。

4. ［美］弗兰克·J. 法博齐、弗兰科·莫迪利亚尼、弗兰克·J. 琼斯著，孔爱国、胡畏、张湄等译：《金融市场与金融机构》，机械工业出版社 2010 年版。

5. ［美］弗兰克·J. 法博齐著，周尧、齐晟等译：《固定收益证券手册》，中国人民大学出版社 2014 年版。

6. ［美］约翰·赫尔著：《期权、期货和其他衍生品》，清华大学出版社 2009 年版。

7. ［美］米什金著，刘毅等译：《货币金融学》，中国人民大学出版社 2005 年版。

8. ［英］迈克·巴克尔、约翰·汤普森著，陈敏强译：《英国金融体系：理论与实践（第四版）》，中国金融出版社 2005 年版。

9. ［美］法博齐和科塞瑞著，宋光辉译：《资产证券化导论》，机械工业出版社 2014 年版。

10. 沈炳熙和曹媛媛著：《中国债券市场——30 年改革与发展》，北京大学出版社 2014 年版。

11. 戴国强和梁福涛：“中国金融市场基准利率选择的经验分析”，《世界经济》，2006 年第 4 期。

12. 张丽娟著：《我国银行间货币市场利率研究——兼论货币市场基准利率的选择》，上海世纪出版集团2010年版。

13. 何志刚著：《中国债券市场微观结构研究》，中国经济出版社2011年版。

14. 中国人民银行营业管理部课题组：《利率规则在我国货币政策调控中的应用研究》，经济科学出版社2010年版。

15. 刘海影著：《中国巨债——经济奇迹的根源与未来》，中信出版社2014年版。

16. 戴相龙和黄达著：《中华金融辞库》，中国金融出版社1998年版。

17. 邓向荣、杨彩丽和马彦平："我国银行间同业拆借市场有效性分析"，《财经理论与实践》，2010年第5期。

18. 范龙振和张国庆："仿射模型、广义仿射模型与上交所利率期限结构"，《管理工程学报》，2005年第3期。

19. 金中夏："货币政策与国债收益率曲线"，《上海证券报》，2014年6月。

20. 方先明和花旻："SHIBOR能成为中国货币市场基准利率吗——基于2007年1月至2008年3月间SHIBOR数据的经验分析"，《经济学家》，2009年第1期。

21. 李良松和柳永明："新魏克塞尔主义下我国基准利率的比较与定位"，《财经研究》，2009年第6期。

22. 高丽："基于SVAR模型的货币市场Shibor基准地位研究"，《商业研究》，2012年第2期。

23. 蒋贤锋、王贺和史永东："我国金融市场中基准利率的选择"，《金融研究》，2008年第10期。

24. 彭红枫和鲁维洁："中国金融市场基准利率的选择研究"，《管理世界》，2010年第11期。

25. 温彬："我国利率市场化后基准利率选择的实证研究"，《国际金融研究》，2004年第11期。

26. 许亦平、洪露和周芊："基于DAG方法的中国基准利率研究"，《国际商务——对外经济贸易大学学报》，2012年第6期。

27. 周晴："基础货币被动投放同基准利率改革之间的矛盾"，《经济学动态》，2003年第10期。

28. 姚余栋和谭海鸣："央票利率可以作为货币政策的综合性指标"，《经济研究》，2011 年第 52 期。

29. 易纲："中国改革开放三十年的利率市场化进程"，《金融研究》，2009 年第 1 期。

30. 中国工商银行城市金融研究所课题组："银行间市场基准利率体系选择及 SHIBOR 运行分析——兼析基准利率变动对商业银行的影响"，《金融论坛》2008 年第 4 期。

31. 刘轶和李久学："中国利率市场化进程中基准利率的选择"，《财经理论与实践》，2004 年第 4 期。

32. 柳欣等："我国货币市场基准利率的比较研究"，《经济学家》，2013 年第 5 期。

33. 梁琪和张孝岩等："中国金融市场基准利率的培育——基于构建完整基准利率曲线的实证研究"，《金融研究》，2010 年第 9 期。

34. 蒋玲：《我国债券市场的流动性研究》，西南财经大学硕士毕业论文，2014 年。

35. 陆文磊：《基准利率传导和管理的金融市场微观机制研究》，华东师范大学博士毕业论文，2008 年。

36. 时文朝：《我国银行间债券市场透明度对流动性的影响研究》，湖南大学博士毕业论文，2008 年。

37. 白静：《银行间债券市场发展与货币政策传导机制研究》，西南财经大学硕士毕业论文，2008 年。

38. 黄海："回购利率对国债收益率曲线的影响研究"，《现代财经》，2014 年 5 月。

39. 杨婉茜和成立为："金融危机前后国债收益率曲线的潜在因素分析"，《大连理工大学学报》，2014 年 1 月。

40. 罗瑜："我国货币市场和债券市场的传导性分析——商业银行资产配置视角"，《管理世界》，2012 年第 2 期。

41. 殷剑峰："中国金融市场联动分析：2000 ~ 2004"，《世界经济》，2006 年第 1 期。

42. 王一萱和屈文洲："我国货币市场和资本市场连通程度的动态分析"，《经济研究》，2005 年第 8 期。

43. 李成、马文涛和王彬："金融市场条件与货币政策关系的解析"，《经济评论》，2010 年第 21 期。

44. 黄达主编：《中国金融百科全书》，第 178 页。

45. 戴国强著：《我国商业银行利率风险管理研究》，上海财经大学出版社 2005 年版。

46. 谢云山和杨妙莹："利率期限结构理论综述"，《云南财贸学院学报》，2005 年第 1 期。

47. 张敬国："我国利率市场化进程中利率结构问题"，《上海金融》，2003 年第 7 期。

48. 胡海鸥："中美利率结构变动机制与国债利率调控效果的差异比较"，《上海金融》，2001 年第 10 期。

49. 姜旭朝和丁昌峰："中美利率结构比较分析"，《金融与经济》，2003 年第 3 期。

50. 李扬："货币政策目标的转换及货币政策工具的选择——英国的经验及其对中国的借鉴"，《财贸经济》，1996 年第 3 期。

51. 李社环："适应我国利率全面市场化的基准利率的研究"，《财经研究》，2001 年第 4 期。

52. 徐寒飞：《市场利率体系》，复旦大学博士毕业论文，2002 年。

53. 徐寒飞："中央银行再贷款利率与同业拆借利率的非对称动态传导机制"，《统计研究》，2004 年第 4 期。

54. 邓海清和林虎著：《利率市场化——突围中国债务困局》，社会科学文献出版社 2013 年版。

55. 邓海清和胡玉峰等著：《资产证券化变革—中国金融新模式》，社会科学文献出版社 2013 年版。

56. 谢仍明：《中国利率市场化研究》，中国社会科学院研究生院博士毕业论文，2014 年。

57. 时文朝："增强透明度对我国银行间债券市场信息效率的影响——以交易信息对流动性的影响为例"，《金融研究》，2009 年第 12 期。

58. 余永定："尽快健全完善国债收益率曲线"，《上海证券报》，2013 年 12 月 29 日。

59. 张燃："仿射利率期限结构模型与中国宏观经济预期"，《金融与经济》，2011 年第 4 期。

60. 戴国海和季伟："Shibor 在我国基准利率体系中的地位及其完善渠道

研究”，《金融监管研究》，2013 年第 6 期。

61. 易宪容：“中国利率市场化改革的理论分析”，《江苏社会科学》，2015 年第 1 期。

62. 朱世武和许凯：“银行间债券市场流动性研究”，《统计研究》，2004 年第 11 期。

63. 徐忠：“中国债券市场发展中热点问题及其认识”，《金融研究》，2015 年第 2 期。

64. ［美］博迪和莫顿著，尹志宏译：《金融学》，中国人民大学出版社 2013 年版。

65. 李焰和曹晋文：“我国国债市场流动性的实证研究”，《财贸经济》，2005 年第 9 期。

66. 张瀛：“做市商、流动性与买卖价差：基于银行间债券市场的流动性分析”，《世界经济》，2007 年第 10 期。

67. 荣艺华和朱永行：“美国债券市场发展的阶段性特征及主要作用”，《债券》，2013 年 5 月。

68. 陈逸：《中国利率市场化改革中市场基准利率选择的比较研究》，复旦大学硕士论文，2008 年。

69. 牛玉锐、孙明洁、焦裕龙和王颖：“2014 年债券市场统计分析报告”，《债券》，2015 年 1 月。

70. 金中夏：“国债收益率曲线与货币政策传导”，《中国金融》，2014 年 7 月。

71. 易纲：《我国的利率市场化改革历程与货币政策框架的演变》，2024 年 12 月，https：//finance. sina. com. cn/money/smjj/smdt/2024 – 12 – 04/doc – incyhynp3846551. shtml

72. 易纲：《中国的利率体系与利率市场化改革》，《金融研究》2021 年第 9 期

英文文献：

1. Amihud，Yakov，and Haim Mendelson. Liquidity，maturity，and yields on U. S. Treasury securities，Journal of Finance. vol46，p1411 –1425，1991.

2. Alexander，Edwards，Ferri. The Determinants of Trading Volume of High –

Yield Corporate Bonds. Journal of Financial Markets, 2000, Vol. 3, Issue2, p177 – 204.

3. Amy K. Edwards, Lawrence E. Harrits and Micheal S. Piwowar, Corporate Bond Market Transaction Costs and Transparency, The Journal of Finance. vol. LXII, NO. 3, p1421 – 1451, 2007.

4. Albert S. Kyle. Informed Speculation With Imperfect Competition. TheReview of Economic Studies, vol. 56 (3), p317 – 355, 1989.

5. Alexandar, Edwards Amy K. and Ferri Micheal G., The determination of trading volume of high – yield corporate bonds, Journal of Financial Markets, vol. 3, p177 – 204, 2000.

6. Amber Anand, Carsten Tanggaard and Daniel G. Weaver. Paying for Market Quality, The Journal of Financial and Quantitative Analysis, Vol. 44, No. 6, Dec. 2009, p1427 – 1457.

7. Black, Flseher. Toward a Fully Automated Stock Exchange. Financila Analysts Jounral, vol. 27, p24 – 30, 1971.

8. Bank of International Settlement. Market Liqudity: Research Findings and Selected Policy Implications, 1999.

9. Bernanke, Blinder. The federal funds rate and the channels of monetary transmission, American Economic Review, vol. 82, 1992, p901 – 921.

10. Blume, Marshall, Donald Keim, and Sandeep Patel, Returns and volatility of low – grade bonds, Journal of Finance 46, 1991, p49 – 74.

11. Bessembinder, Hendrik, Maxwell, Venkataraman. Optimal market transparency: Evidence from the initiation of trade reporting in corporate bonds, Journal of Financial Economics 82, 2006, p251 – 288.

12. Campbell J. and R Shiller. Yield spreads and interest rate movements: A bird's eye view, Review of Economic Studies, 1991, 58, p495 – 514.

13. Chakravarty, Sugato and Asani Sarkar, Trading costs in three U. S. bond markets, Journal of Fixed Income. vol. 13, p39 – 48, 2003.

14. Crabbe, Leland E. and Tunrer Christopher M. Does the Liqudity of a Debt Issue Increase with its size? Evidence from the coporate bond and Medium – term Note Markets. Journal of Finance, vol. 50, p1719 – 1734, 1995.

15. Cox, Ingersoll, Ross. An Intertemporal General Equilibrium Model of Asset

Prices, Econometrica, 53, 1985, p363 –384.

16. Demsetz. The Costs of Transaction, Quarterly Journal of Econometrics, Vol. 82, 1968, p33 –53.

17. D' Amico, King. Flow and stock effects of large – scale treasury purchases: Evidence on the importance of local supply. Journal of financial economics, Vol. 108, No. 2, 2013, p425 –448.

18. David M. Jones. The Demise of the 30 – Year Treasury Bond as a Benchmark for Pricing Fixed—IncomeSecurities: There are some good alternatives, Business Economics, vol. 35, No. 4 (October 2000), p16 –24.

19. Dennert, Jurgen. Price Competition between Market Makers. The Review of Economic Studies, 60 (3), 1993, p735 –751.

20. Duffee G. The relation between Treasury yields and corporate bond yield spreads. Journal of Finance vol. 53, 2003, p2225 –2241.

21. Elton EJ, Green TC. Tax and liquidity effects in pricing government bonds. Journal of Finance vol. 53, p1533 –1562, 2003.

22. Edwards, Harris, Piwowar. Corporate Bond Market Transaction Costs and Transparency. Journal of Finance, Volume 62, Number 3, June 2007, pp1421 – 1451 (31).

23. Fama E. Efficient Capital Mark. Journal of Finance, vol. 25, 1970, p. 383 –417.

24. Fama. Term – structure forecasts of interest rates, inflation and real returns. Journal of Monetary Economics, Vol. 25, Issue1, Jan. 1990, p59 –76.

25. Fama, Bliss. The Information in Long Maturity Forward Rates. The American Economic Review, Vol. 77, No. 4, Sep. 1987, p680 –692.

26. Fan, Li, Zhou. Preferred – habitat and demand factors in the term structure: Evidence from the Chinese bond market [R] . Working Paper, Washington University, 2012.

27. Freixas, Xavier, Rochet. Microeconomics of Banking (Second Edition Cambridge). MIT Press, 2008, p70 –120.

28. Fleming M. The benchmark U. S. Treasury market: Recent performance and possible alternatives. FRBNY Policy Review, April 2000, p129 – 145.

29. Fleming M. Measuring Treasury liquidity. Unpublished paper, FRBNY,

2000.

30. Fleming, Michael J. Measuring Treasury market liquidity, Federal Reserve Bank of New York Economic Policy Review, vol. 9, p83 – 108. 2003.

31. Fleming, Michael J. andEli M. Remolona, What moves the bond market? Federal Reserve Bank of New York Economic Policy Review, p31 – 51, 1997.

32. Fleming, Michael J. , andEli M. Remolona, Price formation and liquidity in the U. S. Treasuries market: The response to public information, Journal of Finance. vol. 54, p1901 – 1915, 1999.

33. Fleming, Michael, Sarkar. Liquidity in US spot and futures markets, Working Paper, Federal Reserve Bank of New York, 1999.

34. Funke, Michael and Michael Paetz. Financial System Reforms and China's Monetary Policy Framework, Presented at the Fourth HKIMR Annual International Conference on the Chinese Economy, 2013, p56 – 97.

35. Frederic S. Mishkin. Symposium on the Monetary Transmission Mechanism, The Journal of Economic Perspectives, Vol. 9, 1995, p3 – 10.

36. Gagnon J, Raskin M, Remache J. The financial market effects of the FederalReserve's large – scale asset purchases. International Journal of Central Banking, 2011, 7.

37. Gregory R. Duffee. The Relation Between Treasury Yields and Corporate Bond Yield Spreads, Journal of Finance, vol. LIII, NO. 6, p 2225 – 2241, December 1998.

38. Greenwood, Hanson and J. C. Stein, A gap – filling theory of corporate debt maturity choice, Journal of Finance, 2010.

39. Greenwood R, Vayanos D. Bond Supply and Excess Bond Returns. AFA 2009 San Francisco Meetings Paper.

40. Greenwood andVayanos D. Price Pressure in the Government Bond Market, American Economic Review, 2010, 100 (2): 585 – 90.

41. Gromb D and Vayanos, D, Limits of arbitrage: the state of the theory, Annual Review of Financial Economics, 2010, forthcoming.

42. Grossman, Miller. Liquidity and Market Structure. Journal of Finance, 1988, 43 (3), p617 – 637.

43. Glosten. Insider trading, liquidity and the role of monopolist specialist,

Journal of Business. Vol. 62, No. 2, Apr. 1989, p211 –235.

44. Gyntelberg J. , Wooldridge P. Interbank rate fixings during the recent turmoil. BIS Quarterly Review, 2008, March.

45. Gwilym Owain, Trevino Lourdes and Thomas Stephen. Bid – ask spreads and the liquidity of international bonds. Journal of Fixed Income, vol. 12, p82 –91, 2002.

46. Gwangheon Hong and Warga Ahrtur. An Emprical Study of Bond Market Transactions. Financial Analysts Journal, vol. 56, p32 –46, 2000.

47. Hamilton J. D. Wu J. C. The effectiveness of alternative monetary policy tools in a zero lower bound environment. NBER Working Papers, 2011, 16956.

48. Harris L. Liquidity, trading rules and electronic trading systems. Monograph series in Finance and Economics, 1990.

49. Harris, Piwowar. Secondary Trading Costs in the Municipal Bond Market, The Journalof Finance, Vol. LXI, NO. 3, June 2006, p1361 –1397.

50. HasbrouckJ, Schwartz RA. Liquidity and execution costs in equity markets. Journal of Portfolio Management, vol. 14, p10 –16, 1988.

51. Hong, Warga. An Empirical Study of Bond Market Transactions. Financial Analysts Journal, 2000 (56), p32 –46.

52. Ho, Stoll. Optimal dealer pricing under transactions and return uncertainty. Journal of Financial Economics, Volume 9, Issue 1, March 1981, p47 –73.

53. Ho, Stoll. The Dynamics of Dealer Markets Under Competition. The Journal of Finance, Volume 38, Issue 4, Sep. 1983, p1053 –1074.

54. Holmstrom , Tirole. Financial Intermediation, Loanable Funds and the Real Sector, Quarterly Journal of Economics, Vol. 112 (3), 1999, pp663 –691.

55. Hirotake Inoue. The Structure of Government Securities Markets in G10 countries. Financial Markets Department, Bank of Japan, 1999.

56. James M. Poterba. Explaining the yield spread between taxable and tax – exempt bonds: The role of expected tax policy, Studies in State and Local Public Finance, 1986.

57. Jones, Frank J. Yield curve strategies, Journal of Fixed Income vol. 1, p43 – 51, 1991.

58. Kaminska, Vayanos Dimitri. Preferred – Habitat Investors and the US Term

Structure of Real Rates. Financial Market Group Discussion Papers, 2010, 674.

59. Kamara Avraham. Liqudity, Taxes and Shor - term treasury yields. Journal of Financial Quantitative Analysis, vol. 29, p403 - 417, 1994.

60. Kidwell, Koch. Market Segmentation and the Term Structure of Municipal Yields, General Information, 1983.

61. Klock, Mccormick. The Impact of Market Maker Competition on Nasdaq Spreads. The Financial Review, Volume 34, Issue 4, November 1999, p55 - 73.

62. Kyle Albert. Continuous Auctions and Insider Trading. Econometrica, vol. 53, p1315 - 1335, 1985.

63. Longzhen Fan, Anders C. Johansson, China's official rates and bond yields, Journal of Banking&Finance, vol. 34, p 996 - 1007, 2000.

64. Lou Crandal. Commentary, FRBNY Policy Review , April 2000, p147 - 148.

65. Mark B. Garman. Market microstructure, Journal of Financial Economics, Volume 3, Issue 3, June 1976, p257 - 275.

66. Manhanti et al. Latent Liqudity: A new measure of liquidity, with an application to corporate bonds, Journal of Financial Economics, 2008 (88), p272 - 298.

67. Mankiw, Miron. The founding of the Fed and the behavior of interest rates: What can be learned from small samples? . Journal of Monetary Economics, Volume34, Issue3, December1994, p555 - 559.

68. Mankiw, Summers. Do Long - term Interest Rates Overreact to Short - term Interest Rates? . Brookings Papers on Economic Activity, Vol. 1984, No. 1, p223 - 242. 1984.

69. McCallum. Monetary Policy and the term structure of interest rate. Working Paper, NBER, 1994.

70. McCallum. On NonUniqueness in Rational Expectations Models: An Attempt at Perspective. Journal of Monetary Economics 11 (2), Jan. 1983, p139 - 168.

71. McCauley, Robert and Remolona. Size and Liquidity of Government Bond Markets, BIS Quarterly Review, 2000.

72. Muranaga, Shimizu. Expectations and Market Microstructure When Liquidity is Lost, BIS Quarterly Review, 1999.

73. Metzler L A. Wealth, Saving and the Rate of Interest, Journal of Political Economy, April 1951, p93 - 116.

74. Michael W. Brandt and Kenneth A. Kavajecz, Price Discovery in the U. S. Treasury Market: The Impact of Orderflow and Liquidity on the Yield Curve, The Journal of Finance, vol. 59, No. 6, p2623 – 2654, 2004.

75. Melnish Thomas H. and Wood Robert A. An Analysis of Intraday Patterns in Bld – ask spread of NYSE stocks. Jounral of Finance, vol. 47, p753 – 764, 1992.

76. Mohanty. Improving liquidity in government bond markets: What can be done?, BIS papers, No. 11, 2002.

77. O'Hara. Presidential address: Liquidity and price discovery. Journal of Finance vol. 58, 2003, p1335 – 1354.

78. O'Hara. Market Microstructure Theory. Wiley, 1998.

79. O'Hara, Oldfield. The Microeconomics of Market Making. Journal of Financial Quantitative Analysis, 21, 1986, p361 – 367.

80. Robin G, Vayanos D. Bond supply and excess bond returns. NBER Working Paper, 2010, 13806.

81. Patinkin. Money, Interest and Prices. The MIT Press, 1989.

82. Peter G. Dunne, Michael J. Moore, Richard Portes. Defining Benchmark Status: An Application Using Euro – Area Bonds, NBER working paper 9087, August 2002.

83. Richard Roll. A simple implicit measure of the effective bid – ask spread in an efficient market. The Journal of Finance, p1127 – 1139, 1984.

84. Robin, Simonsen. Municipal Bond New Issue Transaction Costs. Public Budgeting and Finance, Spring, 2013.

85. Sarig and Warga Arthur. Bond Price Data and Bond Market Liquidity. Journal of Financial and Quantitative Analysis, vol. 24, p367 – 378, 1989.

86. Sehwartz RobertA. Equity Markets: Structure, Trading, and Performance. New York: Harper and Row, 1988.

87. Shinji Takagi. Transaction costs and the term structure of interest rates in the OTC bond market in Japan, Journal of Money, Credit and Banking, vol. 19. No. 4, 1987.

88. Suhejla Hotil, Esfandiar Maasoumi Michael McAleer, and Daniel Slottje. Measuring the volatility in U. S treasury benchmarks and debt instruments, Econometric Reviews, 28 (5), 2009, p522 – 554.

89. Schultz, Paul, Corporate bond trading costs: A peek behind the curtain, Journal of Finance vol. 56, p677 -698, 2001.

90. Thau A. The Bond Book. New York: McGraw - Hill, 2000.

91. Tinic, West. Marketability of Common Stocks in Canada and the USA: A Comparison of Agent Versus Dealer Dominated Markets. The Journal of Finance, Vol. 29, No. 3, Jun. 1974, p729 -746.

92. Tobin. Are New Classical Models Plausible Enough to Guide Policy? . Journal of Money, Credit and Banking, Vol. 12, No. 4, Part2: Rational Expectations (Nov. 1980), pp. 788 -799.

93. Treasury Bulletin (2004). September, TableFD -1, Summary of Federal Debt.

94. Vayanos Dimitri, Vila Jean - Luc. A preferred - habitat model of the term - structure of interest rates. NBER Working Paper, 2009, No. 15487.

95. Warga, Arthur. Bond returns, liquidity and missing data, Journal of Financial and Quantitative Analysis (27), 1992, p605 -616.

附录 1

假设商业银行对债券的需求和贷款利率负相关，即：

$D_t^{(n)} = \alpha_{0t}^{(n)} - \alpha_{1t}^{(n)} r_t$

其中，r_t 为贷款利率，假设 $\alpha_{0t}^{(n)} > 0$，$\alpha_{1t}^{(n)} > 0$，则当贷款利率上升时，商业银行认为贷款相对于国债更加有利可图，国债需求就会下降。而对于套利型的投资者，则追求风险—收益的最大化，假设套利型的投资者只能投资债券，其拥有的资金量为 W_t，投资期限为 n 的债券的比例为 ω_n，假设期限为 m 的债券的供给为 S_m，在均衡状态下，债券市场的总供给等于总需求，即等于有期限偏好的投资者的需求加上套利型的投资者的需求。根据附表 1 的推导，本书得出如下等式：

$$
\begin{aligned}
y_t^{(n)} = & \frac{n-1}{n} E_t y_{t+1}^{(n-1)} + \frac{1}{n} y_t^{(1)} - \frac{1}{n} \frac{1}{2} B'_{n-1} \sum \sum ' B_{n-1} \\
& + \frac{1}{n} \gamma B'_{n-1} Var(X_{t+1}) \sum_{m=2}^{N} (B_{m-1} c_{0m}) \\
& - \frac{1}{n} \gamma B'_{n-1} Var(X_{t+1}) \sum_{m=2}^{N} (B_{m-1} c_{1m}) d_t \\
& + \frac{1}{n} \gamma B'_{n-1} Var(X_{t+1}) \sum_{m=2}^{N} (B_{m-1} \beta_m) r_t \qquad (1)
\end{aligned}
$$

将等式（1）的右边分解为 4 个部分，从等式右边的前 3 项可以看出，长期利率是预期短期利率的函数，这和利率期限结构的传统三大理论之一的预期理论相吻合，第四项隐含了债券的凸性，第五项是需求因素对收益率的影响，由于系数均为正数，因此，从等式（1）中可以看出，在供给给定的情况下，需求越大，收益率越低。第六项衡量的是贷款利率对收益率的影响，而本书之前的假设类似于商业银行的期限偏好型的投资者对债券的需求是和贷款利率负相关。

$D_t^{(n)} = \alpha_{0t}^{(n)} - \alpha_{1t}^{(n)} r_t$

因此，等式（1）的右边最后两项其实都是用来衡量需求对收益率的影响。

本书根据等式（1）的形式，建立如下回归方程来衡量需求因素对国债收益率的影响：

$$y_t^{(n)} = c + ar_t + bd_t + \varepsilon_t^{(n)} \tag{2}$$

其中，$y_t^{(n)}$ 表示在时间 t 剩余期限为 n 的国债收益率，r_t 是贷款利率，d_t 表示需求因素，c 为常数项，$\varepsilon_t^{(n)}$ 为残差项。

附表 1：

回购利率的累积变化和国债收益率关系的检验结果

	c	r0071	R 平方	c	r0072	R 平方	c	r0074	R 平方	c	r0075	R 平方
y6m	0. 94177	0. 541677	0. 644984	0. 806685	0. 591105	0. 698266	0. 68639	0. 6363	0. 731641	0. 635665	0. 654151	0. 738722
	37. 73553	65. 89456		33. 71921	74. 36992		29. 21448	80. 72155		26. 79127	81. 94471	
y1	1. 102253	0. 521912	0. 621904	0. 965596	0. 571887	0. 678849	0. 842845	0. 617921	0. 716641	0. 789143	0. 636812	0. 727168
	43. 61545	62. 69888		39. 871	71. 07733		35. 57913	77. 74655		33. 17176	79. 5613	
y3	1. 819888	0. 405883	0. 499431	1. 713786	0. 444685	0. 545008	1. 608629	0. 484	0. 58381	1. 559854	0. 500959	0. 597863
	72. 11823	48. 83201		68. 50825	53. 50549		64. 5652	57. 90137		62. 2514	59. 42173	
y5	2. 362703	0. 310438	0. 400082	2. 2796	0. 340816	0. 438339	2. 187657	0. 375071	0. 48007	2. 143572	0. 390032	0. 497302
	100. 1202	39. 93172		96. 00706	43. 19743		91. 96065	46. 98616		89. 66157	48. 48195	
y7	2. 717235	0. 264189	0. 354346	2. 64315	0. 291258	0. 391494	2. 564892	0. 320416	0. 428459	2. 523362	0. 334148	0. 44799
	122. 7402	36. 2246		118. 2692	39. 22112		113. 7211	42. 33704		111. 587	43. 91206	
y10	3. 139875	0. 188228	0. 236455	3. 085617	0. 208047	0. 262588	3. 026827	0. 229923	0. 290019	2. 990485	0. 241244	0. 310434
	149. 5358	27. 21113		143. 8003	29. 17909		138. 0546	31. 25216		136. 4249	32. 70543	
y15	3. 615945	0. 123255	0. 134765	3. 577792	0. 137181	0. 151752	3. 536948	0. 15236	0. 169276	3. 502221	0. 162659	0. 191235
	186. 5094	19. 29799		179. 2348	20. 68216		171. 9423	22. 07291		171. 7318	23. 70259	
y20	3. 761156	0. 132987	0. 168944	3. 718811	0. 14844	0. 191338	3. 669708	0. 166644	0. 218066	3. 63083	0. 178454	0. 248479
	205. 4137	22. 04686		198. 0005	23. 78518		190. 8121	25. 82254		191. 896	28. 02835	